Prix : 1 fr. 20

Mlle JULIE SEVRETTE

LA JEUNE MÉNAGÈRE

PARIS. — LIBRAIRIE LAROUSSE
RUE MONTPARNASSE, 17. — SUCCURSALE : RUE DES ÉCOLES, 58 (SORBONNE).

Paris. — Imp. LAROUSSE, 17, rue Montparnasse.

LA JEUNE MÉNAGÈRE

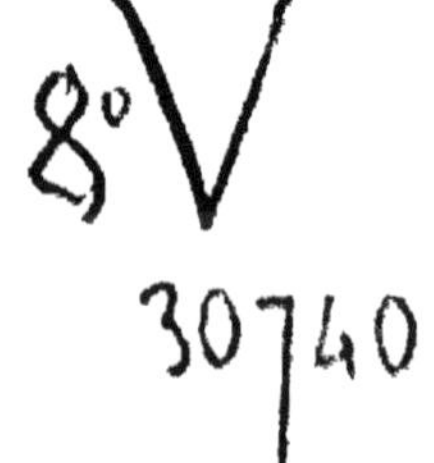

LA JEUNE MÉNAGÈRE

SOINS DOMESTIQUES. — CUISINE. — TRAVAUX A L'AIGUILLE. — NOTIONS DE DROIT USUEL. — HYGIÈNE ET MÉDECINE ÉLÉMENTAIRE. — JARDINAGE, ETC.

PAR

Mme Julie SÉVRETTE

70 Gravures et Tableaux

PARIS. — LIBRAIRIE LAROUSSE
RUE MONTPARNASSE, 17. — SUCCURSALE : RUE DES ÉCOLES, 58 (SORBONNE).

INTRODUCTION

M. Carré, inspecteur général honoraire de l'enseignement primaire, à qui nous avons soumis notre manuscrit, nous autorise à reproduire la lettre toute bienveillante qu'il nous a si gracieusement adressée au sujet de *La Jeune Ménagère*. Nous lui en exprimons publiquement ici notre très vive gratitude.

Madame,

J'ai lu avec un réel intérêt le manuscrit de votre Jeune Ménagère, *que vous avez bien voulu me soumettre. Imprimé, ce sera un fort bon petit livre, qui viendra s'ajouter à tous ceux dont s'enrichit chaque jour notre enseignement primaire, mais qui ne fera double emploi avec aucun autre. C'est vous dire que je lui trouve son originalité. Qu'il renferme bien des conseils qu'on trouve déjà ailleurs, la chose va de soi; mais il y a le choix, qui résulte d'un grand sens pratique, et surtout l'ingéniosité dans la manière de les présenter. Vous avez su condenser en quelques chapitres tout courts et d'une lecture facile, je dirais presque attrayante, à cause de l'intérêt qui s'attache à vos personnages, tout ce que doit savoir et pratiquer une bonne ménagère, de condition modeste et d'esprit élevé pourtant, douée de cette sensibilité délicate qui se rencontre parfois chez les personnes les plus simples : d'où toutes ces réflexions morales, qui sont là comme jetées en passant, mais qui suffisent pour inspirer des idées sages et porter au bien.*

Votre petite Marie ne sera pas seulement une jeune fille sachant faire la cuisine et tenir un ménage; elle sera aussi et avant tout l'âme du foyer, puisqu'elle saura faire qu'on l'aime et qu'on s'y plaise. Puissent nos écoles former beaucoup de jeunes filles qui lui ressemblent.

Tout ce que vous dites est vrai, senti, vécu. Je le répète, ce sera un bon livre, et je lui souhaite bien sincèrement tout le succès qu'il mérite.

Recevez, Madame, l'assurance de ma toute particulière considération et de mes sentiments bien dévoués.

I. Carré, Inspecteur général honoraire
de l'enseignement primaire.

AVANT-PROPOS

Petite fille, c'est pour toi que j'ai écrit ce livre. Je souhaiterais ardemment qu'il te plût, car j'y ai mis beaucoup de mon cœur. Je voudrais qu'en le lisant tu comprennes que le bien-être et le bonheur des tiens sont placés en tes frêles mains d'enfant.

Tu es le sourire et la joie de la maison, petite fille. Sois aussi la fée qui transforme et embellit tout ce qui l'entoure.

Sois secourable et bonne à toutes les infortunes, pour qu'à ton aspect le malade se réconforte, pour que l'infirme se console, pour que le vieillard te bénisse.

Sois active, sois courageuse, pour que ta mère ait moins de mal à élever ton jeune frère ; pour que le dimanche, après le rude labeur de la semaine, la famille se réunisse joyeuse autour de la table où fume le mets appétissant et simple préparé par tes soins.

Si ta demeure est riante et propre, et si le soleil entre gaiement par les fenêtres aux blancs rideaux, se jouant sur les meubles qui brillent, le père et le grand frère ne songeront guère à s'échapper pour courir au cabaret. Oh! chère petite Française, comme tu aurais bien mérité de la patrie, si, par amour et par adresse, tu arrivais à faire de la maison paternelle un nid réchauffant et confortable d'où l'on ne sortirait que pour aller au travail!

Enfin, sois fière, — dans le bon sens du mot, — sois fière de ta personne, car c'est une légitime et noble aspiration que de vouloir loger une belle âme en un corps bien soigné. Si tu y parviens, quelque modeste que soit ta condition, tu t'assureras le respect de tous.

Adieu, mon enfant. Aime ton petit livre, et conserve-le soigneusement ; qu'il te soit un guide et un ami. Jeune fille, tu le reliras peut-être avec plaisir, car il te rappellera les heures vite envolées de l'enfance. Jeune femme, il te rendra encore quelques services à l'heure grave où, à ton tour, tu auras une famille à élever, à soigner, à préserver de la maladie.

Alors je penserai que je n'ai pas perdu mon temps, et moi aussi, vois-tu, si humble qu'ait été ma tâche, j'aurai fait, comme toi, quelque chose pour la patrie.

Julie Sévrette.

Paysage, par M. DUFRÊNE. — Frise décorative en papier peint.

LA JEUNE MÉNAGÈRE

Première partie

CHAPITRE PREMIER

1. — L'héritage.

— Louise, une lettre pour vous.

La servante prit la lettre avec étonnement et lut sur l'enveloppe le nom de l'expéditeur : *Maître Thillois, notaire.*

Elle l'ouvrit avec quelque crainte, comme les personnes qui n'ont pas coutume de recevoir des lettres.

Le notaire annonçait à Louise, domestique à Paris chez le docteur Lambert depuis qu'elle était veuve, c'est-à-dire depuis douze ans bientôt, qu'une parente éloignée venait de mourir lui léguant en toute propriété sa maison sise à

Charleville sur le quai de la Madeleine, plus une somme de 20000 francs.

Louise n'en pouvait croire ses yeux. Elle avait vécu plusieurs années, sans doute, avec cette cousine de sa mère, qui tenait une fruiterie (*) et qui ne passait pas pour être bien riche, mais, à la suite d'un dissentiment, les deux femmes s'étaient perdues de vue.

C'était donc pour Louise une fortune inespérée, et elle pensa aussitôt à sa petite Marie, qu'elle avait mise en nourrice un an après sa naissance, puis, plus tard, dans un modeste pensionnat, où la fillette apprenait le métier de lingère. Elles allaient enfin vivre libres, indépendantes, l'une pour l'autre; toujours ensemble, elles chercheraient un surcroît de besogne pour augmenter leurs ressources.

Mme Lambert, tout en regrettant sa bonne, qui était propre et habile, ne put qu'approuver ses projets; et, le jour même, par une froide matinée d'hiver, Louise partit pour Charleville en pleurant. Sa petite fortune ne lui faisait pas oublier que ses maîtres avaient été bons pour elle : elle les aimait, et promit de les tenir au courant de sa nouvelle situation.

2. — Louise. — Arrivée à Charleville.

Louise était née à Charleville (1). Fille d'ouvriers laborieux qui lui avaient donné une instruction convenable

---

(*) Les mots marqués d'un astérisque sont l'objet d'une définition dans l'index, à la fin du volume.

(1) *Charleville* (17 390 hab.), chef-lieu de canton des Ardennes, sur la Meuse. Cette localité partage avec Mézières le rôle de chef-lieu de département. C'est une ville industrielle, qui possède des tanneries, brasseries, fonderies, clouteries ; elle fait un grand commerce de charbon de bois, d'ardoises, de céréales.

Charleville doit son origine et son nom à Charles Ier de Gonzague, duc de Nevers, qui la fit bâtir en 1606. Ses principaux monuments sont : l'hôtel de ville, une église romane, la jolie chapelle du séminaire et le pavillon pittoresque du Moulin que l'on peut voir dans notre gravure. Sa *place ducale* est demeurée telle qu'elle fut construite sous le règne de Louis XIII.

et l'exemple d'une vie pleine de droiture et de probité, elle allait entrer, à treize ans, en apprentissage chez une lingère, lorsqu'elle perdit, à huit jours d'intervalle, son père et sa mère, emportés par une épidémie de variole. Elle fut recueillie par une vieille cousine, qui trouva plus

CHARLEVILLE. — Quai de la Madeleine.
Phot. A. Gelly.

commode de l'utiliser comme servante que de lui faire apprendre un métier.

A dix-huit ans, Louise était une grande et belle fille. Ses yeux bleus respiraient la franchise, et ses cheveux bruns encadraient un visage ouvert et toujours souriant.

Jean Raimbaud, un menuisier, qui travaillait parfois chez la fruitière, jugea d'un coup d'œil qu'il y avait en cette jeune fille l'étoffe d'une ménagère accomplie. Il demanda sa main et fut agréé, malgré l'opposition de la cousine, qui pensait qu'une servante modèle, et qu'on ne paye pas, se remplace difficilement.

Le bonheur qui s'était établi au foyer du jeune ménage s'accrut encore par la naissance d'une petite fille à qui l'on donna le nom de Marie.

Malheureusement, l'avenir réservait à Louise une épreuve plus douloureuse encore que la première. Son mari mourut après une longue maladie qui emporta toutes les économies de la maison. La petite Marie avait alors un an.

La douleur de Louise fut immense. Mais, femme de volonté et d'énergie, elle eut vite fait de se ressaisir. Brouillée avec sa cousine, qui lui gardait rancune de son mariage, elle mit sa fille en nourrice et se plaça comme servante chez le docteur Lambert, où elle était précisément quand l'héritage de sa cousine vint modifier sa situation d'une façon véritablement inattendue.

Ces souvenirs de sa jeunesse lui revenaient en foule à mesure qu'elle se rapprochait de Charleville. Elle avait gardé le culte de sa ville natale, et, à mesure que le train marchait, son cœur battait plus vite.

Elle aperçut Mohon, la florissante cité du fer, passa sous un court tunnel, vit à gauche Mézières avec sa belle église du XVe siècle, bombardée en 1870 par les Prussiens. Louise se rappelait avec une émotion poignante la terreur de la population quand une pluie de feu et de fer s'abattit sur la ville, détruisant les maisons et ensevelissant au fond des caves les familles qui s'y étaient réfugiées.

Cependant le train, sifflant à toute vapeur, pénétrait dans Charleville. Toujours à gauche de la voie, elle entrevit, dans une vision rapide, « les Allées », une promenade superbe qui partage la ville en deux, les salua d'un bon sourire de mélancolie, et, une minute après, elle entrait en gare.

En touchant le sol des Ardennes, Louise eut comme une défaillance. Elle traversa le jardin, si élégant et si coquet l'été, qui se trouve sur la place, les rues animées et commerçantes, et trouva partout des changements, des embellissements, comme il arrive quand on revient au pays au bout d'une longue absence. Enfin elle gagna le quai de la Madeleine, sur la rive gauche de la Meuse, où se trouvait la maison de sa vieille parente.

3. — Louise inspecte sa maison.

Les derniers devoirs ont été respectueusement rendus à la cousine : Louise Raimbaud a commandé un enterrement très convenable, mais sans luxe.

Au retour de la cérémonie elle prend possession de son petit domaine. Son cœur est, à vrai dire, un peu serré : elle quitte une maison spacieuse et riche, tenue avec une propreté extrême, et celle de la cousine est petite et le paraît plus encore, tout encombrée de paquets, de paniers et de caisses. Louise en fait le tour avant d'y pénétrer.

L'entrée donne dans une grande cuisine, éclairée par deux fenêtres et munie d'un large placard et d'un évier au-dessus duquel un robinet déverse une eau claire; dans un coin, la porte de la cave. A la suite, une chambre à coucher très spacieuse et prenant également jour par deux fenêtres; une cheminée a été ménagée le long du mur opposé aux fenêtres; un lit, une grande armoire de chêne, une table et des chaises en constituent le mobilier. A côté, une petite pièce, d'où s'échappe une odeur de moisi qui la saisit à la gorge; une seule fenêtre, et, pour tout meuble, un lit pliant. Dans cette pièce aboutit un escalier qui donne accès au premier étage, composé d'une mansarde et d'un immense grenier.

Louise visite ce premier étage, dont une des pièces sert de débarras. Dans le grenier sont tendus de part en part des cordeaux servant à étendre le linge; un vieux bahut se trouve dans un coin et divers objets un peu partout. Le tout, couvert d'une poussière épaisse, est environné de nombreuses toiles d'araignées.

Louise descend ensuite et passe au jardin. Il est assez vaste, mais nullement entretenu. Dans les carrés, jadis garnis de plantes potagères, croissent maintenant toutes sortes de mauvaises herbes. Les allées sont inabordables. Les plants de vigne, qui grimpent le long des murs de clôture, croisent leurs sarments en un inextricable fouillis. Au fond, un hangar contient du bois, une provision de charbon et quelques caisses vides; à droite, des cabanes à lapins, délabrées.

C'est tout.

Louise se propose d'abord de mettre tout en ordre avant l'arrivée de sa fille. Mais une idée lui vient tout à coup : — Si je faisais venir Marie, elle m'aiderait à débarrasser les chambres, à les nettoyer, à ranger les objets; cela servirait de début à son apprentissage de ménagère; puis, après avoir vu la maison si laide, elle aura plaisir à jouir de la demeure propre et gaie que je veux nous faire.

Et Louise hâte l'arrivée de sa fille, mettant en pratique, sans s'en douter, ce précepte des anciens, qui disaient que, pour inspirer aux enfants l'horreur de l'ivrognerie, il fallait leur montrer des esclaves ivres. — Quand Marie aura vu tout ce désordre, pense-t-elle, elle n'aura qu'un désir : travailler pour embellir la maison.

Ma pauvre cousine, d'ailleurs, était vieille et malade; elle ne pouvait mieux faire : je ne saurais la blâmer sans injustice

NOTIONS A RETENIR

Faire un héritage, c'est recueillir ce que nous laisse une personne après sa mort. Généralement les parents lèguent leur fortune à leurs enfants, ou, à défaut, à leurs parents les plus proches : frères, neveux, cousins. — Il est naturel qu'on désire faire profiter les siens des biens dont on a joui durant sa vie. Sans cet amour inné de la famille, on travaillerait avec moins de cœur pour acquérir la fortune, ou simplement l'aisance : à quoi bon amasser, si ce qu'on a péniblement gagné doit disparaître après nous?

***

D'ailleurs, il ne faut pas trop médire de l'argent. Les premiers effets de la petite fortune de Louise sont de lui assurer l'indépendance, lui permettre de se rapprocher de sa fille et de retourner dans son pays, que les nécessités de la vie l'avaient obligée à quitter. — L'amour du pays est inné chez l'homme. Mille liens mystérieux l'y rattachent. C'est la petite patrie au milieu de la grande.

***

L'ordre et la propreté doivent régner au logis, si pauvre soit-il. Un intérieur agréable et d'une propreté méticuleuse inspire l'amour du foyer. C'est la joie de la maison.

***

Il n'est jamais trop tôt pour une petite fille d'apprendre à mettre de l'ordre dans un intérieur. Une maison bien tenue est un plaisir pour les yeux et donne de la ménagère une opinion favorable.

AU GAI FOYER DES MÉNAGÈRES

LE GRILLON CHANTE ET L'ENFANT RIT

CHAPITRE II

4. — Une armoire en désordre.

La petite Marie est donc venue. Et elle aussi, qui sort d'un *ouvroir* spacieux, bien ciré, bien frotté chaque matin par les élèves, trouve les chambres bien noires et bien tristes, la sienne surtout, qui est celle du fond. Mais sa mère lui rappelle que, si modeste que soit la maison, comme elle est un présent, elles doivent s'estimer heureuses de la posséder.

— Il n'y a pas de petit chez-soi, ma fille. Ici, nous sommes les maîtresses absolues, libres chez nous, sans avoir de compte à rendre à personne. Et cela est une grande chose. A l'ouvrage, et soyons gaies! Va me chercher dans le hangar quatre caisses vides, pas trop grandes et autant que possible de même taille.

Au bout de dix minutes, la jeune fille avait apporté les quatre caisses.

— Qu'en veux-tu faire, maman? demanda-t-elle.

— Vois, mon enfant, répondit Louise en ouvrant une armoire. Tout est pêle-mêle sur ces rayons. Notre vieille cousine a été longtemps malade, et les personnes qui la soignaient, ou manquaient d'ordre, ou étaient pressées de retourner à leurs affaires, car c'étaient des voisines qui prenaient sur leur propre temps celui qu'elles passaient près de la malade : toutes les choses ont été confondues, et si je te demandais un torchon, par exemple, tu serais bien un quart d'heure avant d'en trouver un.

— Oh! oui, dit la fillette en considérant avec surprise ce désordre, mélange de livres, de boîtes, de bas et d'étoffes chiffonnées.

— Eh bien, nous allons ranger l'armoire.

5. — Une place pour chaque chose et chaque chose à sa place.

Louise disposa à portée de l'armoire une table et des chaises, et dit :

— Ouvre ce paquet.

— Ce sont des chemises, ma mère.

— Pose-les sur la table, à gauche... Et ceci?

— Ce sont des taies d'oreiller.

— Mets-les à droite... A côté, pose cette pile de draps.

Elles ouvrirent un sac en toile qui contenait une quantité de morceaux provenant d'anciennes robes.

— Voici, reprit Louise, à quoi mes caisses vont nous servir, mon enfant. Dans la première je mets tous les morceaux de lainage de couleur; dans la seconde, les étoffes noires; dans la troisième, les morceaux de cotonnade, d'indienne, et, dans la quatrième, les morceaux blancs. Un jour, si tu raccommodes une robe ou un jupon, sans chercher, sans rien bouleverser, tu iras à la caisse qui contient les pièces en rapport avec ton étoffe, et tu n'auras pas perdu de temps. Si nous pouvons plus tard acheter une commode, ce sera mieux, sans doute. En attendant, contentons-nous de nos caisses.

— Et les livres, maman?

— Il y a là-bas une étagère vide : nous les y rangerons par grandeur. Retirons-les : leur place n'est pas dans cette armoire. Ce soir même, nous ferons de la colle avec de la farine, nous recollerons les pages décousues, et, si les couvertures sont arrachées, nous les remplacerons au moyen des papiers propres avec lesquels, dans les magasins, on enveloppe les paquets. Il ne faut jamais jeter ni ces papiers ni les ficelles, ma fille. Voici une petite boîte où nous les mettrons.

Et, sur le devant de la boîte, Louise écrivit : *Ficelle.*

— Rien de tout cela n'est inutile, vois-tu, ma petite : c'est pour abréger nos recherches et ménager notre temps; or, le temps, comme on dit, c'est de l'argent.

Intérieur d'une armoire bien rangée.

Louise sortit encore de l'armoire différents paquets, les ouvrit, rangea le linge, prenant bien soin de mettre ensemble les objets de même nature; et, au bout de deux heures, l'armoire présentait une belle ordonnance. Les draps bien pliés et les taies d'oreiller sur le rayon supérieur; en dessous, les nappes, les serviettes de table et les torchons; plus bas enfin, les chemises, les camisoles, les pantalons, les bas et les mouchoirs. Alors la mère et la fille, bien payées de leur peine, admirèrent le bel ordre qu'elles avaient établi.

6. — Le dîner.

— Maintenant, dit Louise, il faut songer au dîner. Va me chercher au jardin un petit chou et des pommes de terre : je vais t'apprendre à faire une bonne soupe.

Chou de Milan.

La fillette revint au bout d'un instant.

— Le chou n'est certes pas gros, dit Louise, mais il l'est encore trop pour notre soupe d'aujourd'hui. Coupe-le en deux; enveloppe dans les feuilles trop dures que tu allais jeter la moitié, que nous garderons pour après-demain, et porte-la au frais dans la cave... Bien. Maintenant épluche ton chou très attentivement, ôtes-en les côtes, les feuilles épaisses ou endommagées, et surtout prends garde aux chenilles. Épluche ensuite trois pommes de terre, et lave le tout dans une terrine. Prends la plus grande, car il faut beaucoup d'eau pour que le nettoyage soit parfait... Très bien. A présent, remets au feu cette casserole d'eau bouillante que j'ai eu

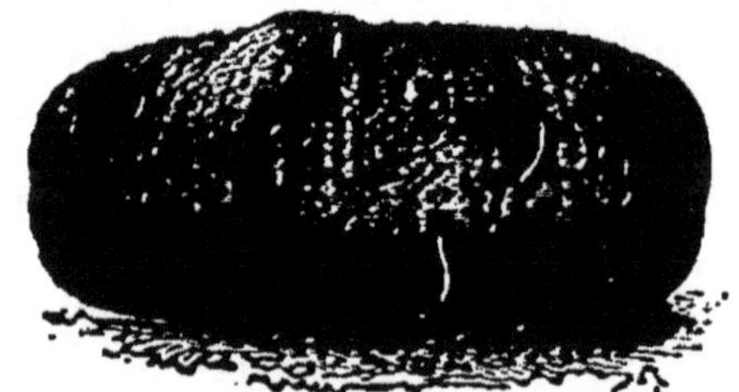

Pomme de terre.

soin de tenir prête, mets-y le chou et les pommes de terre, ajoute du sel, la valeur d'une cuillerée à soupe, et laisse bien bouillir, pendant trois heures environ. Au moment de servir, tu écraseras les légumes dans la casserole même, tu y mettras un morceau de beurre, gros comme un œuf, un peu de pain, et tu auras une soupe excellente. Avec un œuf à la coque, nous aurons dîné comme des princesses.

La petite Marie s'acquitta avec adresse de ses fonctions de cuisinière, et à six heures et demie la soupière fumante emplissait la maison d'une délicieuse odeur.

Les deux femmes se mirent à table. Tandis qu'elles mangeaient, sur le feu de la cuisinière l'eau frémissait dans une casserole.

— Déposes-y deux œufs, petite, dit la mère, et regarde l'heure : dans trois minutes tu les ôteras; ils seront cuits à point.

NOTIONS A RETENIR

L'ordre est indispensable; mais il importe de savoir l'établir avec discernement. Il ne suffit pas de choisir une place pour chaque chose; il faut encore la bien choisir. On ne rangera pas des torchons dans une bibliothèque, non plus qu'un livre dans une boîte à ouvrage. Il faut qu'il y ait un rapport logique entre un objet et la place qu'on lui assigne. La mémoire s'en trouve aidée, et l'on s'épargne des recherches inutiles.

L'ORDRE

SOULAGE LA MÉMOIRE
DIMINUE LA DÉPENSE
MULTIPLIE LE TEMPS

CHAPITRE III

7. — La toilette du matin.

Le lendemain matin, quand Marie fut levée, elle vi s'habiller auprès de sa mère.

— Mais tu as un bas troué, mon enfant, dit Louise : faut en changer.

— Oh! maman, c'est un tout petit trou.

— Sans doute, ma fille; mais tu ne sais donc pas q dans le tricot une seule maille échappée occasionne rap dement un grand trou? de maille en maille la lai s'effile, la plaie s'élargit, et il devient très difficile d porter remède. Vite, des bas propres et irréprochable ma fille : tu gagneras du temps.

La petite obéit sans murmurer, puis elle se m en mesure de se laver soigneusement la figure et l mains.

Sa mère la regardait faire.

— Et tes bras, Marie?

— Oh! maman, il fait froid.

— Que me dis-tu là? Si tu avais vu, chez mes maître comme on lavait entièrement les enfants tous les m tins. Ils ne songeaient guère à se plaindre, je t'assur car, tout petits, on les avait habitués à ces soins proprеté. Voici une éponge, ma fille; elle te servira po les bains de pieds et pour le corps. Quand tu t'en ser servie, rince-la, et, après l'avoir pressée pour en fai sortir l'eau, remets-la en place. Plus tu te laveras, mie tu te porteras... Que fais-tu donc? Pourquoi remettre foulard à ton cou? Le cou et la tête doivent rester n ant qu'on est dans la maison. Aie grand soin seulement le ne pas te refroidir les pieds, et veille à ce que tes haussures soient toujours en bon état. Pour aller au ardin, tu mettras des sabots par-dessus tes pantoufles, t, quand tu rentreras dans la maison, tu déposeras tes abots à la porte, pour ne pas mettre de terre sur le arreau de la cuisine, que nous entretiendrons toujours rès proprement.

3. — « Comme on fait son lit on se couche ».

Aussitôt qu'elle fut habillée, Marie demanda à sa mère le lui tracer sa besogne.

— Tout d'abord, mon enfant, il faut porter sur le bord du rottoir la caisse aux ordures. Quand les gens préposés à 'enlèvement des immondices passeront, ils la videront lans leur tombereau, et nous la rentrerons ensuite... Bien. Maintenant, commence par défaire ton lit. Quand il era suffisamment aéré, tu le referas. De cette manière, 'il entre quelqu'un, la chambre aura un aspect plus dé-ent et plus convenable... Ouvre la fenêtre toute grande, t mets deux chaises en face l'une de l'autre... Enlève es oreillers et le traversin, va les battre avec la main à a fenêtre, et dépose-les sur les chaises... Enlève main-enant la couverture, en la prenant par la lisière, et en ormant de petits plis pour la ramener toute à toi... Bon. Étends-la sur le traversin, bien étalée... Fais-en autant our les deux draps, et aie soin de poser celui du dessous ar-dessus l'autre pour le reprendre le premier, quand u referas ton lit... Retourne et enlève les deux matelas uccessivement ; pose-les doucement sur les draps, et bserve bien comment tu les mets afin de replacer tout l'heure le pied à la tête ; demain tu mettras la droite gauche, et ainsi de suite... Passe soigneusement la nain dans la fente de la paillasse pour remuer la paille ans la casser. Les personnes riches ont des sommiers élastiques, mais notre paillasse nous suffit.

Marie exécuta de bonne grâce et avec une grande

Les accessoires de toilette.

diligence tout ce que sa mère venait de lui commander.
— Vois-tu, « comme on fait son lit on se couche ».

9. — Des chaussures bien cirées.

— Maintenant, dit Louise, laisse ton lit à l'air : tu l'achèveras tout à l'heure. En attendant, cire les chaussures.

Marie prend les souliers déposés la veille au soir dans la cuisine, et se met en mesure d'étendre du cirage sur le cuir encore couvert de boue.

— Que fais-tu là, Marie? lui dit sa mère. Crois-tu que la terre attachée à tes souliers y doive rester toujours? Cela me surprend de ta part.

— Mais, maman, c'était pour aller plus vite.

— Mauvais calcul : le cuir propre reluit plus vite, et, de plus, tu ne saurais marcher ici avec de telles semelles sans salir notre plancher avant même d'être sortie. Va dans la cour, fais tomber la boue de tes souliers, gratte légèrement la semelle avec le dos d'un couteau, brosse dehors toute la poussière que tu envoyais sur mes meubles, et, maintenant que les chaussures sont nettes, mets-y un peu de cirage : pas trop, sans quoi nos souliers colleraient à nos bas de jupes... C'est assez; il ne te reste plus qu'à faire reluire ton cirage avec la grosse brosse, la plus fournie et la plus douce. Pour que des chaussures soient bien faites, il faut que le cirage soit complètement séché par le frottement de la brosse et donne sous le doigt l'impression du vernis; on pourra alors, sans crainte de se salir, les toucher avec des gants blancs.

Marie se conforma aux recommandations de sa mère, et en peu de temps les chaussures devinrent aussi brillantes que si elles eussent été neuves.

Elle les rangea dans un coin, en attendant d'avoir à s'en servir.

— Tu vois, ma fille, comme cela est aisé. Cependant il y a quantité de gens qui ne savent pas cirer convenablement les souliers. Il n'y faut, comme en toute chose, que de la bonne volonté et de l'attention.

10. — Un lit bien fait.

— Fais ton lit maintenant : il a suffisamment pris l'air; mais auparavant lave-toi les mains pour ne tacher ni les draps ni les couvertures.

Marie replaça l'un après l'autre les matelas sur la paillasse, ayant soin, comme avait dit sa mère, de mettre au pied ce qui était à la tête. Louise la surveillait.

— En posant les draps, lui dit-elle, assure-toi que tu mets la marque à la tête du lit... Tends bien le drap du

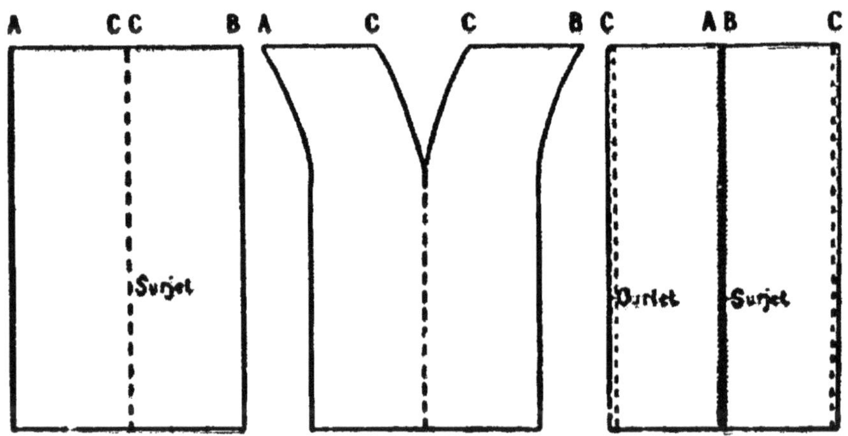

Comment on démarie un drap.

dessous, ma fille; tu sais combien on est mal couché sur des faux plis! Celui du dessus doit être, au contraire, un peu plus ample, pour s'adapter au corps... Borde carrément... Très bien... Mais qu'as-tu fait? Tu n'as pas réfléchi que tu devais mettre à l'envers le second drap.

— A l'envers, maman?

— Mais oui, pour que l'endroit repose sur le corps... Allons, ce n'est rien ! retournons-le de droite à gauche. Le malheur est réparé... Quant à la couverture, si tu veux avoir plus chaud aux épaules, commence par en envelopper l'extrémité inférieure du lit. Tu la replieras ensuite sur elle-même à la place du traversin, et cela te donnera deux épaisseurs... C'est parfait ; je te promets que tu dormiras là dedans comme une marmotte... As-tu remarqué en posant les draps que celui de dessous est très clair au milieu? Eh bien, nous le démarierons. *Démarier un drap*, c'est découdre le surjet qui unit les deux lisières du milieu, puis coudre ensemble les lisières opposées. Les parties usées se trouvant sur les bords, notre drap sera presque neuf en son milieu, là où, en se couchant, on l'use le plus. Quant aux bords, ils feront encore bonne figure et nous pourrons prolonger l'usage de notre vieux drap.

Vois-tu, ma fille, à raccommoder son linge à temps, avant qu'il ne soit trop usé, on l'épargne beaucoup... et c'est une grande économie.

— Maman, dit tout à coup Marie, est-ce qu'il faudra que nous fassions nos lits tous les jours?

— Que dis-tu là? Ne vous les faisait-on pas tous les jours au pensionnat?

— Oh! si; mais il y avait là des domestiques qui étaient chargés de cette besogne, tandis que nous...

— Tandis que nous, ma fille, nous commencerons notre travail de chaque jour par faire nos deux lits. Il est aussi utile d'aérer des draps au milieu desquels on a reposé huit à dix heures, de remuer et retourner des matelas affaissés par le poids du corps, que de se laver chaque matin à son réveil la figure et les mains. Même, et surtout, en cas de maladie, il importe que le lit soit aéré, sain; et, à moins que le médecin ne le défende expressément, il est nécessaire de rafraîchir tous les jours la literie d'un malade. Ne l'oublie jamais.

J'ajouterai même une chose essentielle, c'est que si le malade ne peut être levé sans danger, ou s'il ne doit pas être mis en contact direct avec l'air du dehors, encore faut-il prendre soin de renouveler l'atmosphère de sa chambre. Pour cela il y a deux manières d'opérer. On préserve le lit au moyen d'un paravent, on couvre bien le malade, et l'on ouvre portes et fenêtres durant une minute ou deux. Si l'on redoute encore un refroidissement, on ferme la chambre, on aère abondamment la pièce voisine, et, quand l'air est complètement renouvelé, on rouvre la porte de communication.

— Je n'oublierai pas ce que tu viens de me dire, maman.

— Et tu feras bien; car c'est un préjugé dangereux que de tenir les malades, par mesure de précaution, dans une chambre mal aérée.

NOTIONS A RETENIR

La propreté des objets usuels et des choses qui nous environnent est indispensable.

***

Ces soins s'étendent naturellement à ce qu'on porte sur soi. Les souliers doivent particulièrement être brossés tous les matins. C'est un travail de quelques minutes, et rien ne donne autant de relief à la toilette que des chaussures propres et brillantes.

***

Une bonne ménagère donne à son lit les soins les plus attentifs; elle l'aère et le fait chaque matin pour en mettre toutes les parties au contact de l'air pur.

LIT BIEN FAIT, RÊVES ROSES

CHAPITRE IV

11. — Comment on doit balayer une chambre.

Cependant la petite Marie, très frileuse, avait fermé la fenêtre et était allée chercher le balai de crin.

— Eh quoi, petite, tu vas balayer ainsi? lui dit sa mère.

L'enfant la regarda, surprise.

— Voyons, reprit la maman, réfléchis un peu. Tu vas soulever de la poussière, n'est-ce pas? Où veux-tu qu'elle aille, si elle ne trouve une issue pour s'échapper? Elle se posera nécessairement sur les meubles, sur nous-mêmes, ce qui sera malpropre et malsain. Ouvre la fenêtre, ma fille, et bien grande.

— Oh! maman, il fait si froid!

— Quand on se remue, l'on n'a pas froid.

Et Louise, après avoir ouvert toute grande la fenêtre, prit deux chaises qui se trouvaient sur son passage et les porta dans un coin de la pièce, le siège de l'une retourné sur le siège de l'autre. Un grand panier encombrait le plancher : elle alla le suspendre dans le hangar. Une corbeille, contenant du raccommodage, gisait près de la fenêtre : elle la posa sur la table, ainsi que le tabouret destiné à relever les pieds quand on coud. Elle ôta encore les souliers que la petite avait retirés et mis à terre, et dit : — La pièce est maintenant débarrassée; tu vois clair à ta besogne, commence ton balayage... Surtout, passe ton balai doucement, et ramène-le doucement à toi; des mouvements trop brusques feraient voler la poussière dans l'air que nous respirons; or tu sais qu'il faut craindre ces germes d'infection que l'on appelle des *microbes**.

La chambre au moment du nettoyage.

La fillette voulut changer le lit de place, mais il n'avait pas de roulettes, et elle s'épuisait en vains efforts.

— Laisse-le, conseilla Louise. C'est un très vieux lit

que nous risquerions de démolir en le déplaçant; mais nous pouvons balayer dessous quand même.

Joignant le geste à la parole, Louise se baissa, passa le balai sous le lit, attirant à elle toutes les poussières accumulées en un tas floconneux qu'elle appela des « minons ».

— Maintenant, va prendre un morceau dans la caisse des pièces de laine, le moins bon que tu verras, et grand comme un torchon.

En moins d'une minute, la jeune fille apporta ce qu'on lui demandait.

— Vois-tu l'avantage d'avoir mis de l'ordre dans nos affaires, ma fille ? Tu as trouvé rapidement ce que tu cherchais.

Louise prit le chiffon, en entoura le manche du balai, qu'elle introduisit sous la boîte de la vieille horloge, et ramena un nouveau tas de minons.

— Comme il y en a ! dit Marie.

— Eh bien, mon enfant, pour qu'il n'y en ait plus jamais, il faudra tous les jours faire la même besogne.

— Mais, maman, on ne les voit pas sous l'horloge.

— Qu'importe, ma fille! Il faut que la propreté règne jusque dans les coins les plus obscurs, car, je te le répète, la poussière est malsaine partout où elle se trouve, à cause des microbes qu'elle renferme.

La petite acheva le balayage en y mettant tous ses soins. Sa mère lui fit cependant remarquer que la plinthe de bois peinte en noir restait grise de poussière.

— Passe doucement un torchon sur le rebord, lui dit-elle, et fais en sorte de ne pas salir à nouveau le plancher.

Dix minutes après, le parquet était absolument propre, et un air pur emplissait la chambre.

— As-tu froid maintenant? dit Louise.

— Oh ! non, fit en riant Marie, qui s'essuyait le front où perlaient de grosses gouttes de sueur.

12. — Entretien des meubles.

— Et pourtant, ma fille, nous n'avons pas encore fini.

— C'est vrai, maman ; je vais essuyer les meubles et les remettre à leur place.

— Très bien. Prends dans les cotonnades de notre caisse un vieux mouchoir de cou très doux que j'y ai déposé.

— Le voici.

— Bon. Tu vas le passer sur la cheminée et sur chacun des meubles. Secoue-le par la fenêtre de temps en temps, sinon tu porterais la poussière d'un meuble à l'autre.

— Voilà qui est fait, maman. Mais pourquoi ne nous servons-nous pas du plumeau qui est accroché dans ce coin ?

— C'est que l'usage du plumeau risque d'être funeste à la santé, ma fille. Les poussières qu'il agite volent dans l'air, et nous les respirons avec tous les germes malsains qu'elles peuvent contenir. D'ailleurs, au seul point de vue de la propreté, le plumeau déplace la poussière et ne l'enlève pas.

Louise, l'œil à tout, s'aperçut que les moulures de l'armoire étaient encore grises.

— Prends cette brosse aux poils longs, doux et souples, dit-elle à sa fille : nous nous en servirons pour frotter les meubles dans les coins où le torchon ne peut pénétrer, et nous la retrouverons toujours ici, ajoute-t-elle en accrochant dans la chambre de Marie la brosse, qu'elle avait munie d'une ficelle... Couds aussi un petit cordon à ton vieux mouchoir : nous le suspendrons à côté, ainsi que le balai ; et demain, sans rien chercher, nous aurons tous ces objets sous la main...

Tout en causant, Louise, à l'aide d'un marteau, enfonçait des clous à crochet dans la muraille. Pour les mettre à distances égales, — ce qui est toujours plus propre, — elle tenait à la main un bâtonnet de 15 centimètres environ, l'appliquait au mur à partir du premier clou, faisait une marque à l'extrémité, enfonçait un nouveau clou, et recommençait l'opération.

— Mais, maman, ce sera bien vilain toutes ces choses qui vont pendre au mur, dit Marie.

— Patience, répondit Louise. Dans un instant, tu prieras le père Bernard, notre voisin le menuisier, de venir me parler, et nous trouverons un moyen de cacher ce que nous mettrons là.

Cependant Marie était retournée dans la grande chambre et frottait soigneusement les meubles; mais ils restaient ternes malgré ses efforts.

— Prends un vieux morceau de velours, lui dit sa mère.

La petite obéit, mais les meubles ne brillaient toujours pas. Louise s'en aperçut.

— C'est qu'ils ont besoin d'encaustique*, reprit-elle. Eh bien, nous en ferons avec un peu de cire et d'essence de térébenthine*.

Et Louise, joignant l'action à la parole, prit un morceau de cire, le coupa en petits morceaux dans un vase où elle versa de l'essence, puis recouvrit le tout, pour éviter l'évaporation du liquide.

— Tu vois que je prends soin de m'éloigner du feu, dit-elle: c'est qu'en effet l'essence est extrêmement volatile*, et pourrait occasionner, en s'enflammant, des accidents redoutables. Tu prendras bien garde, toi aussi, de ne jamais en transvaser le soir, à proximité d'une bougie, d'une lampe ou d'un fourneau allumé.

Pour l'essence de pétrole* surtout on ne saurait prendre trop de précautions, car elle peut s'enflammer, même à distance, par le seul effet de sa volatilisation.

— Alors, maman, nous préparerons nos lampes le matin, dit Marie.

— Précisément, ma fille. J'allais te dire que, pendant que notre cire fondra, nous allions faire une revue des lampes.

NOTIONS A RETENIR

C'est une coupable nonchalance que de ne pas balayer une chambre tous les jours, sous prétexte que, dès le lendemain, la poussière se sera de nouveau déposée sur les objets.

Si l'on néglige ces soins de propreté un seul jour, la poussière s'accumulera et l'on pourra bientôt écrire lisiblement sur la table, avec son doigt : — Dans cette maison habite une petite fille malpropre !

La propreté du logis doit marcher de pair avec la propreté du corps.

Il ne faut pas s'en tenir aux choses qui se voient. Il faut nettoyer sous les meubles. Les nids de poussière amoncelée dans les coins sont un danger permanent. Combien de maladies terribles ont leur origine dans le petit amas de poussière, d'apparence inoffensive, où dorment les *bacilles** de la tuberculose* !

Imitons la propreté hollandaise : que les cuivres étincellent ; que chaque ferrure accroche un rayon de lumière, et que les panneaux des meubles soient autant de miroirs.

IL Y A PLUS DE RAPPORTS QU'ON NE PENSE ENTRE LA PROPRETÉ PHYSIQUE ET LA PURETÉ MORALE

Mme PAPE-CARPANTIER

CHAPITRE V

13. — Soins à donner aux lampes. Précautions à prendre.

— Voici une lampe à pétrole*, dit Louise.

Je dévisse la galerie*, je m'assure qu'il ne reste à l'intérieur aucun résidu charbonneux, et j'emplis la lampe d'huile de pétrole, non pas d'essence, — il ne faut pas te tromper surtout, — ce ne serait pas du tout la même chose. Pour plus de garantie, nous allons coller une étiquette sur ce bidon.

— Mais alors, maman, nous ne nous servirons donc pas de l'essence?

— Si, ma fille, mais nous l'emploierons dans cet appareil tout spécialement fait pour cet usage. Il serait très dangereux, vois-tu, d'avoir, au-dessous de la mèche allumée, un récipient rempli d'un liquide aussi volatil et inflammable. C'est pourquoi l'on a imaginé des lampes dont l'intérieur est, comme tu le vois, garni d'une éponge ou d'un feutre. Au milieu descend la mèche. On verse une petite quantité d'essence : l'éponge et la mèche s'en imbibent, et cela suffit pour éclairer, sans que l'on ait à craindre, même en cas d'accident, que du liquide puisse jamais s'écouler au dehors et prendre feu. D'ailleurs, les ménagères ne se servent guère de ces sortes de lampes que pour trotter d'une chambre à l'autre, et c'est de là que leur vient le joli nom de « trotteuses » qu'on leur donne souvent.

Tout en parlant, Louise avait collé une étiquette sur le bidon.

— Moi, dit Marie, je vais bien frotter le verre de lampe avec un petit torchon très doux.

— Je n'ai pas encore de brosse comme il s'en fait pour cet usage. En attendant, prends cette règle, recouvre-la

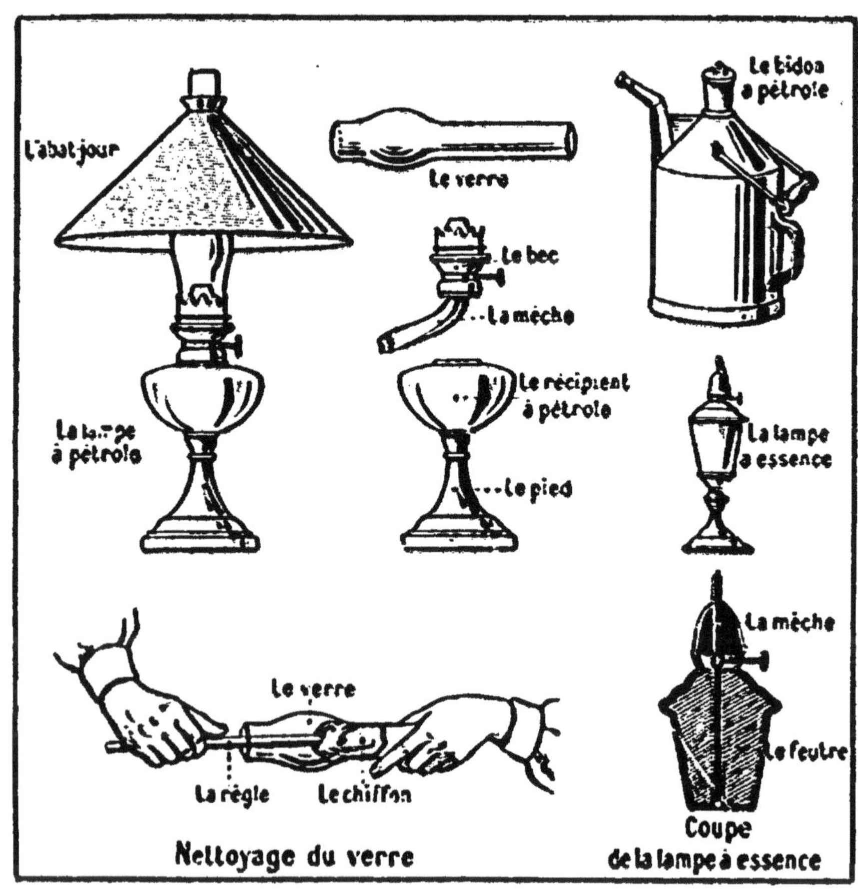

La lampe et ses accessoires.

de ton chiffon, et passe-la doucement dans le verre : il deviendra très net.

Marie s'acquitta de ce petit travail avec adresse.

— Tu vois, fit-elle avec orgueil en montrant le verre à sa mère.

— Très bien, ma bonne petite, nous aurons ainsi une lumière pure et blanche, qui ne nous fatiguera pas la vue... Nettoie le cylindre, fais en sorte qu'il brille :

la lumière qu'il reflétera n'en sera que plus belle.

Louise prit ensuite une autre lampe.

— C'est, dit-elle, une vieille lampe à huile : je ne vois pas la nécessité de nous en servir. Nettoyons-la cependant et mettons-la de côté, en cas de besoin.

Elle en dévissa les différentes parties, qu'elle laissa tremper dans une petite terrine contenant de l'essence de pétrole, les brossa soigneusement pour en enlever les parties grasses, les essuya, puis, revissant la lampe, dit à Marie :

— La voici propre et prête à servir ; mais, pour empêcher la poussière d'y entrer, introduisons un bouchon de papier à l'intérieur du verre... Rappelle-toi, mon enfant, que c'est le matin que les lampes doivent être nettoyées et garnies. Près de la maison de mes maîtres, il y eut l'an dernier un accident terrible. La servante, malgré les fréquentes recommandations de sa maîtresse, négligeait toujours de préparer ses lampes le matin. Or, un soir, on la sonne plus tôt que de coutume pour avoir de la lumière. La pauvre fille perd la tête, se dit qu'on va la gronder une fois de plus : dans son trouble, elle emplit hâtivement la lampe, mais, au lieu d'huile de pétrole, prend de l'essence. Elle approche la bougie, et, au même instant, une flamme énorme jaillit : c'est le bidon qui prend feu ; la flamme atteint le corsage de *pilou*, tissu pelucheux très inflammable, gagne la robe, les cheveux, enveloppe tout entière la malheureuse, qui se précipite dans la maison en poussant des cris affreux, mettant le feu aux tentures ; mais plus elle court, plus l'air active la flamme... Elle est morte dans des souffrances horribles, et peu s'en fallut que toute la maison ne fût incendiée... N'oublie pas cette aventure, Marie, et rappelle-toi que tes lampes doivent toujours être faites le matin.

Cependant la cire était fondue. Louise prit un vieux morceau d'étoffe qu'elle trempa légèrement dans le liquide, encaustiqua les meubles, et dit à sa fille : — Nous allons attendre une heure ou deux que l'encaustique ait pénétré dans le bois. Alors tu frotteras les meubles, d'abord avec un morceau de drap, pour bien étendre la cire, puis avec un morceau de velours*, pour leur donner du brillant... Mais, va prier notre voisin de venir.

14 — Deux meubles à bon marché.

Cinq minutes plus tard, Marie revenait avec le menuisier.

— Monsieur Bernard, dit Louise, voudriez-vous m'établir un rayon au-dessus de cette rangée de clous que je viens de planter là en guise de portemanteaux ? Voici une planche que j'ai trouvée dans mon hangar et qui, je crois, fera l'affaire.

Le menuisier examina la planche.

— C'est du chêne, dit-il, ce sera très solide.

— Je voudrais mettre dessus toutes nos chaussures... Je vous prierai aussi de me disposer sur le bord de cette planche une tringle à laquelle je suspendrai un rideau de cotonnade, pour dissimuler tout ce que je compte accrocher derrière, les habits du matin et les tabliers.

— J'ai bien compris, dit le menuisier.

Puis Louise s'adressant à sa fille : — Tu vois, Marie; j'ai pour habitude de mettre plusieurs tabliers dans une même journée. Le matin, j'en mets un de toile grise pour allumer le feu, cirer les chaussures et laver la vaisselle, en un mot pour tous les ouvrages salissants. Un peu plus tard, j'en mets un autre, en cotonnade bleue, dont je me sers quand je fais mon lit et ma cuisine. Enfin, l'après-midi, quand je couds, j'en mets un troisième, plus propre encore. Pour être sûre de les retrouver, comme je n'ai pas de mémoire, je les suspendrai là. J'y mettrai aussi l'ample camisole que j'ai soin de jeter sur moi au moment de faire le lit, car ma pauvre *matinée* en voit de rudes pendant les nettoyages, et je risquerais fort avec elle de salir mes draps. Tous ces objets seront derrière mon rideau; je n'aurai qu'à les prendre.

Nous posséderons ainsi une espèce d'armoire qui ne me coûtera pas cher... Maintenant, monsieur Bernard, vous allez me faire, dans le même genre, une commode-toilette.

Le menuisier regarda Louise d'un air surpris.

— Voici, reprit cette dernière en lui montrant une caisse de un mètre de hauteur. Je dresse cette caisse debout et, à l'aide du couvercle, je vous prie de faire deux rayons que vous poserez à l'intérieur. Là dedans, je mettrai ma boite à ouvrage, ma corbeille aux bas, mes boîtes à ficelles, à cordons, à boutons, à clous, car j'ai la manie des boîtes : je trouve qu'ainsi rien n'est mêlé ; j'écris sur chaque boîte le nom des objets qu'elle contient, et, en un clin d'œil, je trouve mes affaires. Sur le dessus, je poserai une petite toile cirée avec une cuvette et un pot à eau, et c'est là que nous ferons notre toilette. Pour cacher le bois blanc de la caisse, je la recouvrirai d'un petit rideau d'indienne. Qu'en dites-vous ?

— Je dis que c'est très ingénieux, répondit le brave homme, et que, si toutes nos femmes d'ouvriers étaient comme vous, madame Raimbaud, nous ne verrions pas tant de logis horribles d'où les maris s'évadent trop volontiers pour aller au cabaret. Sur ce, bien le bonjour. Je ferai mon possible pour vous arranger tout cela aujourd'hui même.

NOTIONS À RETENIR

L'ingéniosité est une qualité précieuse, qui permet de concilier l'économie et le goût du confort. Une planche bien garnie, une caisse élégamment drapée sont autant de meubles à bon marché.

N'EST PAS PAUVRE QUI SAIT SE CONTENTER DE PEU

HORACE

CHAPITRE VI

15. — Les ravages de l'alcoolisme dans un ménage.

Au moment où le père Bernard allait se retirer, la porte de la maison s'ouvrit brusquement, et une femme s'élança en criant avec un air d'épouvante : « Cachez-moi, madame, cachez-moi..., par pitié!... » Sans attendre la réponse, elle se précipita dans le jardin, dont la porte était ouverte, et la tira derrière elle.

Il était temps. Un ouvrier parut, brandissant un énorme gourdin. Les yeux hagards, il hurlait : « Où est-elle? » Il jeta un coup d'œil dans la pièce et vit les trois spectateurs, muets d'effroi. Il s'avança en titubant : « Vous n'avez pas vu ma femme?... Ah! la gueuse... Si je l'attrape, gare à elle : elle m'a appelé fainéant! Vous entendez..., fainéant! »

Il regardait autour de lui d'un air soupçonneux; mais la petite maison paraissait si paisible, qu'il reprit :

— Elle s'est sans doute sauvée chez sa mère, la coquine, mais j'y cours et je la rattraperai.

— Oui, c'est là qu'il faut aller, dit le père Bernard, qui cherchait à l'éloigner.

— Ma foi non! fit l'ouvrier, changeant d'idée .. Je ne veux pas avoir l'air d'aller la chercher... J'ai soif, nous allons boire un bon coup... Venez, père Bernard.

Et il s'assit près de la table.

— Si vous voulez boire, mon ami, dit Louise, il faut retourner chez vous : je n'ai rien à vous donner.

— Ah! c'est ainsi qu'on reçoit les ouvriers ici! fit l'ivrogne en frappant la table de son gourdin... Je m'en souviendrai.

La petite Marie était pâle de frayeur; sa mère la rassura : — Ne crains rien, ma fille; il est ivre, et ne sait ce qu'il dit. Nous allons nous en débarrasser.

Elle sortit et regarda dans la rue. L'homme s'en aperçut : « Ah! vous voulez appeler la police, fit-il; vous ne me connaissez pas. On a sa fierté; quand on ne me reçoit pas de bon cœur, soyez tranquille, je ne reste pas... Mais ma femme payera tous ces affronts-là. C'est bon, c'est bon. »

Il sortit en jurant et en brandissant son gourdin avec furie. Il perdit l'équilibre et tomba dans le ruisseau. Des gamins passaient, qui le huèrent. L'ivrogne se releva et les poursuivit, trébuchant à chaque pas.

Écœurée, Louise ferma ses fenêtres et sa porte, et se dirigea vers le jardin. L'inconnue s'était blottie dans le hangar, dissimulée derrière un tas de fagots. Louise l'aperçut et l'engagea doucement à sortir. Alors seulement elle l'examina : la femme était jeune, mais si malpropre, si mal peignée, que l'on eût dit qu'elle était vieille. Sa camisole, percée aux coudes, était retenue par une épingle, et un lambeau d'étoffe pendait au bas de sa jupe. Louise en eut le cœur serré.

— Vous pouvez partir, madame : votre mari est éloigné.

— C'est que, voyez-vous, à l'idée de rentrer chez moi, le courage me manque.

— Mais n'avez-vous pas d'enfants?

— Non, fit la femme d'un air sombre. J'en avais un, tout petit, que j'aimais bien : il est mort. Le médecin m'a dit : il est rachitique* et malingre comme tous les enfants d'alcooliques... Je n'en ai plus, je n'ai de goût à rien, et, plutôt que d'être battue toute la journée, j'aimerais mieux mourir.

Elle se mit à pleurer.

Le père Bernard était resté muet jusqu'alors; mais il dit : — Fanny, votre mari n'a pas toujours bu. Étant garçon, il avait de la conduite.

— C'est pourtant vrai : je n'ai jamais su comment il s'est mis à boire.

— Quand les hommes rentrent du travail, Fanny, il faut qu'ils trouvent la maison propre et la soupe faite. Autrement, ils fuient...; et où vont-ils, sinon au cabaret?

— Ça vous est facile à dire, monsieur Bernard, mais je n'ai pas le temps de faire du ménage, moi : je suis brossière; toute la journée je travaille pour gagner un peu d'argent. On ne meurt pas de faim pour ne pas manger de soupe. Le charcutier est près de chez nous, et je vais toujours chercher un morceau de viande quand mon homme arrive.

— Cela ne vaut pas une bonne soupe bien chaude, et cela coûte plus cher, dit Louise.

— Peut-être le gain de votre travail est-il ainsi perdu.

— Je n'en sais rien, répondit la femme. D'ailleurs, je fais comme j'ai vu faire à maman.

— Oui, mais tu sais aussi comment ça marchait chez vous, fit le père Bernard avec la franchise des gens du peuple. Tu as été mal élevée, ma pauvre Fanny, et ce qui arrive aujourd'hui devait arriver, c'est sûr.

Mais Louise jugea que le moment était mal choisi pour morigéner la jeune femme, et, avec bonté, elle coupa court à l'entretien en disant :

— Rentrez chez vous, madame. J'irai vous voir un jour. Peut-être trouverons-nous un moyen de corriger votre mari.

— Oh! merci, dit la brossière émue, vous êtes bonne.

Elle prit la main de Mme Raimbaud avec reconnaissance et s'éloigna lentement, comme à regret.

— La voilà partie, la malheureuse. Quel taudis que son logement! s'exclama le menuisier en désignant du doigt une pauvre maison située au bout de la rue. Tous les jours il y a des querelles, des cris, des batailles. Quatre ménages habitent là dedans. Quand les hommes sont dehors, les femmes sortent sur leur porte, et les bavardages commencent. Que de fois je les ai vues à l'entrée de l'étroit corridor, en plein courant d'air, avec des nourrissons sur les bras! Et l'on s'étonne, après cela, que ces marmots attrapent des bronchites et des fluxions de poitrine!

— Oui, cela est bien triste, dit Louise. Tous ces pauvres gens pourraient cependant être heureux, s'ils le voulaient; ils pourraient même faire quelques économies dans l'éventualité de maladies possibles et en vue de leur vieillesse; mais l'ivrognerie perd les hommes, et la paresse les femmes. Ah! je voudrais bien être quelqu'un d'influent : je tâcherais de changer tout cela.

— On y pense, madame Raimbaud, répondit le père Bernard. Mon garçon rapporte de l'école des livres où l'on montre les dangers de l'alcool, et ma petite fille apprend, elle aussi, bien des choses qu'on ne vous montrait pas autrefois. Elle sait déjà mettre une pièce à un pantalon, à une robe. L'autre jour, elle nous a fait un très bon ragoût d'après une recette dictée à l'école. J'espère que mes enfants ne ressembleront pas — la vôtre non plus — à ces deux malheureux que nous venons de voir.

— C'est à désirer, fit Louise. Ma petite Marie va retourner à l'école aussitôt que notre installation sera finie; et j'ai hâte qu'elle le soit, monsieur Bernard, car, après la mère, rien ne vaut une bonne maîtresse de classe pour faire un jour de braves femmes.

16. — Propreté et hygiène.

Le lendemain, la petite chambre était parée. Sous le rideau de coton s'alignaient les torchons, les tabliers et la camisole du matin; sur la toilette improvisée trônait un beau pot de faïence à fleurs bleues plein d'eau fraiche; le lit pliant était caché sous une housse bien tendue; les carreaux des fenêtres, lavés et frottés, avaient été garnis de rideaux bien repassés; le plancher était net; la propreté régnait partout. Louise et Marie considéraient leur travail avec ravissement.

— Dans notre grande chambre, ma fille, il y aura plus à faire. Commence par déclouer ces affreuses gravures. Mieux vaut une tapisserie nue et propre que toutes ces réclames de feuilletons, ces images du plus mauvais goût. Ne les jette pas cependant; elles nous serviront à allumer le feu.

En un instant les murs furent dégarnis; mais alors la tapisserie se montra dans toute sa pauvreté, fanée, passée, malpropre, déchirée en maints endroits. L'enfant prit une mine toute penaude.

— Ne te désole pas pour si peu, petite : nous achèterons un papier à bon marché et nous le collerons nous-mêmes; cela ne sera ni très coûteux ni très difficile.

— Mère, nous n'y arriverons pas.

— Oh! je ne te dis pas que ce sera fait comme par un ouvrier qui en a l'habitude, mais j'ai observé plusieurs fois, chez mes maîtres, comment s'y prennent les peintres, et je t'assure que je saurai non seulement poser moi-même le papier, mais encore donner une couche de peinture aux lambris, aux portes, aux fenêtres.

Marie regarda sa mère avec admiration.

— Il faut être ingénieuse, mon enfant, quand on n'est pas riche, dit Louise.

— Mais, maman, reprit la petite, le notaire t'a dit que tu avais 20 000 francs. On n'est donc pas riche avec cela?

— Ce soir, reprit la mère en souriant, nous ferons nos comptes, et tu verras si nous sommes riches; mais, dis-moi, as-tu pensé à balayer la rue?

— La rue, maman?

— Eh! oui, petite; non pas toute la rue, comme tu parais le croire, mais la partie qui est devant notre porte, c'est-à-dire notre part du trottoir et du ruisseau.

— Je pensais qu'il y avait des hommes chargés de ce service.

— Il y a des balayeurs publics, oui, ma fille; mais ils ne balayent que la chaussée. L'entretien des trottoirs et du caniveau* est à la charge de ceux qui habitent le rez-de-chaussée des maisons. Tous les matins la ville fait couler l'eau, à heure fixe, le long des trottoirs; c'est à nous de guetter le moment et de sortir pour nettoyer comme il faut le passage des piétons et le ruisseau.

Nous serions à l'amende si nous manquions à ce devoir. Et d'ailleurs tu ne voudrais pas que l'on dît de nous: Ces femmes-là sont malpropres; il fait sale devant leur maison.

— Oh! maman!

— Eh bien, ma fille, prends un seau et ton balai, et demain surveille le moment où l'eau coulera dans le ruisseau.

NOTIONS A RETENIR

Les mesures capables d'enrayer l'alcoolisme sont du domaine de la morale seule.

L'alcoolique, en buvant, cherche moins un plaisir matériel que l'oubli de ses misères présentes, vraies ou imaginaires. C'est donc aux femmes plus qu'aux médecins qu'il appartient de détruire l'alcoolisme.

Un intérieur propre, une cuisine appétissante, un visage souriant, beaucoup de bonne humeur, des enfants bien tenus : le foyer domestique aura vaincu le cabaret.

TOUT BONHEUR QUE LA MAIN N'ATTEINT PAS N'EST QU'UN RÊVE

JOSÉPHIN SOULARY

CHAPITRE VII

17. — Un bon ragoût.

C'est fait. Louise regarde l'heure, et dit : — Tu vas aller acheter chez le charcutier une côtelette de porc de 0 fr. 40, puis tu prendras dans le hangar des pommes de terre et des oignons, et je te montrerai comment on fait un bon ragoût.

Une demi-heure après, Louise, ayant lavé ses mains et changé son tablier du matin contre un plus propre, prit sur une des planches de la cuisine une petite marmite, et la mit sur un feu clair et pétillant. Elle y déposa un morceau de beurre gros comme une noix et quelques lardons qu'elle retournait de temps en temps avec une fourchette. Les lardons étant bien rissolés, une bonne odeur se répandit dans la cuisine.

— Mettons notre côtelette, dit-elle.

Elle la fit roussir des deux côtés, y ajouta la quantité de sel nécessaire, une pincée de poivre, un demi-verre d'eau, quatre gros oignons coupés en morceaux, et retira sa casserole du feu.

— Vois-tu, mignonne, la sauce bout trop fort ; c'est pourquoi je mets notre casserole sur le côté du poêle. Recouvrons la marmite : le morceau de viande mijotera, les oignons donneront leur jus, et, dans une demi-heure, nous ajouterons nos pommes de terre, — pas avant, — car si elles restaient trop longtemps sur le feu elles durciraient. Pour être bonnes et savoureuses, des pommes de terre ne doivent pas cuire plus de 30 minutes.

Une demi-heure plus tard, les pommes de terre cuisaient; Louise ajoutait au ragoût, après l'avoir goûté,

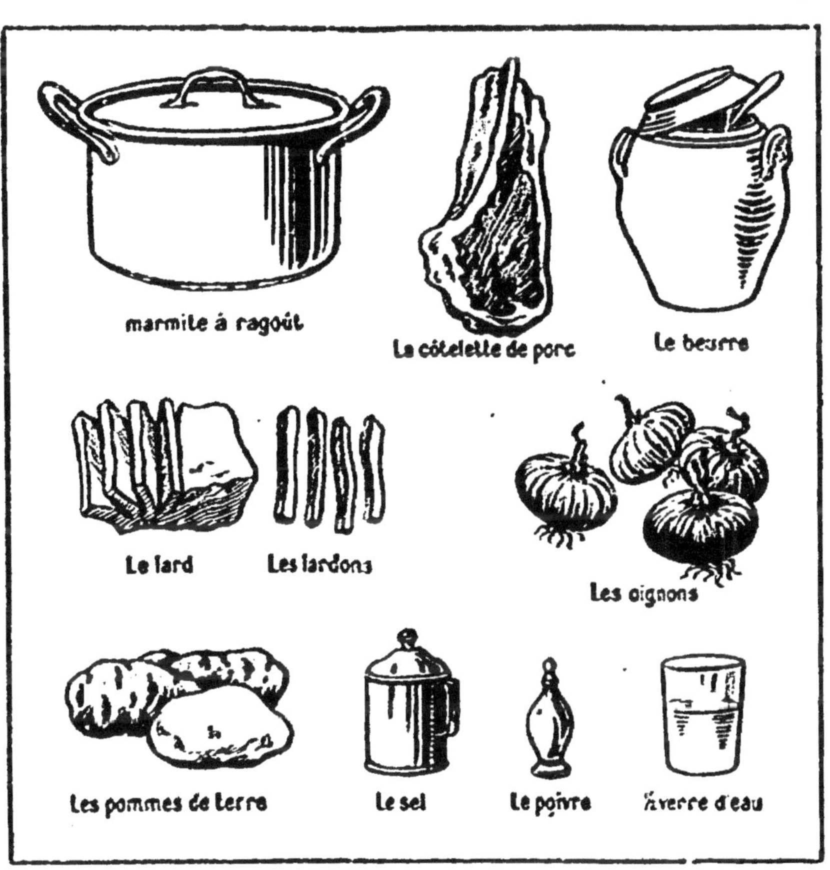

Les éléments d'un bon ragoût.

une nouvelle pincée de sel, et, à midi juste, il était à point.

18. — L'art de dresser la table.

— Marie, notre déjeuner est prêt. Mets le couvert.

L'enfant alla prendre un petit torchon dans le tiroir de la table de cuisine, essuya soigneusement la toile cirée, puis elle posa, au hasard et sans symétrie, les assiettes, les verres, les couteaux, les fourchettes.

— Oh! oh! dit Louise, voilà une table qui n'est pas très jolie à voir. Si mon ancienne maîtresse était là, je doute qu'elle t'en fît des compliments.

— Mais, maman, les gens riches ont des tables bien ornées, parce qu'ils ont de belle vaisselle, des cristaux, des nappes.

— Mais, ma fille, notre table peut être très gentille

Une table bien dressée.

aussi, si nous le voulons; nous n'avons que faire de luxe: l'ordre et la propreté y suffiront avec un petit brin de fantaisie... Mets nos assiettes bien en face l'une de l'autre, aussi nos verres; à droite, la fourchette et le couteau; à gauche, une serviette.

— Une serviette, maman! mais c'est de la prodigalité.

— Crois-tu? moi, je vais te prouver que c'est une économie de temps et d'argent. Nous pouvons nous tacher en mangeant; or, ce n'est rien que de laver deux serviettes par semaine. Si, au contraire, nous tachons nos corsages et nos robes, voilà qui est difficile à netoyer! Il nous y faudra beaucoup de temps, ou, si nous ecourons au dégraisseur, nous en serons pour une forte omme. J'aime donc mieux tacher deux serviettes qu'il n'est facile de laver moi-même.

— Tu penses à tout, fit la petite.

— Eh bien, mangeons... Mais où donc est la salière?... t le pain?... et la carafe? Allons, fais vite; moi, je vais nettre un chrysanthème dans ce petit vase, et tu me liras si notre table n'est pas jolie.

Les deux femmes déjeunèrent de bon cœur et de grand appétit.

19. — Marie apprend à laver la vaisselle.

Après le repas, elles causèrent quelques minutes; puis Louise se leva.

— J'ai eu soin de mettre la marmite sur le feu en ôtant le ragoût, dit-elle. De cette façon, nous avons de l'eau bien chaude : lavons notre vaisselle. Veux-tu t'en charger, fillette? je verrai comment tu t'y prends.

L'enfant eut un sourire qui signifiait : Ce n'est pas bien difficile. Louise y répondit par un autre qui voulait dire : Nous allons voir!

Marie prit donc un morceau de vieille toile, puis une grande terrine en terre jaune; elle y versa son eau bouillante et y plongea d'un seul coup toute la vaisselle, les assiettes et les fourchettes, d'un air entendu.

— Alors, te voilà satisfaite? dit sa mère.

— Mais oui, maman.

— Eh bien, ma fille, tu viens de faire une grosse sottise.

— Comment cela, fit l'enfant déconfite?

— Regarde ton eau : la voila toute grasse... Et cet os de côtelette, que fait-il au fond de la terrine?... Avant d'y plonger les assiettes, mon enfant, on les nettoie avec une croûte de pain, et, plus tard, on jette sur le fumier, dans le fond du jardin, tous les débris de la table. Quant aux morceaux de pain, si par hasard il en reste, — autant que possible on ne doit pas en laisser, — nous les mettrons de côté pour nos lapins... Enfin, pour aujourd'hui, puisque ton eau est très grasse, ajoutes-y un peu de carbonate de soude, gros comme une noix, et l'opération se fera plus proprement... En terminant, tu savonneras bien ta lavette, tu la rinceras à l'eau chaude et tu laveras, à l'eau chaude également, la terrine et l'évier. La terrine doit être très nette et ne conserver aucune odeur avant d'être remise à sa place.

— Et les verres, maman, comment devrai-je les laver ?

— Dans de l'eau froide, ma fille. Ils seront plus difficiles à essuyer, mais beaucoup plus brillants.

20. — Comment on économise le combustible.

La vaisselle est rangée dans le buffet de cuisine : ici, les cuillers; là, les fourchettes; plus loin, les couteaux, préalablement frottés sur le cuir affecté à cet usage; la cuisine est balayée : tout est en ordre et à sa place.

— Ne crois-tu pas, maman, qu'il serait bon de remettre du charbon dans la cuisinière ?

— Oui, ma fille; mais, comme nous n'avons plus besoin que le feu soit vif, nous allons le laisser *dormir* jusqu'au moment de dîner : nous le ranimerons alors en un instant.

— Tu vas donc mettre quelques morceaux seulement dans le foyer ?

— Je vais y mettre ce qu'on appelle du poussier, c'est-à-dire de la grosse poussière de charbon. L'air y pénétrant malaisément, le feu sera moins actif, et pourtant nous aurons encore assez chaud dans la cuisine. Vois-tu, Marie, dans un ménage où règne une sage économie, il faut toujours avoir du charbon sous ces deux formes : gros et menu... Descends à la cave, et remplis ce seau de poussier.

Marie obéit et remonta avec son seau plein.

— Quand nous verrons le feu près de s'éteindre, lui dit la mère, nous y remettrons trois ou quatre gros morceaux pour le ranimer; un peu après, une ou deux pelletées de poussier, et ainsi de suite. C'est là ce qui s'appelle entretenir son feu ». Et maintenant, travaillons.

NOTIONS A RETENIR

La découverte d'un mets nouveau, a dit un penseur, importe plus au bonheur de l'humanité que la découverte d'une étoile.

***

Une bonne cuisine servie par une ménagère avenante fait plus pour l'attrait du foyer que les dissertations des philosophes.

***

Frais minois, soupe chaude; et le logis n'est pas désert.

***

La naïve superstition de nos aïeux, disant que le sel renversé et les couverts mis en croix portaient malheur, signifiait peut-être que les mille soucis du jour s'évanouissent à la vue d'un couvert bien mis, d'une table bien dressée.

NE POINT METTRE D'ORDRE DANS SES AFFAIRES, C'EST GASPILLER LA VIE

FAURE

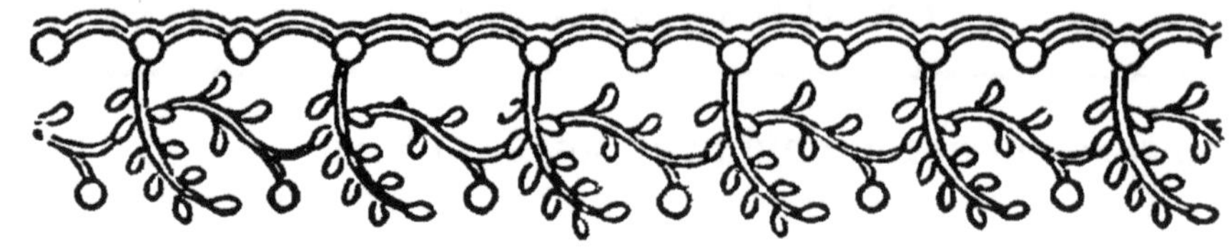

CHAPITRE VIII

21. — Les soins du corps.

Les deux femmes prennent alors leur corbeille à ouvrage, et s'installent pour raccommoder des bas.

Marie montre à sa mère avec découragement un talon complètement troué ou, plutôt, le trou est si large qu'en réalité le talon n'existe plus.

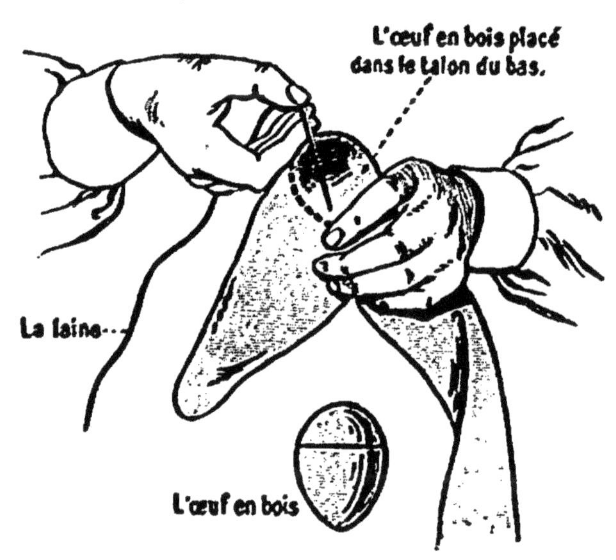

Comment on raccommode un bas.

— Vois-tu l'inconvénient de ne pas changer de bas dès qu'un petit trou se produit? Tu vas avoir beaucoup de peine à refaire ce talon, dit Louise.

Elle va prendre dans la boîte à ouvrage une boule en bois, l'introduit dans le bas, et montre à sa fille comment se fait une reprise.

Cependant les heures s'écoulent en travaillant et devisant. On cause du passé, du présent, du bonheur à venir, et Louise, toujours sage, mêle ses instructions de mère et de ménagère au bavardage naïf de sa fillette.

Elle insiste sur les soins d'hygiène.

— Certes, mon enfant, les médecins sont des gens

utiles, mais coûteux pour les pauvres gens. Ils ne sont pas tous aussi riches que M. Lambert, qui, lui, ne faisait pas payer ses visites quand il voyait qu'on était dans la gêne. C'est pourquoi il faut se garder d'en avoir besoin, et, pour cela, rien ne vaut la propreté du corps et de la maison, puis une bonne et saine cuisine.

— On nous conduisait aux bains tous les trois mois au pensionnat.

— Oui, il faut au moins quatre grands bains par an, et l'on ne s'en porterait que mieux si l'on en prenait davantage. En tout cas, il est indispensable de se laver les pieds à l'eau chaude une ou deux fois par semaine, sinon même tous les jours.

— Tous les jours, maman!

— Cela t'étonne, ma fille? Songe donc que les pieds supportent tout le poids du corps durant huit à dix heures par jour, qu'ils sont étroitement enfermés dans des bas qu'on enferme à leur tour dans du cuir ou du drap, et que, malgré tout, ils reçoivent la poussière du sol : il faut donc les baigner souvent; il faut qu'on se lave les pieds comme on se lave la figure et les mains, comme on doit aussi se laver toutes les parties du corps. L'eau affermit et en même temps assouplit la peau, elle l'assainit, elle fait disparaître les impuretés microscopiques qui en bouchent les pores*, et lui permet de respirer.

— Mais, maman, c'est par le nez qu'on respire?

— On respire, sans s'en douter, par tout le corps, ma fille, et c'est pourquoi il est si utile d'être propre et net. Tu te laveras donc les pieds à l'eau chaude le jeudi matin et le dimanche, après que tu auras fait ton ménage. Et une fois par semaine, le dimanche, par exemple, tu te laveras à grande eau le corps tout entier. Tu verras comme c'est agréable et comme cela fait du bien. Je t'ai acheté tout exprès une belle et grosse éponge, que tu presseras fortement après t'en être servie et avant de la remettre en place. Oh! oui, le meilleur préservatif de la maladie, vois-tu, ma petite Marie, c'est la propreté, c'est une nourriture saine et très simple, c'est une habitation ensoleillée, éclairée, nettoyée chaque jour avec soin ; c'est aussi le bon repos du dimanche, où l'on s'en va dans les champs respirer l'air pur ; c'est enfin cette tranquillité de la conscience que l'on obtient en travaillant, en ne faisant pas de dettes, en ne disant jamais de mal du prochain.

NOTIONS A RETENIR

La *propreté* est une des conditions indispensables d'une saine hygiène. C'est à elle que nous devons la disparition de la plupart des épidémies*. Si la peste*, la lèpre*, tant d'autres maladies terribles qui dépeuplaient la France d'autrefois, ont à peu près disparu, on le doit à une hygiène bien entendue.

Il ne suffit pas de se laver le visage et les mains, il faut se laver tout le corps, et ne pas imiter cette petite fille qui disait : « A quoi bon me laver les mains, maman, puisque je vais mettre des gants? »

CE QU'EST LA PURETÉ POUR L'AME,
LA PROPRETÉ L'EST POUR LE CORPS

ÉPICTÈTE

CHAPITRE IX

22. — Du choix de la batterie de cuisine.

Toujours tirant l'aiguille, la mère et la fille se complaisent en une causerie tantôt grave, tantôt gaie. A présent elles parlent de vaisselle et de batterie de cuisine, des belles casseroles de cuivre rouge qui s'étalent resplendissantes dans les maisons riches, des ustensiles émaillés dont on se sert dans les maisons modestes et des casseroles de fonte à la portée des humbles bourses.

— Le meilleur, dit Louise, est encore la casserole en terre brune, ce qu'on appelle le *caillou d'Orléans*, et ce n'est pas tellement cher que nous ne puissions en acheter. L'émail* est dangereux : il peut éclater à la cuisson, se mêler aux aliments, et, comme il est tranchant, blesser l'intestin. Nous aurons donc des casseroles en terre. Seulement il faudra les manier avec soin, car on les casserait au moindre choc.

— Et l'on peut y faire cuire la soupe, maman? L'eau ne passe pas à travers?

— Elle y passe un peu les premiers jours, mais on n'a qu'à frotter tout d'abord le fond extérieur avec un morceau d'ail, et la terre devient rapidement imperméable. On emplit d'eau la casserole, on la met sur la cuisinière assez loin du feu, de façon à ne pas l'exposer tout de suite à une forte chaleur. On la rapproche peu à peu : la terre se dilate doucement, travaille sans brusque secousse, et le lendemain on peut risquer de mettre la casserole en plein feu, tout au moins sur la platine du foyer. L'essentiel, surtout dans les premiers temps, est de ne jamais y laisser refroidir l'eau : il y aurait à craindre un suintement.

— Et cette terre, maman, arrive à s'échauffer autant que du métal ?

— Plus lentement, c'est vrai, mais elle devient brûlante et se conserve chaude très longtemps. Il faut avoir grand soin, pour que les aliments ne *tiennent* pas au fond, de remuer de temps à autre les légumes ou la viande avec une cuiller de bois. Si, par hasard, quelque chose a tenu, il est aisé, quand on lave sa casserole, de nettoyer le fond soit avec un petit linge humide trempé dans du sable fin, soit avec une petite lavette en mailles de fer, comme on en trouve chez les quincailliers... Il me vient à l'idée, pour cuire nos pommes de terre en robe de chambre, d'acheter aussi ce qu'on appelle un « diable ».

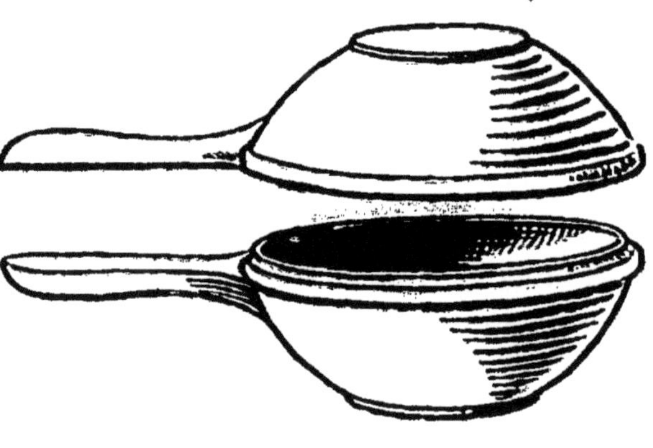

Un « diable ».

— Oh ! maman, tu me fais peur, dit Marie en riant. Louise sourit à cette jeune gaieté. La fillette reprit :

— Et comment est-il fait, ce diable-là ?

— Figure-toi deux moitiés d'un ballon en terre, ayant chacune son manche, et s'adaptant l'une sur l'autre, manche contre manche. On introduit là dedans ses pommes de terre, on met le diable au feu, — Marie riait de tout son cœur, — et, de temps en temps, on retourne cette casserole d'un nouveau genre. Les pommes de terre ainsi cuites sont excellentes et très moelleuses. Mais ce qu'il y a de particulier, c'est qu'il ne faut jamais laver cette terre, ni au dehors ni au dedans : on la laisse telle quelle.

— Comme c'est commode, maman!

— Fi donc! Heureusement que tu ris et que je te sais courageuse. Nous ferons cuire aussi des marrons dans notre diable, mais il faudra les fendre pour qu'ils n'éclatent pas. Tu les trouveras bien meilleurs, j'en suis sûre, que cuits dans la poêle ou à l'eau.

— Que de choses tu sais, maman!

— Mais aussi, ma petite Marie, j'ai presque vingt ans de plus que toi... Allons, j'entends sonner cinq heures à la pendule de ma chambre. Je vais te laisser pendant une heure, ma fille. J'ai besoin d'aller voir Mlle Cochart, une bonne demoiselle que j'ai connue autrefois, et qui désire me parler. En m'attendant, travaille bien. A mon retour, nous ferons ensemble le dîner.

. . . .

Une heure plus tard, Louise est de retour. Elle ôte soigneusement la jupe propre qu'elle a mise pour sortir, la brosse et la suspend dans un placard; puis elle cherche où placer sa jaquette sans la chiffonner, car elle n'a pas de portemanteau. Alors elle sort dans le jardin, coupe un bâtonnet de 50 centimètres environ, attache au milieu une ficelle qui forme boucle, introduit ce portemanteau improvisé sous le col de sa jaquette, une extrémité dans chacune des manches, et le suspend près de sa jupe.

Cela fait, elle va reprendre sous le rideau de la petite chambre une robe plus vieille, un tablier, et redevient une cuisinière.

23. — Une soupe à l'oseille.

— Pour notre dîner, ma fille, nous ferons une soupe à l'oseille et nous mangerons des œufs. Va cueillir une poignée d'oseille au jardin et rapporte du hangar trois pommes de terre.

A son retour, Marie, sur les indications de sa mère, éplucha soigneusement l'oseille, la lava à grande eau et la mit dans un panier à salade qu'elle suspendit au-dessus de l'évier pour la laisser s'égoutter.

Louise prit un morceau de beurre gros comme un œuf, le mit dans une casserole qu'elle plaça sur le feu, y ajouta son oseille et la fit fondre, réduire entièrement, y versa trois verres d'eau, mit les pommes de terre, saupoudra de sel, et dit : — Dans une demi-heure nous ajouterons du pain, et notre soupe sera cuite.

En effet, une demi-heure après, le couvert étant mis avec soin, l'eau bouillant pour les œufs à la coque, Marie put servir la soupe. Elle déposa avec précaution les œufs dans la casserole à demi remplie d'eau, regarda l'heure et dit : — Dans trois minutes je les ôterai.

— C'est bien cela, répondit Louise.

NOTIONS A RETENIR

La *pomme de terre* est un légume dont la découverte a rendu plus de services à l'humanité que les victoires de vingt conquérants.

C'est Parmentier qui l'introduisit en France vers la fin du XVIIIe siècle.

L'apparition de la pomme de terre, qui pousse dans les endroits les plus arides, et qu'on ne peut accaparer* comme le blé, car elle ne se garde qu'un an, a fait disparaître les famines qui, autrefois, décimaient périodiquement la France.

CHAPITRE X

24. — Le budget de Louise.

Le soir, Louise prit une feuille de papier, un crayon, et dit à Marie :

— Mon enfant, tu t'es étonnée ce matin quand je t'ai dit que nous n'étions pas riches. Nous possédons, tu le sais, un *capital* de 20 000 francs. Calculons ce que cela nous permet de dépenser par an.

Tu n'ignores pas, continua-t-elle, que l'argent prêté peut rapporter un bénéfice que l'on appelle *intérêt*. J'ai placé le nôtre sur l'État, ce qui veut dire que l'État, en retour de cet argent que nous lui prêtons, nous donne 3 francs pour 100 francs, 30 francs pour 1 000, 300 pour 10 000 et 600 pour 20 000 : tu comprends bien?

Marie regardait sa mère avec attention.

— Oui, maman, je comprends très bien : 600 francs par an, cela nous donne 50 francs par mois : c'est beaucoup.

— Ah! tu crois, fillette? Eh bien, établissons notre dépense moyenne :

Et Louise écrivit :

	Fr. C.
Pain de la journée........................	» 20
Repas du matin : lait........................	» 20
Repas de midi : viande........................	» 50
légumes et graisse........	» 20
Repas du soir : soupe maigre............	» 25
œufs ou légumes..........	» 40
Boisson de la journée : deux litres de bière.	» 40
Dessert de la journée : fromages ou fruits...	» 10
Total............	2 25

Notre nourriture nous revient donc, sans le moindre superflu, à 2 fr. 25 par jour. Calcule à combien cela monte par mois de trente jours. Marie eut bientôt fait la multiplication : elle fut atterrée en présence du produit : 67 fr. 50!

— Remarque bien, ma fille, que j'ai compté la nourriture seule, et tu vois qu'il nous faut déjà 67 fr. 50 par mois, quand nous n'avons que 50 francs de rente. Cela nous fait, pour la nourriture de l'année, une dépense douze fois plus forte, c'est-à-dire 67 fr. 50 × 12, soit 810 francs.

— Ajoutons maintenant les autres dépenses nécessaires.

Et Louise écrivit encore :

Contributions.......................... 30 francs.

— Qu'est-ce que cela, maman?

— Les *contributions* sont un impôt que tout propriétaire doit à l'État. Cet impôt est proportionnel* à la valeur de la propriété. Nous payons 30 francs par an. Je reprends donc et j'écris :

	Fr.	C.
Nourriture..............................	810	»
Contributions............................	30	»
Éclairage, 0,10 par jour, soit............	36	50
Chauffage, 2 000 kilos de charbon, soit...	80	»
Additionnons, fit-elle... Total......	956	50

— Oh! maman, mais c'est énorme.

— Et ce n'est pas tout : nous n'avons compté ni l'habillement, ni le blanchissage, ni les chaussures, ni les imprévus de toute sorte, objets cassés qu'il faut remplacer, visite du médecin, potion chez le pharmacien, dîner à des amis de passage...!

— Mais c'est effrayant, maman!

— Oui, ma chérie. Ajoute donc :

	Fr.	C.
Habillement..............................	100	»
Deux paires de chaussures à 12 francs...	24	»
Deux paires de pantoufles à 3 francs.....	6	»
5 francs par mois pour l'imprévu........	60	»
Assurance de la maison................	13	50

— Qu'est-ce encore que l'*assurance*, mère?

— C'est la somme que l'on donne chaque année à une *compagnie financière** pour qu'elle vous rembourse, en cas d'incendie, la valeur des objets brûlés ou détruits. Il est indispensable de s'assurer, ma fille, si l'on ne veut, en cas de malheur, se voir réduit à la misère du jour au lendemain.

— Quant au blanchissage, en le faisant nous-mêmes, nous userons du savon et des cristaux pour 1 fr. 50 par mois environ, soit, par an, 18 francs.

Nouveau total........................ 221 fr. 50

Additionnons les deux totaux, et nous trouverons que nos dépenses s'élèvent à la somme de 956 fr. 50 + 221 fr. 50, soit 1 178 francs. Mettons, en chiffres ronds, 1 200 francs. Par conséquent, nous ne possédons, ma pauvre enfant, que la moitié de ce qu'il nous faut pour vivre, et simplement, sans luxe, sans dépense inutile. Juge un peu de ce qu'il en serait si l'une de nous tombait malade!

— Mais, maman, qu'allons-nous faire? fit l'enfant avec frayeur.

— Travailler, ma fille. Ne crains rien ; nous nous tirerons d'affaire. En attendant, bonsoir, et dors en paix. Demain, je te ferai part de mes projets.

25. — Louise se crée des revenus.

Le lendemain, en s'éveillant, la petite Marie songea aux calculs de sa mère, et, à l'idée qu'elle n'était pas riche du tout, elle fut toute déconfite. Elle avait bâti de si beaux châteaux en Espagne en quittant l'ouvroir! Elle se voyait déjà vêtue comme une demoiselle, entourée d'amies, et n'ayant rien à faire qu'à se promener. Mais la réalité était bien au-dessous du rêve, et voici que sa mère disait, tout comme à l'ouvroir : Il faut travailler!

Cette idée la poursuivait si fort, qu'elle se leva bien vite pour aller retrouver sa mère au jardin. Elle l'embrassa et lui dit aussitôt :

— Maman, tu m'as dit hier soir que nous travaillerons; mais à quoi donc?

Louise sourit.

— Eh bien, mon enfant, voici. Je suis allée voir, tu le sais, Mlle Cochart. C'est une bonne vieille demoiselle qui a été longtemps receveuse des postes et qui a pris sa retraite. Comme elle se sent aujourd'hui très fatiguée et qu'elle a besoin d'une personne qui l'aide à tenir son appartement, elle m'a demandé si je pourrais venir chez elle tous les matins et tous les soirs : elle me donnerait pour cela 30 francs par mois.

— Oh! s'écria l'enfant, quel bonheur! J'avais si peur hier, quand tu m'as dit que nous n'avions pas de quoi vivre!

— Mais ces 30 francs ne vont pas suffire, petite. Souviens-toi qu'il nous manquait 600 francs, c'est-à-dire qu'il nous manque encore, malgré les 30 francs de Mlle Cochart, 20 francs par mois.

En véritable enfant, Marie eut tout d'abord un geste de désespoir; puis elle reprit d'un air très décidé :

— Mais, moi aussi, je puis gagner de l'argent!

Sa mère se mit à rire : — Bravo, ma fille; mais il te faut, avant d'avoir un métier, aller à l'école, apprendre à écrire sans faire de fautes, et compter convenablement, être enfin, et surtout, une bonne petite ménagère; car la femme qui ne sait pas tenir sa maison dépense tout ce qu'elle gagne, et souvent même fait des dettes.

C'est moi qui travaillerai; je ferai construire de petites cabanes pour élever des lapins...

— Oh! maman, comme cela va être amusant!

— Et productif, ma fille, car les lapins ont toujours beaucoup de petits et leur nourriture ne coûte pas cher: de l'herbe et des épluchures de légumes. J'aurai aussi un pigeonnier. Il en coûte un peu plus sans doute de nourrir des pigeons, mais d'abord ils s'en vont picorer de-ci delà dans les rues et dans les champs, et puis ils pondent si souvent qu'on est bien payé de la dépense par le nombre de pigeonneaux qu'ils donnent. J'irai vendre les nôtres au marché et je mettrai tous mes soins à m'assurer une bonne clientèle, en la servant de mon mieux. De cette façon, j'espère que nous arriverons à vivre et même à mettre un peu d'argent à la caisse d'épargne.

NOTIONS A RETENIR

La *prévoyance* est un des plus beaux privilèges de l'être pensant. Seul l'animal vit au jour le jour, sans jamais songer au lendemain.

L'économie, l'épargne sont d'une nécessité absolue dans tout ménage.

Qu'est-ce qu'un sou? dira-t-on. — Évidemment, c'est peu. Mais un sou économisé chaque jour fait 18 francs à la fin d'une année.

Si une mère prévoyante plaçait un sou tous les jours à dater de la naissance de son enfant, elle lui assurerait une vieillesse à l'abri du besoin.

EN TOUTE CHOSE IL FAUT CONSIDÉRER LA FIN

LA FONTAINE

CHAPITRE XI

26. — Les dangers du pétrole.

La mère et la fille s'entretenaient ainsi paisiblement, quand de la maison voisine sortirent tout à coup des cris de terreur.

Louise pâlit, et voyant sa fille tremblante :

— Reste ici, lui dit-elle, on a peut-être besoin de moi.

Et elle sortit en courant.

Elle pénétra dans la maison d'où partaient les cris et vit avec épouvante une femme entièrement enveloppée de flammes.

Louise se précipita vers le lit, en arracha la couverture et les draps, jeta le tout sur la malheureuse, l'étouffant presque, la roula par terre; puis, lorsque les flammes furent éteintes, avec mille précautions elle releva la pauvre femme évanouie et la déposa sur les matelas. Alors elle appela sa fille et l'envoya chercher en toute hâte un médecin.

Le danger écarté, les voisins, accourus au bruit, s'enquirent des causes de l'accident. Louise leur montra du doigt un bidon de pétrole qui gisait à terre, près du poêle.

— Voici, dit-elle, la cause du mal. La malheureuse aura voulu activer son feu en y versant du pétrole : une flamme aura jailli, atteignant sa robe de pilou. Elle est victime de son imprudence.

Dix minutes plus tard, le médecin entrait. Il ranima tout d'abord la femme, qui se mit à pousser des gémissements de douleur. Avec douceur il enleva ce qui restait des vêtements, prenant bien soin de ne pas arracher la peau, à laquelle ils adhéraient en maints endroits. Sur son ordre, une voisine avait couru chez le pharmacien et en rapportait un flacon de *liniment oléocalcaire** ; il en mit sur les brûlures, appliqua par-dessus de la *ouate hydrophile**, enveloppa le pauvre corps meurtri d'un vieux drap

Pour panser les brûlures.

très doux, la patiente n'ayant même pu revêtir une chemise, puis il recommanda le silence autour d'elle.

— Qui va la soigner ? demanda-t-il.

Les femmes se regardèrent.

C'étaient de pauvres ouvrières, qui toutes avaient besoin de leur temps. Louise le devina et dit : Moi.

— Bien, madame, fit le docteur avec bonté. Je vous conseille donc, quand vous la panserez comme je viens de le faire, de savonner tout d'abord vos mains à l'eau chaude, de brosser vos ongles minutieusement et de les passer dans de l'alcool ou dans de l'*eau phéniquée**; car, sans vous en douter, vos mains peuvent contenir quelques germes dangereux, que vous communiqueriez à la malade.

— Je le sais, monsieur, répondit Louise; j'ai servi chez un docteur.

— Je vous recommande aussi d'écarter d'elle les conversations fatigantes, car elle va se sentir très faible. Ces dames comprendront que, si vous ne les recevez pas, c'est dans l'intérêt de leur voisine, et par ordre du médecin, ajouta-t-il. A force de vouloir témoigner au malade que l'on s'intéresse à lui, on le fatigue par des visites inopportunes. C'est donc entendu, reprit-il, donnons-lui du repos.

Et vous, mesdames, que ce triste accident vous serve de leçon : jamais de pétrole sur votre feu!

27. — Un biberon de malade.

Quand Louise se vit seule avec la pauvre femme, elle jeta un coup d'œil autour d'elle. La maison était propre : seulement un peu de désordre causé par l'accident. Sans bruit, elle remit les chaises en place, fit un paquet des vêtements à demi brûlés, mit au feu quelques morceaux de charbon et s'assit près du lit.

Au bout d'un instant elle vit entrer sa fille.

— Mère, je viens voir si tu as besoin de moi.

— Non, mon enfant. Va pourtant me chercher un tricot. Tu feras ensuite notre déjeuner, et dans le temps que j'irai manger tu viendras garder à ton tour notre malade.

— Que vous êtes bonne, madame Raimbaud! fit la blessée à voix basse.

— Nullement, je ne fais que mon devoir : ne doit-on pas s'entr'aider, surtout entre voisins? Ne parlez pas.. mais peut-être avez-vous besoin de quelque chose.

— J'ai soif.

— Je vais vous faire une infusion de tilleul, dit Louise; nous en avons chez nous. Vas-en chercher, petite.

— J'en ai dans mon armoire, madame. Veuillez ouvrir la porte : à droite se trouve un petit paquet.

Louise vit avec plaisir une armoire bien rangée, où le linge, soigneusement plié, s'étageait en piles régulières. Elle prit une pincée de tilleul, fit bouillir de l'eau, y jeta les fleurs, et recouvrit la casserole pour que le liquide se conservât très chaud et que l'infusion fût plus concentrée. Au bout de dix minutes, elle s'approchait du lit avec une tasse qui embaumait. La malade, pour boire,

Pour faire une infusion.

voulut se soulever, mais elle retomba en poussant un cri de douleur. Louise était fort embarrassée... Que faire ?

— Il me vient une idée, dit-elle tout à coup. Le fils de mes maîtres fit un jour une maladie très grave, et, pour ne pas l'obliger à s'asseoir, on lui donnait à boire dans un biberon en porcelaine, muni d'un long bec. Cet objet coûte assez cher, mais je vais choisir une petite bouteille, et ma fille ira chez le pharmacien lui demander une tétine en caoutchouc. Nous en serons quittes pour 0 fr. 10. Je vous tiendrai le biberon pendant que vous boirez.

— Comme vous êtes ingénieuse ! murmura la malade.

— Il le faut bien, répondit Louise.

28. — Un métier pour une femme infirme.

Les brûlures de la pauvre femme la faisaient cruellement souffrir, mais elles étaient superficielles sur le corps. Seul le visage avait été gravement atteint, et le docteur, qui était revenu voir la malade, ne cacha pas à Louise qu'il craignait beaucoup que les yeux ne fussent perdus.

— Ce serait une calamité, monsieur, car cette femme est raccommodeuse de dentelles.

— Elle devra sûrement renoncer à son métier, répondit-il.

— La malheureuse ! Je ne le lui dirai pas à présent, car cette nouvelle la mettrait au désespoir.

Tandis que la malade reposait, Louise, tout en tricotant, se demandait à quoi pourrait s'occuper désormais une femme à ce point défigurée et dont la vue allait être si faible.

Elle y songeait encore, quand sa fille lui apporta un mot de Mlle Cochart. La vieille demoiselle la priait de venir aussitôt que possible pour fixer le jour de son entrée en service.

— Je ne pourrai, dit-elle à sa voisine, vous tenir compagnie toute la journée, mais nous viendrons souvent vous voir, ma fille et moi, et nous ferons votre cuisine. Comptez sur nous jusqu'à votre complet rétablissement.

Elle mit près du lit tout ce dont la malade pouvait avoir besoin, et sortit.

Louise avait un cœur excellent et un grand sens pratique. Elle conta à sa nouvelle maîtresse l'accident arrivé à sa voisine.

— Mademoiselle, lui dit-elle, veuillez me donner un conseil. Cette femme va perdre son métier : que fera-t-elle pour gagner sa vie ? Notre boulanger aura besoin prochainement d'une porteuse de pain, mais je l'ai vu tout à l'heure, et il m'a répondu qu'une femme défigurée ne pourrait plaire à sa clientèle. J'avais pensé à la tenue d'un ménage, mais c'est là un travail trop pénible pour ma voisine, qui a une santé délicate.

— Eh bien, Louise, quand elle sera guérie, je lui conseillerai, moi, de garder des petits enfants. Il y a beaucoup de commerçants qui ne savent que faire de leurs bébés ; ils les trouvent trop jeunes pour les envoyer à l'école, et ils ne veulent pas les mettre à l'asile par crainte des épidémies. Ils les confient alors à de jeunes bonnes inexpérimentées, qui n'en prennent pas soin. Si cette femme est telle que vous me la dépeignez, elle serait une bonne gardienne, et les familles seraient heureuses de lui confier leurs enfants tous les jours durant quelques heures.

— L'idée est excellente, mademoiselle ; je lui en parlerai et vous remercie pour elle.

NOTIONS A RETENIR

Il ne se passe pas de jour sans qu'on n'ait à enregistrer des sinistres causés par le feu. L'invention des allumettes et l'usage journalier du pétrole ont rendu les accidents de ce genre plus fréquents qu'autrefois. Il faut penser sans cesse à l'accident possible, et surtout ne pas perdre la tête si, malgré les précautions prises, il se produit.

***

L'ingéniosité, le sang-froid, font autant pour le soulagement d'un malade que les prescriptions du médecin.

***

Une personne courageuse, quelles que soient ses infirmités, peut encore gagner sa vie, s'il lui reste la vue et l'usage de ses membres. L'intérêt qu'elle inspire lui fera trouver un travail facile, et elle n'aura pas besoin de recourir à l'aumône.

CHAPITRE XII

29. — Marie apprend à faire la lessive.

— Allons, Marie, debout! Il est encore de bonne heure, mais il faut se lever : c'est aujourd'hui jour de lessive.

La fillette se frotta les yeux, bâilla un peu; mais elle fut vite debout et lavée, car elle était courageuse et obéissante.

En jetant sur l'évier l'eau dont elle s'était servie, elle s'aperçut que le tuyau de descente était gelé. Elle essaya de percer la glace à l'aide d'une tige de fer rougie au feu, de la fondre avec de l'eau bouillante : le tuyau ne dégelait pas.

Elle se rappela tout à coup que sa maîtresse de classe avait dit, dans la dernière leçon de choses, que le sel fait fondre la glace.

Elle en prit une poignée et l'introduisit dans l'orifice. Quelle ne fut pas sa joie de voir, au bout d'un certain temps, l'eau s'écouler enfin à travers le tuyau débouché!

Une fois habillée, Marie alla chercher le linge qu'on avait étendu sur une corde au grenier.

— Nous ne commencerons la lessive que cet après-midi, ma fille; mais, si nous faisons tremper le linge dès ce matin, il sera plus facile à nettoyer. Prends les deux cuviers et remplis-les d'eau...

Trions notre linge maintenant et faisons-en trois tas : ici, à droite, je mets les toiles et les cotonnades blanches. Il y a là un drap, deux taies d'oreiller, deux camisoles, des chemises, des serviettes et des mouchoirs... A gauche, voici les objets de couleur, un corsage rose, des tabliers bleus et des bas de coton... Enfin, voici les flanelles; nous ne les mettrons pas tremper, car ce bain les rétrécirait.

— Et ce jupon de laine rouge, maman, où faut-il que je le mette?

— Nous ne le tremperons pas non plus, car je me suis aperçue que cette étoffe déteint dans l'eau. Si je la mettais dans le cuvier, tout mon linge serait teint en rouge... Voilà qui est fait. Ce qui peut tremper sans inconvénient dans l'eau, ne nous en occupons plus. Quand nous aurons bu notre lait, nous essangerons notre linge.

— Comment dis-tu, maman? reprit la petite fille.

— Nous *essangerons* le linge, c'est-à-dire que nous le savonnerons un peu avant de le mettre à la lessive. Si nous le mettions bouillir sans avoir enlevé le gros des taches et de la graisse qui se dépose autour du cou, par exemple, ces taches se cuiraient en quelque sorte et nous ne pourrions plus les enlever.

Après le déjeuner, Marie, qui, comme toutes les petites filles, se plaisait à mettre ses mains dans l'eau, s'empressa de desservir et de laver la vaisselle.

Quand la cuisine fut en ordre, elle releva soigneusement les manches de sa *matinée* et se mit en devoir d'essanger le linge.

Elle prit dans le cuvier une camisole de nuit, la posa sur la planche, la savonna et la frotta en tous sens. Sa mère l'observait :

— As-tu pris soin de laver plus soigneusement le cou et les poignets, qui sont les parties les plus sales?

— Non, maman, je frotte partout.

— Évidemment, il faut frotter partout, mais davantage aux endroits plus tachés, cela se comprend.

— Bien, maman.

— Voici maintenant une serviette; j'y vois une tache de graisse : frotte davantage à cet endroit.

Après une heure de travail, Marie avait essangé toutes

La préparation d'une lessive.

les petites pièces; alors sa mère, craignant de la fatiguer, s'installa devant la planche et savonna elle-même les chemises, les deux taies d'oreiller et le drap. Tout en travaillant, elles causaient.

— Chez ma mère, racontait Louise, on ne lessivait pas comme aujourd'hui. Nous habitions la campagne, et nous lavions notre linge tous les trois mois seulement. Nous allions l'essanger au ruisseau qui traverse le village. Cela fait, nous le transportions dans le bûcher et le déposions dans un grand cuvier, que nous recouvrions d'un cendrier. Alors ma mère prenait les cendres du feu bien passées, que toutes les semaines on mettait de côté soigneusement; elle en répandait une bonne couche sur le cendrier, puis elle prenait dans un énorme chaudron suspendu sur le feu de l'eau tiède et la versait sur les cendres, peu à peu, elle augmentait la chaleur de l'eau et versait toujours.

L'eau après avoir traversé les cendres devenait jaune. c'était de la lessive, c'est-à-dire que la potasse* contenue dans les cendres avait fondu sous l'action de la chaleur, et cette *lessive*, en traversant le linge, le nettoyait, entraînant avec elle les impuretés qui pouvaient s'y trouver. Nous recommencions cette opération plusieurs fois de suite, et quand on enlevait le cendrier on avait en dessous du linge bien propre.

— Alors, maman, il ne restait plus qu'à le rincer.

— Oui, ma fille, et à le passer à l'eau bleue, ce qui fait paraître le linge plus blanc.

— Eh bien, mère, comment s'y prend-on aujourd'hui pour faire une bonne lessive? demanda Marie.

— Ah! voilà : dans les campagnes, on a toujours des buanderies*, ou tout au moins des bûchers, où les lessives peuvent se faire; mais en ville, dans beaucoup de maisons, il n'y a pas même de cour, et les servantes, ou les maîtresses de maison qui font leur besogne elles-mêmes, sont obligées de laver dans la cuisine.

Elles ont des cuviers de moyenne dimension, posés sur un tréteau, et savonnent là leur linge. Elles se servent ensuite d'une lessiveuse, appareil très commode, en tôle* galvanisée*.

La lessiveuse est aujourd'hui connue de tous ; c'est un vaste récipient, en forme de seau, qui porte en son milieu un tuyau surmonté d'une sorte de pomme d'arrosoir. On dépose le linge autour de ce tuyau, et l'on verse dessus

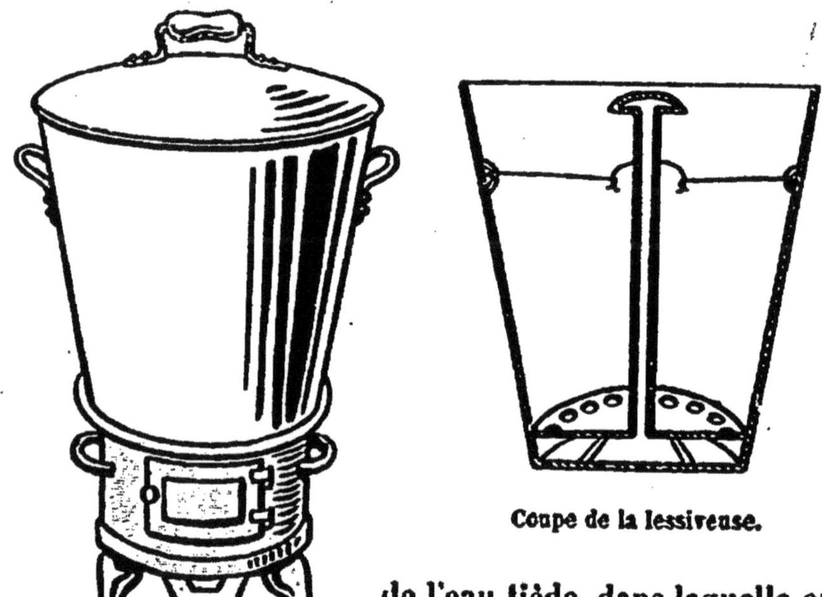

Coupe de la lessiveuse.

La lessiveuse.

de l'eau tiède, dans laquelle on a fait fondre une certaine quantité de carbonate de soude, 100 grammes environ pour un seau. L'eau filtre* et descend jusqu'au fond ; alors on met l'appareil sur le feu. L'eau, en s'échauffant, se dilate*, monte sans effort par le tuyau, et, arrivée à la pomme d'arrosoir, tombe en pluie bouillante sur le linge. C'est là un système très pratique.

Quand vint l'heure de la lessive, Marie regarda autour d'elle, croyant trouver l'appareil que sa mère lui avait décrit.

— Maman, demanda-t-elle, tu n'as donc pas de lessiveuse ?

— Non, je n'ai pas voulu faire cette dépense. Je me sers tout simplement de ce grand chaudron de cuivre, où je dépose mes blancs; je les laisse bouillir doucement, une heure à peine, après avoir mis du carbonate dans ma bassine. Alors je lave à nouveau mon linge, puis je le rince à grande eau.

Et, en effet, elle renouvela son eau à plusieurs reprises.

— Tu ne l'épargnes pas, observa la fillette.

— Oh! certes non; il faut, vois-tu, que l'eau ne contienne plus une parcelle de savon, et l'on s'en aperçoit quand, d'onctueuse et grasse qu'elle était, elle devient en quelque sorte rêche. Alors le linge n'a plus aucune odeur et il est parfaitement rincé... Une fois tordu fortement, mais avec précaution, je le mets au bleu, je l'égoutte, et enfin je l'étends sur la corde, sans pli, pour qu'il sèche : au jardin s'il fait beau, dans le hangar s'il pleut.

Et Louise, joignant l'exemple à la parole, tendit bientôt sur les cordes du jardin un linge immaculé.

Marie observait la façon dont sa mère s'y prenait et l'imitait de son mieux : elle tendit donc, elle aussi, son linge en droit fil et sans le chiffonner.

— De cette façon, expliquait Louise, quand nous le recueillerons sur les cordes, il sera à demi repassé.

Dans sa dernière eau savonneuse elle avait mis tremper les objets de couleur : elle les savonna comme elle avait fait pour les blancs.

— Tu vois, petite, dit-elle à sa fille : premièrement, je les lave à part, dans la crainte qu'ils ne tachent notre linge blanc; ensuite, je les fais bouillir, mais moins fort et moins longtemps, afin de ne pas altérer les couleurs. Pour le reste, je les traite comme le linge ordinaire.

Cependant Marie, sur les indications de sa mère, avait versé quelques gouttes d'ammoniaque* dans une cuvette d'eau tiède et s'apprêtait à savonner les flanelles.

— Au lieu de les frotter, ma fille, lui dit sa mère, contente-toi d'agiter successivement et longtemps chacune d'elles dans ton eau savonneuse [illegible]mmoniaquée, en les tenant par une extrémité. Cela fa[illegible] change l'eau et augmente la température, puis recommence ce que tu viens de faire. Si pourtant tu veux frotter les flanelles, frotteles bien doucement, sinon tu les *feutrerais*, c'est-à-dire que tu les rendrais dures au toucher. En tout cas, après

Le savonnage.

l'une ou l'autre de ces deux opérations, exprime avec plus de précautions encore que pour le linge l'eau savonneuse qui imprègne les flanelles, de façon que cette eau entraîne avec elle toutes les impuretés. Pour finir, tu rinceras les flanelles dans de l'eau bouillante ou du moins très chaude. Surtout aie bien soin, avant de les étendre sur la corde, de les étirer en long et en large, pour redonner à toutes les pièces leurs premières dimensions. Des flanelles lavées plusieurs fois dans de l'eau d'abord tiède, puis très chaude, bien rincées, bien étirées, ne se rétrécissent presque pas.

Louise avait terminé son savonnage par le jupon de laine rouge. Elle le lava soigneusement, changea l'eau qui s'était colorée, enfin le rinça dans une eau pure, où elle avait jeté une poignée de sel, afin que cette eau plus *dure*, expliqua-t-elle à sa fille, empêchât l'étoffe de déteindre davantage.

— Tout est-il fini? demanda Marie.

— Oui, ma fille, mais il y a une chose cependant que je ferai chaque semaine. Tu vois ce baquet de lessive tiède que j'ai mise en réserve. Je compte y tremper et laver avec soin les vases, que tu vas aller chercher dans les tables de nuit, et m'en servir également pour laver la planche des cabinets et la cuvette. Certaines personnes, par négligence ou répulsion, ne prennent pas garde de tenir ces endroits proprement. C'est là une erreur regrettable et dangereuse. La propreté la plus élémentaire nous fait un devoir de laver minutieusement les cabinets. Rappelle-toi, d'autre part, que les fosses d'aisances sont naturellement des foyers d'infection, dont il y aurait péril à ne pas se garantir par les mesures d'une hygiène méticuleuse. Que de maux on éviterait, surtout dans les temps d'épidémie, en prenant des précautions qui coûtent si peu! Tous les jours donc tu veilleras à ce que la planche des cabinets soit propre et la cuvette nettoyée. Quant aux vases, il ne suffira pas que tu les vides chaque matin : tu les laveras à grande eau et longtemps, puis tu les essuyeras avec un torchon spécialement destiné à cet usage. Ils pourront être remis alors dans leurs petits meubles, et y rester tout le jour sans y répandre de mauvaise odeur.

NOTIONS A RETENIR

Une *lessive* est une grande affaire pour une ménagère soigneuse. Le linge coûte cher à remplacer, et une lessive non réussie lui fait plus de mal que trois mois d'usage. Nos aïeules le savaient et apportaient à cette opération un soin particulier. Aussi leurs armoires bondées, exhalant une bonne odeur d'iris, se transmettaient presque intactes de mères en filles. Il n'était pas rare, autrefois, qu'une jeune fille de nos campagnes reçût en dot une douzaine de draps qui lui venaient de sa grand'mère.

Ces temps ne sont plus. On se sert trop souvent d'ingrédients chimiques, qui épargnent la peine et blanchissent rapidement le linge. Adieu ! les armoires embaumées de nos aïeules.

Il faut proscrire le chlore*, ce fléau du linge, utilisé par les blanchisseuses des villes. Il faut d'ailleurs, autant que cela est possible, laver son linge soi-même, et n'employer la brosse qu'avec circonspection. Il faut enfin changer de linge souvent : c'est le meilleur moyen de n'avoir pas à le renouveler.

TRAVAILLEZ, PRENEZ DE LA PEINE

LA FONTAINE

CHAPITRE XIII

30. — Des moyens d'éviter la tuberculose.

Ce soir-là, un peu fatiguée, Louise avait abandonné son tricot, compagnon habituel de ses veillées. Pour l'envelopper, elle prit un journal et allait l'enfermer dans une armoire, quand un titre d'article tomba sous ses yeux : *Des moyens d'éviter la tuberculose.*

— Ah ! dit-elle, voici qui vaut la peine qu'on s'y arrête. On t'a parlé, n'est-ce pas, ma petite, de cette maladie terrible qui ravage sous tant de formes notre pays, et qui serait pourtant, à ce que disait mon maître, presque facile à éviter, si on le voulait bien. Elle sévit surtout chez les pauvres gens, parce qu'ils n'ont, pour la plupart, aucun souci de la propreté. Tiens, lis tout haut, Marie.

La fillette prit le journal et lut ce qui suit :

Par le nombre des lettres que j'ai reçues à propos de mon dernier article sur la tuberculose, je puis juger de l'intérêt que soulève cette question. Je vais donc en reprendre certains points, afin de les éclairer davantage, et reviendrai avant tout — quoique la chose ne soit guère poétique — sur la fameuse question des crachats, qui a étonné quelques-uns de mes lecteurs, justement parce qu'ils n'en ont pas compris toute l'importance.

Écoutez plutôt ce que, à ce propos, disent les docteurs Roux et Letulle, dont l'autorité fait loi :

« La tuberculose ne s'étend que parce que les tuberculeux, en *crachant* sur le sol, répandent *partout* les germes de la maladie. »

La lutte contre la tuberculose consiste donc, pour une part, à faire pénétrer ces simples notions d'hygiène et de salubrité dans l'esprit du public. Elle comporte l'éducation des personnes bien portantes et celle des personnes tuberculeuses.

Chacune d'elles doit être convaincue qu'un crachat jeté sur le sol est un danger pour elle, et que, par conséquent, elle a le droit et le devoir d'empêcher le tuberculeux d'expectorer autour de lui. Mais elle doit comprendre aussi qu'elle ne peut exercer son droit de surveillance et de défense que si elle-même ne donne pas le mauvais exemple.

D'autre part, le tuberculeux doit être averti que, s'il veut participer à la vie commune, il faut qu'il cesse d'être un danger pour les autres. D'autant que les premières victimes de sa déplorable manie de cracher à terre seront les personnes de sa famille et de son entourage.

Cracher sur le sol est une coutume dégoûtante et dangereuse ; le jour où elle aura disparu, la tuberculose décroîtra rapidement. Tous les moyens capables de répandre cette vérité doivent être employés. Il faudrait que dans tous les lieux publics : théâtres, voitures, omnibus, écoles, musées, gares, chemins de fer, etc., il y eût cet affichage : « Défense absolue de cracher à terre. »

Et je dirai même plus : je voudrais que toute personne qui enfreindrait cette règle fût passible d'une amende qui irait grossir le capital nécessaire pour la fondation de nombreux *sanatoria* *.

Je suis persuadé qu'une légère amende apprendrait aux foules, d'une façon saisissante et définitive, le danger qu'il y a à répandre à terre les crachats. Et je ne verrais aucun inconvénient à ce qu'à l'avis donné plus haut on ajoutât cette formule magique : « Sous peine d'amende. »

Les expectorations* des phtisiques deviennent d'autant plus dangereuses que, réduites en poussière, elles laissent libres les fameux bacilles* de Koch*, qui pénètrent dans les voies respiratoires et y portent la contamination*. Encore humides, elles souillent les mains des personnes qui touchent les linges tachés par les tuberculeux. De toutes façons, ces expectorations sont nuisibles et même homicides.

Ce sera donc un devoir, pour toutes les personnes qui me lisent, de propager autour d'elles ces notions d'hygiène, d'y insister, d'y revenir, de les faire connaître à leurs serviteurs, aux paysans, aux ouvriers, à tous ceux, enfin, que la question publique laisse indifférents.

Les instituteurs et les institutrices auxquels on confie nos enfants peuvent beaucoup en cette circonstance. Il leur est facile d'attirer l'attention de leurs élèves sur ce danger public, dont le meilleur remède est la propreté.

Ne pas cracher. Balayer avec un linge humide, aérer, laver les murs : voilà des prescriptions faciles à suivre. Dans le peuple, non seulement on les ignore, mais on les traite volontiers de *farces*. Farces, peut-être, mais farces mortelles, qu'on a le devoir, bon gré, mal gré, d'enrayer.

Et si, parallèlement à ces mesures hygiéniques, se propageait l'idée des sanatoria populaires, pouvant abriter les malades qui n'en sont qu'à la période de la *prétuberculose*, c'est-à-dire guérissables dans l'espace de trois mois, la France enrayerait et vaincrait ce fléau qui la ronge, comme l'Allemagne et la Suisse elles-mêmes ont dompté la tuberculose.

Docteur Jo (1).

— Eh bien, ma fille, dit Louise, voilà qui est entendu. Ni toi ni moi ne cracherons jamais ni sur nos planchers, ni même dans la rue, car c'est là une pratique à la fois malpropre et dangereuse. En cas de nécessité, il est très simple de cracher dans son mouchoir.

— Peut-on guérir des gens atteints de tuberculose? demanda Marie.

— Il est certainement plus sûr et plus facile de prévenir le mal; néanmoins on peut, je crois, guérir assez facilement encore des tuberculeux par le moyen de la suralimentation et de la vie au grand air. La suralimentation consiste à se nourrir d'un nombre assez considérable d'œufs généralement gobés crus et de viande également crue et râpée. On emploie de préférence la viande de mouton et de cheval, parce que la viande de bœuf peut donner le ténia*. Quant à l'air, les tuberculeux n'en sauraient trop prendre. Ils doivent même dormir avec leurs fenêtres grandes ouvertes toute la nuit, à la seule condition de se couvrir suffisamment. Au reste, ce régime du grand air convient à tout le monde et constitue un des plus sûrs moyens de prévenir la terrible maladie.

(1) *Annales politiques et littéraires* du 11 janvier 1903.

NOTIONS A RETENIR

Une maladie terrible, et qui fait chaque année des milliers de victimes, est la tuberculose*. Autrefois, quand on disait de quelqu'un qu'il était *poitrinaire* ou *phtisique**, on entendait qu'il était irrémédiablement condamné, et que ses enfants seraient frappés du même mal.

Les découvertes de la science nous ont appris que si la tuberculose n'est pas toujours guérissable, on peut au moins, en prenant des précautions, préserver ceux qui vous entourent de la contagion.

Les crachats des phtisiques sont un danger permanent pour la propagation de la maladie.

Malheureusement, la plupart des tuberculeux ne se doutent pas de leur état, et, inconscients, ils sèment les germes de mort autour d'eux.

Il serait à souhaiter qu'une loi proscrivît, sous peine d'une forte amende, de cracher par terre. En attendant cette loi salutaire, il serait bon que chacun s'en fît une obligation morale.

L'INTÉRÊT GÉNÉRAL PRIME L'INTÉRÊT PARTICULIER

CHAPITRE XIV

31. — Le repassage.

Quand le linge fut sec, Louise l'enleva des cordes, humecta légèrement chaque objet du bout de ses doigts trempés dans l'eau, le plia en quatre, le roula et mit deux fers sur le feu.

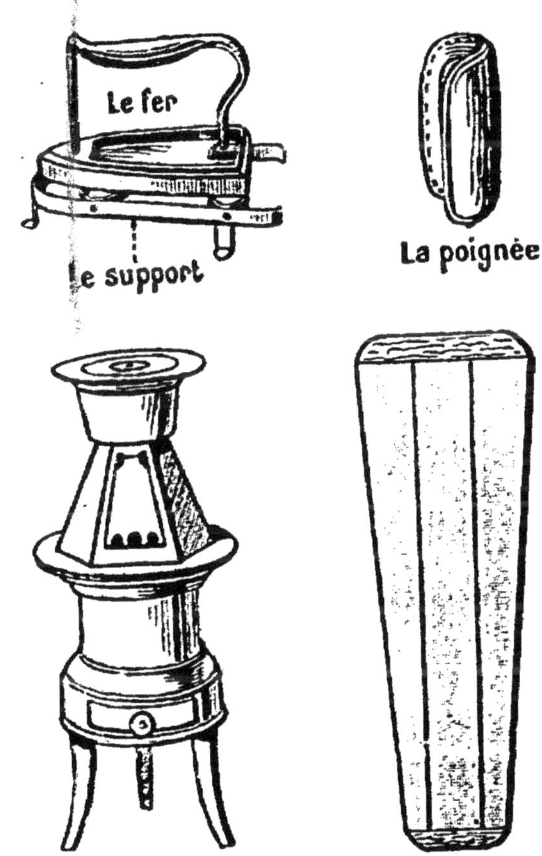

La cloche de repasseuse La planche à repasser

Les outils de repasseuse.

— Voyons, ma fille, il s'agit maintenant de repasser. Étends cette couverture sur la table. Prépare un vieux chiffon pour essuyer le fer et un support où nous le poserons quand nous aurons à nous servir de notre main droite. Avec un petit bout de bougie, nous rendrons, s'il

Le repassage.

est nécessaire, le fer plus lisse et plus glissant. Tout est prêt. Commençons.

Elle étendit une serviette usée sur la couverture de couleur.

— De cette façon, dit-elle, nos blancs ne se souilleront pas. As-tu remarqué, ma fille, que tout à l'heure, avant de replier ce linge sur lui-même, je l'ai mouillé très légèrement? C'est pour que la chaleur du fer ne le roussisse pas, ce qui arriverait nécessairement si le linge était trop sec et que l'on vînt à poser lourdement un fer dessus; d'autre part, l'humidité fait disparaître les faux plis.

— Tiens, continua-t-elle en étendant un mouchoir devant la fillette: repasse ceci.

La petite prit avec la poignée un fer très chaud et se disposait à l'appuyer sur le mouchoir, quand sa mère l'arrêta d'un cri:

— Et le vieux chiffon, à quoi donc sert-il?

Marie resta toute perplexe: elle se demandait en effet à quoi devait servir ce chiffon, dont elle ne soupçonnait pas l'usage.

— Mais, lui dit sa mère, ce chiffon est indispensable, d'abord pour essuyer le fer, ensuite pour essayer sur un objet sans valeur s'il n'est pas trop chaud et susceptible de brûler le linge.

Et en effet le chiffon d'essai se mit à fumer.

— Il était temps, tu le vois. Je sais bien que ton linge est un peu garanti par les gouttes d'eau que j'y ai répandues, mais deux précautions valent toujours mieux qu'une. Allons, mets les lisières devant toi, suis bien le droit fil, joins les angles ensemble pour replier ta pièce et tout ira bien.

Marie n'avait que du linge plat à repasser, et ce fut bientôt fait. Sur le coin de la table, bien essuyée par avance, les mouchoirs, les serviettes, les chemises et les camisoles s'étageaient en pile odorante, et Marie, radieuse, les rangea dans la grande armoire de la cuisine, qui maintenant faisait son orgueil.

Sa mère, pour la reposer, — car le repassage est fatigant, — se chargea de tout le reste.

NOTIONS A RETENIR

La bonne ménagère ne se contente pas d'avoir obtenu, par une bonne lessive, un linge d'une blancheur immaculée; il lui faut mieux encore : le linge, une fois sec, présente mille plis disgracieux; il a le plus souvent l'aspect d'un chiffon. Le repassage s'impose pour obtenir une surface lisse et brillante.

Une ménagère peu soigneuse se trahit par le vilain aspect du linge porté par son mari et par ses enfants.

Pour leur donner une résistance plus grande, il est d'usage d'amidonner les jupons blancs, les cols et les poignets des chemises. Ils se salissent moins vite et n'ont pas l'aspect fripé du linge simplement passé au fer.

L'amidon est une substance extraite du blé qui donne au linge une rigidité qui ne disparaît que par un nouveau lavage. Il constitue un *apprêt* ou *empois*.

L'usage du linge de corps s'est généralisé au XIVe siècle. Auparavant, les chemises de fil ou de lin étaient un luxe que les grands seigneurs pouvaient seuls se permettre.

LE LINGE BLANC EST LE PREMIER AGENT D'UNE BONNE HYGIÈNE

CHAPITRE XV

32. — Une salade de pommes de terre Le pot-au-feu.

— Marie, dit un jour Louise à sa fille, Mlle Cochart m'a priée d'arriver ce matin de très bonne heure. Tu feras donc toute seule notre petit ménage. Comme je me propose de coller aujourd'hui sur nos murs un papier neuf, tu en ôteras les tableaux et les différents objets qui y sont appendus, tu les essuyeras avec soin, tu laveras les verres avec de l'eau additionnée d'un peu de vinaigre, et, à mesure qu'un objet sera propre, tu le porteras dans la chambre. Enfin, avec cette paille de fer, tu frotteras énergiquement le plancher, comme si tu cirais, de façon à lui donner l'aspect d'un bois neuf. Nous le passerons ensuite à l'encaustique.

— Oui, maman.

— Je crois, ma fille, reprit la mère, qu'il est superflu de te débarbouiller en ce moment : contente-toi de démêler un peu tes cheveux, pour être plus convenable au cas où il viendrait quelqu'un ; tu feras ta toilette complète une fois le ménage fait.

Louise partit, en se demandant comment la fillette se tirerait toute seule de la besogne dont elle l'avait chargée. Elle s'en ouvrit à Mlle Cochart.

— Vous avez bien raison, Louise, de la former ainsi, répondit la vieille demoiselle. C'est une dot que vous lui constituez, car une personne qui ne sait pas travailler gâche tout et gaspille ce qu'elle gagne. Il se peut qu'aujourd'hui son ménage laisse encore à désirer : ne la grondez pas ; une seconde fois elle fera mieux.

Mais la petite Marie s'était piquée d'amour-propre : elle avait mis à faire sa besogne tout son cœur, et, quand sa mère rentra, les lits étaient faits, la grande chambre était dégarnie de tous les objets qui pendaient aux murs, les tableaux étaient nettoyés, et il ne restait plus qu'un coin du plancher où n'eût pas encore passé la paille de fer. Par les fenêtres, l'air pur entrait à flots, et les couleurs de la fillette témoignaient de son activité. Il était dix heures et demie.

— Et notre déjeuner? dit Louise, tu n'as pas eu le temps d'y penser?

— Ah ! non, fit la petite avec inquiétude.

— Ne te désole pas, fillette: je vais te montrer à faire une salade de pommes de terre excellente. Avec du fromage comme dessert et une bouteille de bière, ce sera parfait. Nous mangerons de la viande ce soir à dîner.

Louise alla chercher quelques pommes de terre qu'elle lava soigneusement, et les mit sur le feu dans une casserole pleine d'eau bouillante. Au bout d'une demi-heure, elle en retira une, la pressa du bout du doigt, et, sentant qu'elle s'écrasait, elle dit : Elles sont cuites. Alors elle les pela proprement, les disposa en rouelles dans un saladier, y ajouta un oignon coupé en menus morceaux et du cerfeuil. Quand les pommes de terre furent refroidies, elle y versa une demi-cuillerée de vinaigre, deux cuillerées d'huile, un demi-verre de vin blanc, mit du sel, du poivre, et goûta.

— Voilà, dit-elle, un déjeuner de reine.

— Oh ! fit l'enfant, je ne crois pas que les reines mangent jamais des pommes de terre.

— Ah ! tu crois, dit Louise. Tu as pourtant appris sans doute que, pour engager le peuple et la cour à goûter de cet excellent tubercule, le roi Louis XVI avait paru un jour dans une fête avec un bouquet de fleurs de pommes de terre à la boutonnière. Sois certaine qu'avant de faire cela il en avait mangé.

— Moi, je pensais que les reines ne mangeaient que du poulet et des gâteaux.

— Elles en seraient bien vite fatiguées, ma pauvre fille. Rien n'est d'ailleurs plus sain que les légumes, et les pauvres gens ont bien tort de tant regretter les perdreaux, les truffes, les pâtisseries et autres mets recherchés qui sont servis sur la table des riches, car c'est tout cela qui rend malade.

— Je ne savais pas, maman.

— Ce qu'il faut à l'estomac, vois-tu, c'est une nourriture simple et variée, des viandes rôties, des ragoûts quelquefois, le pot-au-feu, et tous les légumes que la bonne terre nous donne. Ce matin, nous mangeons des pommes de terre; ce soir, nous ferons un pot-au-feu, et, pendant qu'il cuira doucement, nous collerons notre papier. Préparons notre dîner dès maintenant, pour n'avoir pas à nous en occuper cet après-midi.

Et, joignant le geste à la parole, Louise posa devant sa fille deux carottes, un navet, deux poireaux et une branche de céleri. Le tout fut soigneusement épluché, lavé, puis suspendu pour l'égouttage au-dessus de l'évier, dans un panier à salade.

Quand elles eurent déjeuné, Louise prit un pot en terre qui paraissait très vieux.

— Il n'est pas joli, dit-elle, mais il fera un excellent bouillon, car, la terre se refroidissant moins vite que le fer, si par hasard notre feu vient à se ralentir sans que nous nous en apercevions, la soupe continuera néanmoins à bouillotter doucement. Une casserole en fer se refroidirait au contraire assez rapidement, et le bouillon, cessant de mijoter, serait moins bon.

Elle sortit de son panier 500 grammes de bœuf achetés le matin, déposa la viande au fond du pot avec les légumes, ajouta une petite poignée de sel et versa un litre et demi d'eau froide.

— Je ne mets jamais d'eau chaude, vois-tu, Marie, car à mesure que la partie inférieure de l'eau va s'échauffer, elle va monter à la surface, entraînant avec elle les malpropretés, poussières ou petits os qui sont contenus dans le bœuf. Il se formera de la sorte une écume, qu'au premier bouillon j'enlèverai avec l'écumoire, pour qu'elle ne trouble pas le liquide.

— Mais il me semble, maman, que tu as acheté un bien gros morceau de viande.

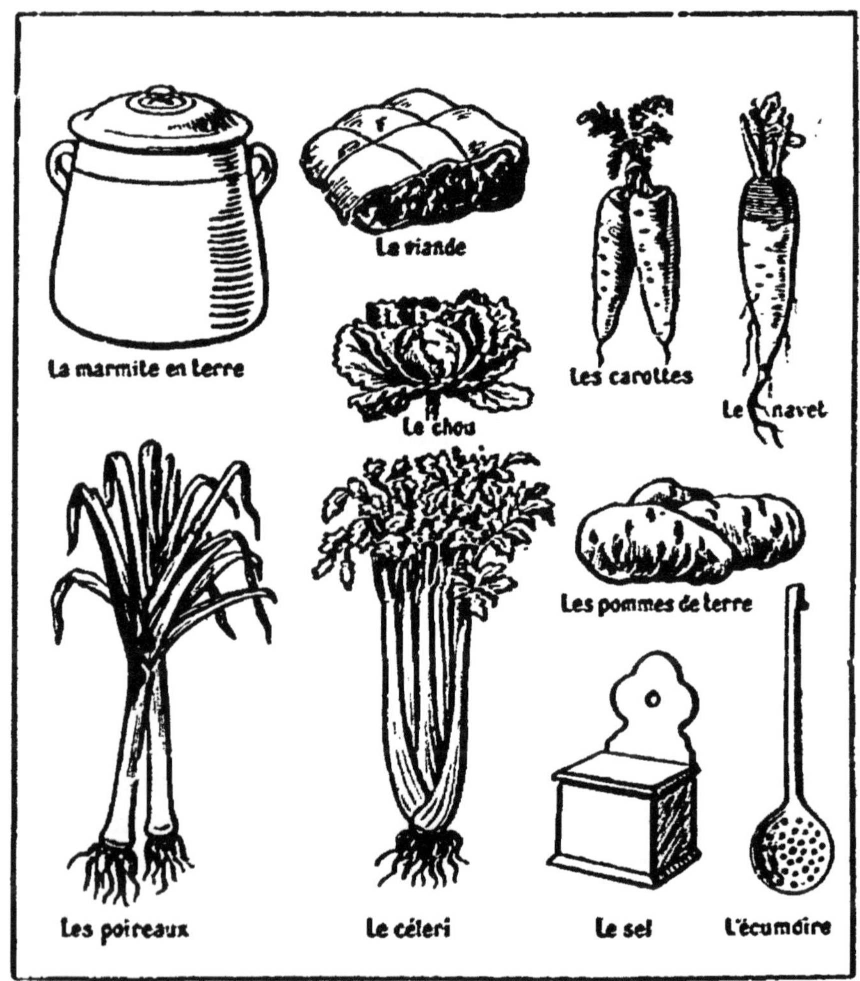

Les éléments d'un pot-au-feu.

— C'est par économie, ma fille. D'abord, j'ai observé que le boucher ne met guère plus d'os pour 500 grammes, ou une livre, que pour une demi-livre, puis nous économiserons le feu de notre dîner de demain, car je compte garder la moitié de ce bouillon pour demain soir, et même, pour midi, la moitié du bœuf, que nous mangerons en guise de bifteck.

— Comment cela, maman? je croyais que les biftecks s'achetaient crus.

— Certainement, ma fille; mais, lorsqu'on a du bouilli de reste, on peut le couper en tranches et le passer dans la poêle avec un morceau de beurre ou une cuillerée de graisse; on le sale un peu : il devient croustillant dans la friture, et c'est là un plat très acceptable.

— A l'ouvroir, maman, on nous le servait en salade : il y avait, par-dessus, des petits morceaux de carottes coupées en rond, et en dessous, des haricots; nous raffolions de ce mets.

— Eh bien, ma fille, nous ferons ce que tu dis à la prochaine occasion ; cela est très facile. On peut encore, pour varier les menus, hacher finement le reste du bouilli, y joindre une ou deux pommes de terre cuites à l'eau salée, écraser le tout, y mêler un blanc d'œuf pour le coller et rouler des boulettes que l'on jette ensuite dans la friture : cela est aussi très appétissant. Cependant occupons-nous, tandis que notre déjeuner s'apprête. Il ne faut jamais rester inactive. Nous allons nettoyer les cuivres de la maison.

— Quels cuivres, maman?

— Mais, petite, les poignées des portes, celle de la sonnette, le robinet qui se trouve au-dessus de l'évier, les chandeliers. Quant à la cuisinière, nous attendrons qu'elle soit refroidie pour en frotter les poignées.

— C'est avec du savon, maman, qu'il faut nettoyer tout cela ?

— Non, ma fille, c'est avec du tripoli* en pâte. J'en ai acheté un flacon ce matin chez notre épicier... Voici d'abord un bâtonnet dont tu te serviras pour prendre la pâte et en déposer une petite quantité sur ce chiffon de laine. Avec ce premier chiffon tu barbouilleras ton cuivre, avec cet autre tu le frotteras vigoureusement pour enlever l'excès de pâte et bien étendre la mince couche qui doit rester, enfin avec ce troisième tu donneras un dernier coup pour obtenir un beau brillant. En une minute le cuivre le plus terni étincelle.

Et Louise, tout en parlant, fit reluire un des flambeaux posés sur la tablette de la cheminée. Marie prit à son tour les chiffons de laine, et en moins d'un quart d'heure tous les cuivres de la maison brillèrent.

33. — Louise colle du papier aux murs de sa chambre.

Quand la vaisselle fut rangée, Louise versa un demi-kilo de farine dans une grande casserole, y jeta un demi-verre d'eau, et, à l'aide d'une cuiller, tourna le mélange pour délayer la farine et réduire en poudre les grumeaux. Elle ajouta de l'eau, par petits coups, tournant à chaque fois, jusqu'à ce qu'elle eût obtenu une pâte très liquide. Alors elle posa la casserole sur le feu, prenant bien soin de tourner encore, afin que la farine ne pût se reprendre en grumeaux. Le mélange s'échauffa lentement, fuma, et bientôt jeta quelques bouillons. Louise dit à Marie :

— Ma colle de pâte est faite : laissons-la se refroidir, et, en attendant, viens voir notre papier.

Elle enleva les objets qui se trouvaient sur la table, apporta plusieurs rouleaux et en ouvrit un. C'était un papier gris couvert de fleurettes bleues et jaunes.

— J'ai choisi tout exprès un dessin menu et embrouillé, dit-elle à sa fille, car avec les grands dessins, qu'il faut raccorder ou disposer symétriquement, il y a toujours de la perte. C'est un ennui que nous n'aurons pas avec ce fouillis. De quelque façon que nous posions ce papier, les dessins se raccorderont toujours. D'ailleurs, il est sage de consulter sa bourse, et ce rouleau-ci ne coûte que 0 fr. 30 au lieu de 0 fr. 80 ou même plus. Il y a bien des papiers plus artistiques, mais ils coûtent trop cher.

Avec une baguette Louise prit la hauteur des murs, et coupa un pan de papier de la dimension voulue; elle le mit plat sur la table, le dessin par-dessous, puis, avec un ros pinceau, elle enduisit l'envers avec sa colle de pâte replia la bande, colle contre colle. De cette façon elle llait pouvoir la transporter plus sûrement et sans se taier. Elle monta donc, sa feuille en mains, en haut de échelle double dressée dans un des coins de la chambre, éplia la feuille et l'appliqua délicatement contre la ligne u plafond. La bande se déroula en suivant l'arête du coin. ouise alors saisit un balai de crin dont elle avait ôté le anche et brossa le papier, qui s'étendit régulièrement. lle couvrit ainsi les quatre murs avec précaution en éservant la place des ouvertures, et pour terminer, dans haut, près du plafond, et en bas, près du lambris, le colla une petite bordure horizontale d'une autre couur et d'un autre dessin.

— Voilà qui est fait, dit-elle avec satisfaction.

— Ah! maman, que tu es adroite! s'écria Marie en nbrassant sa mère.

— Je suis surtout économe, ma chère enfant, et je fais ar moi-même le plus que je puis. Seulement, pour bien ire, je ne néglige aucune occasion d'observer ce qui se it autour de moi, d'interroger les gens plus habiles et ussi de lire des livres qui peuvent m'instruire.

— Je ferai comme toi, maman, répondit sérieusement fillette.

Elles enlevèrent les rognures de papier, rangèrent le alai et mirent soigneusement dans une armoire ce qui stait des rouleaux.

— Et la colle, maman? Que vais-je en faire?

— Jette-la, ma fille : la colle de pâte moisit et ne se onserve pas. Il faut donc avoir soin de n'en pas faire en op grande quantité.

Restait à cirer le plancher, que Marie avait frotté le atin. Elles y étendirent une couche d'encaustique, et n un temps très court le bois brunit et brilla.

Cependant le pot-au-feu, qui avait doucement bouilli ans interruption, était à point. On se mit à table, et arie proclama que le dîner était excellent.

— Tu as vu, ma fille, que je ne mets pas dans notre pot-au-feu toutes les herbes de la Saint-Jean, comme on dit ici. Rappelle-toi bien : bœuf, un quart de livre par assiette de soupe, deux carottes, un navet, un poireau, une branche de céleri, du sel, et c'est tout.

— Et c'est exquis, chère maman.

NOTIONS A RETENIR

Un bon *pot-au-feu* sera toujours le régal préféré des familles. Et cela remonte à loin. Déjà, il y a trois siècles, Henri IV ne voyait pas de plus grand bonheur pour un paysan que celui de pouvoir mettre la poule au pot chaque dimanche.

Le bouillon gras donne d'excellente soupe, et, joint aux *pâtes d'Italie** ou au *tapioca**, un potage exquis.

C'est une des premières nourritures que l'on donne aux malades et aux convalescents. Un peu de bouillon rend les sauces meilleures.

Le bœuf bouilli seul est d'un goût moins agréable; mais une bonne ménagère s'ingénie à l'assaisonner de diverses façons et réussit toujours à en faire un plat très présentable.

L'APPÉTIT EST LE MEILLEUR ASSAISONNEMENT D'UN BON PLAT

CHAPITRE XVI

34. — Un incendie : causes ordinaires du fléau.

Après avoir fait le tour de leurs deux chambres, dont elles avaient admiré le bon ordre et la propreté, Louise et sa fille s'étaient couchées. Elles dormaient profondément, comme il arrive quand on a bien travaillé et que la conscience est tranquille. Soudain, au petit jour, le tocsin les réveilla.

Elles coururent à la fenêtre et virent avec effroi le ciel embrasé. Un incendie venait d'éclater.

Des pompiers, des soldats, des gens de toute sorte couraient vers le lieu du sinistre ; des clairons sonnaient. Tout ce bruit, toute cette hâte avaient quelque chose de si poignant, le tintement de la cloche était si lugubre, que Marie se prit à pleurer.

— Calme-toi, mon enfant, dit sa mère. Nous sommes impuissantes à détourner un pareil sinistre, et des larmes n'y feraient rien. Nous ne pouvons, hélas ! que faire des vœux pour qu'il n'y ait, du moins, aucun accident de personnes.

J'ignore, continua-t-elle, comment le feu a pris ; par malheur, il arrive bien souvent que les incendies sont dus à la négligence. C'est un ouvrier qui fume dans un atelier rempli de bois et de copeaux ; c'est une ménagère qui jette, comme l'autre jour, du pétrole sur son feu ; c'est un enfant qu'on laisse jouer avec des allumettes ; que sais-je encore ? J'ai vu chez mes maîtres une jeune tes: elles se ranimèrent au souffle d'air qui passait sous la porte; le bois qui était proche s'enflamma, et, si je n'avais fait ma ronde de tous les soirs, le feu eût pris en pleine nuit, pendant le sommeil de tous... Oh! la bonne habitude que de se demander toujours, au moment d'agir, s'il n'y a, dans ce que l'on fait, de danger pour personne! Cependant des hommes passaient devant la maison, parlant entre eux de l'incendie. Louise sortit sur la porte, suivie de sa fille, et leur demanda quelques renseignements.

— C'est fini, dit l'un. Oh! ça n'a pas été long: ce sont les maisons de la Gravière, des maisons de bois, qui ont flambé comme des allumettes.

— Y a-t-il accident de personnes?

— Non, fort heureusement; mais aucun de ces pauvres ménages n'était assuré, et c'est pour eux la ruine.

— Quel malheur! fit Louise, en rentrant chez elle.

35. — Des assurances contre l'incendie.

— Mère, demanda la petite, qu'est-ce que cela veut dire, *être assuré?* L'autre jour déjà, tu m'en parlais; mais je n'ai pas très bien compris, et, comme tu étais occupée, je n'ai pas voulu insister.

— Eh bien! mon enfant, cela veut dire une chose très utile, et je vais essayer de te la faire comprendre. Il existe des sociétés, appelées *sociétés d'assurances*, auxquelles verse qui veut tous les ans une petite somme, ou *prime*, proportionnée à la valeur du mobilier que l'on possède. Si l'on a le malheur de brûler chez soi quelque objet, la société le rembourse; si l'on perd tous ses meubles dans un incendie, elle indemnise l'assuré en lui versant une somme équivalente à la perte subie.

— Mais où donc cette société peut-elle prendre l'argent nécessaire pour rembourser tant de choses?

— C'est, d'abord, qu'il y a beaucoup de personnes assurées, qu'ensuite un grand nombre d'entre elles, ayant à craindre pour la perte d'objets précieux, payent alors une forte prime, et qu'enfin les incendies sont relativement rares. Dès lors, les sociétés font des recettes supérieures à leurs dépenses, et non seulement elles arrivent à rembourser les pertes de leurs assurés, mais elles peuvent encore entretenir et payer toute une armée d'agents, dont les uns s'occupent de la direction générale des affaires, les autres contrôlent les pertes éprouvées, tiennent la comptabilité, ou s'en vont dans les familles proposer des assurances.

— Sommes-nous assurés, maman ?

— Oui, ma fille, je paye 5 francs pour notre mobilier, et, en qualité de propriétaire, 7 fr. 50 pour notre petite maison. S'il nous arrivait d'y mettre involontairement le feu, nous ne perdrions rien. Cependant il est à souhaiter pour nous-mêmes et pour nos voisins que nous soyons préservées d'un aussi épouvantable malheur.

36. — Des assurances sur la vie.

Dans l'après-midi de ce même jour, Mlle Cochart vint visiter la maison de Louise, qui l'en avait instamment priée. Elle complimenta les deux femmes sur la propreté de leur intérieur et, de proche en proche, la conversation tomba sur les incendies et les assurances.

— Je viens d'aller voir une dame de mes voisines qui est dans la peine, dit-elle. Son mari est mort il y a quelques jours, mais, fort heureusement pour la pauvre femme, il avait eu la précaution de s'assurer.

Marie ne comprenait pas.

— Contre l'incendie ? demanda-t-elle.

— Non, ma petite, reprit la vieille demoiselle. Il y a, vois-tu, bien des genres d'assurances. M. Paulin était employé du gouvernement, et il gagnait 2800 francs par an. Comme il était économe, sur ce modeste traitement il prélevait chaque année 200 francs, qu'il versait à une société d'assurances ; la société avait pris l'engagement de remettre en retour à sa femme, au cas où il viendrait à disparaître, une somme assez forte pour l'aider à vivre un an ou deux en se cherchant un emploi. C'est ce qu'on appelle une *assurance sur la vie*. Admire cette prudence : ils n'avaient de fortune ni l'un ni l'autre et ne possédaient que les appointements du mari. Lui mort, que serait devenue Mme Paulin s'il n'eût été prévoyant? Aujourd'hui, la société doit à sa veuve 5 000 francs. Avec ce capital, cette dame va monter un petit magasin de lingerie; elle vendra des bas, des bonnets, des brassières, et elle en confectionnera elle-même; elle tiendra quelques articles de mercerie, des épingles, des fils, des aiguilles, un peu de parfumerie. Et, comme c'est une très honnête femme, estimée de tous, on se fournira chez elle. Alors Mme Paulin vivra de ses bénéfices, et d'ici peu mettra sa fillette en mesure de bien connaître un métier : travaillant toutes deux, elles seront sauvées de la misère.

— Oui, c'est une bonne chose, dit Louise, que de songer à l'avenir. Les petites économies sont comme les boules de neige, qui s'accroissent en roulant, et, avec de la persévérance, on arrive à se tirer des pas les plus difficiles.

— Vous avez raison, Louise, mais il faut vouloir et ne pas vivre indifférent à ce qui nous entoure : il faut savoir découvrir ce qui peut améliorer notre sort, et, quand on l'a découvert, ne pas s'en tenir à ce que l'on a. M. Paulin pensait à tout. Il était membre d'une *société de secours mutuels*, à laquelle il versait une cotisation annuelle de 6 francs. Or, depuis deux mois qu'il était malade, la société lui donnait 1 franc par jour, et c'est elle encore qui a pris à sa charge les frais de médecin et d'enterrement.

— Voilà qui est précieux, en effet, dit Louise.

— Ce n'est pas tout, reprit Mlle Cochart. La femme s'est fait inscrire à son tour membre de la société, et, comme elle est très éprouvée par le chagrin et les fatigues qu'elle endure depuis deux mois, la société lui fournira gratuitement les potions et le quinquina* que le docteur lui ordonne.

— Je voudrais bien connaître une société de ce genre, dit Marie.

— Il en existe dans les écoles, ma petite. Je connais une institutrice qui me contait ceci :

Un philanthrope de cœur et de talent, M. J.-C. Cavé, a fondé, il y a quelques années, la *Mutualité scolaire*.

La Mutualité scolaire est une société ayant à sa tête un bureau et un conseil d'administration élus en assemblée générale.

En demandant à tous ses membres une cotisation hebdomadaire de 0 fr. 10, elle s'engage à payer, le cas échéant, des frais de maladie au membre participant et à lui assurer une retraite.

Les 0 fr. 10 versés par chaque membre à la Mutualité scolaire sont divisés en deux parts : 0 fr. 05 vont au fonds commun, 0 fr. 05 vont au livret personnel de retraite. Une somme supérieure à 0 fr. 05 peut être apportée au livret. Le total des sommes versées à ce compte ne peut excéder 500 francs par an.

En cas de maladie, le membre participant a droit à une indemnité quotidienne de 0 fr. 50 pour le premier mois, et de 0 fr. 15 à 0 fr. 25 pour les deux suivants. Il y a des cas de maladie où l'indemnité n'est pas accordée : les cas de maladie chronique, par exemple.

Les versements pour le livret individuel de chaque sociétaire sont déposés à la *Caisse nationale des retraites pour la vieillesse*, au taux de 3 fr. 50 pour 100 à intérêts composés.

Les versements pour le fonds commun sont placés à la *Caisse des dépôts et consignations*, au taux privilégié de 4 fr. 50 pour 100 à intérêts composés.

La Caisse nationale des retraites pour la vieillesse sert une pension de retraite au vieux sociétaire, soit à capital aliéné, — et dans ce cas la rente est plus forte. — soit à capital réservé. Après quinze ans de versements effectués par le sociétaire, le droit à la retraite lui est acquis, mais il a tout avantage à verser jusqu'à soixante ans : le montant de la pension augmente avec le nombre des années.

Supposons un enfant qui verse, dès l'âge de trois ans, 10 francs par an à capital aliéné : il aura droit, à cinquante ans, à une retraite de 110 fr. 85; à soixante-cinq ans, à une retraite de 438 francs.

— C'est admirable ! s'écria Louise.

— Et quand même, reprit la vieille demoiselle, il aurait tenu à réserver son capital, il peut encore toucher, à soixante-cinq ans, 309 francs.

— Maman, dit à son tour Marie, qui avait écouté avec un silence recueilli, si tu le permets, je verserai tous les mois ma petite somme à la Mutualité scolaire.

— De grand cœur, ma chérie, répondit la mère, qui voyait avec plaisir sa fille prendre part à ces causeries un peu graves, mais fécondes pour l'avenir.

NOTIONS A RETENIR

C'est d'une grande idée moderne, l'idée de solidarité*, que sont nées les *sociétés d'assurances.*

Chacun des membres assurés ne pourrait jamais, à lui tout seul, économiser assez pour se prémunir contre le danger ou la misère. Il bénéficie donc des avantages de l'association. D'autre part il lui est utile en même temps qu'il profite d'elle, car l'argent qu'il verse ne lui servira peut-être jamais personnellement.

La solidarité impose donc des sacrifices, en même temps qu'elle donne des droits.

L'UNION FAIT LA FORCE

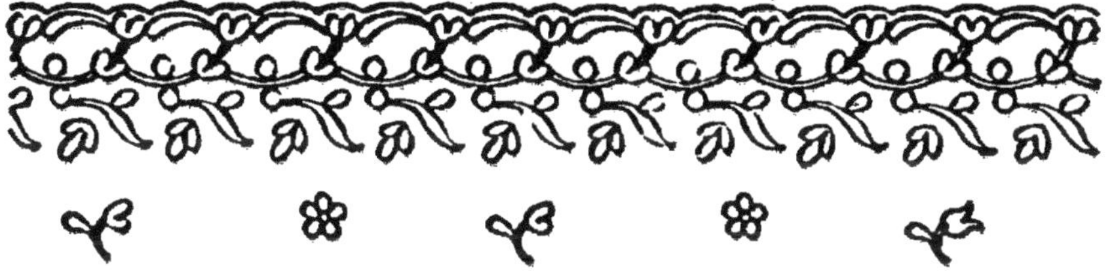

CHAPITRE XVII

37. — Les « maisons de travail » Comment il faut faire la charité.

Mlle Cochart avait l'habitude de faire tous les jeudis une promenade à travers champs, et, pour être moins seule, elle avait demandé à Louise si Marie ne pourrait pas, ces jours-là, lui tenir compagnie pendant une heure ou deux. Louise avait accédé très volontiers à cette proposition : elle aimait sa vieille maîtresse, et la savait pleine de sens.

Un jour donc que les promeneuses allaient sortir de la ville, elles rencontrèrent deux jeunes gens, de vingt à vingt-cinq ans. Ils s'approchèrent des deux femmes en demandant l'aumône.

— Ayez pitié de deux pauvres estropiés, disaient-ils en tendant la main.

Mlle Cochart prit un carnet qu'elle avait toujours dans sa poche et en détacha deux feuillets qu'elle remit aux mendiants. Ils y jetèrent les yeux, et leur figure prit une expression désappointée.

— Nous aimerions mieux de l'argent pour acheter du pain, dit l'un d'eux.

— Mon ami, je n'en ai pas sur moi, répondit la vieille demoiselle, mais ce que je vous donne a beaucoup plus de valeur que ce que vous vous attendiez à recevoir. Présentez-vous à la *maison de travail* avec ce bon : dès ce soir vous y trouverez à dîner, un lit pour vous reposer, et demain, en échange d'un travail facile, vous serez nourris toute la journée. Vous pourrez demeurer quinze jours dans cette maison hospitalière, et, si vous désirez un emploi, on se mettra en quête pour vous en procurer un.

— Je suis infirme, vous le voyez bien, dit l'homme d'une voix dure, en montrant sa jambe de bois.

— C'est vrai, mon ami, reprit Mlle Cochart avec dou-

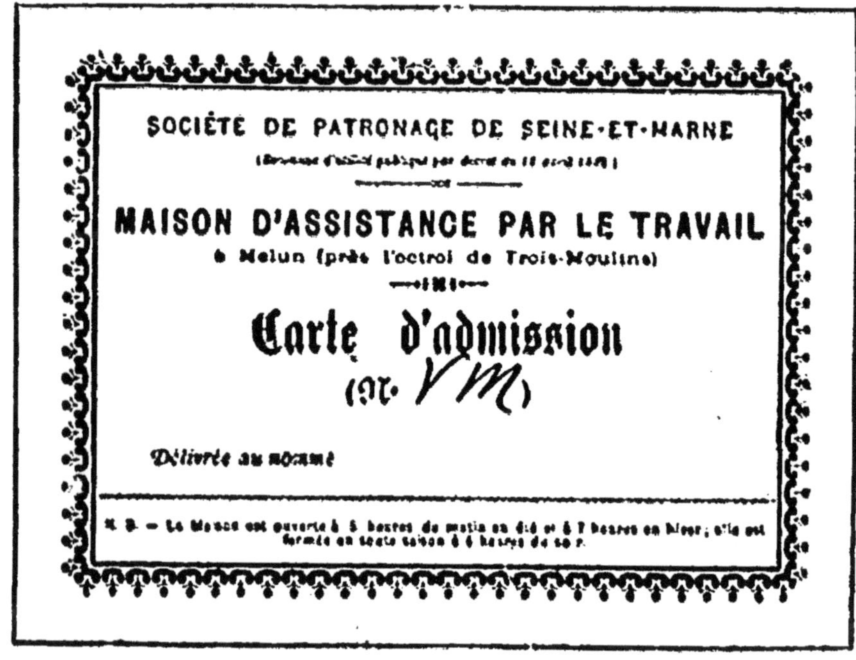

SOCIÉTÉ DE PATRONAGE DE SEINE-ET-MARNE

([illegible])

MAISON D'ASSISTANCE PAR LE TRAVAIL

à Melun (près l'octroi de Trois-Moulins)

Carte d'admission

(N° VM)

Délivrée au nommé

N. B. — La Maison est ouverte à 5 heures du matin en été et à 7 heures en hiver ; elle est fermée en toute saison à 6 heures du soir.

Fac-similé d'une carte d'admission pour *maison de travail.*

ceur; cela est un grand malheur, sans doute, mais on vous trouverait tout de même une besogne. Je connais un vieillard incapable de marcher : il fait des sacs de papier pour le commerce ; un autre, infirme comme vous depuis l'âge de trente ans, s'est fait tailleur : il est aujourd'hui dans l'aisance. Dans un hôtel même, on pourrait vous employer à cirer les chaussures, à laver la vaisselle.

— Merci bien, fit le jeune homme avec un mauvais rire.

Et il s'éloigna, suivi de son compagnon.

Marie était restée tout interdite. Elle croyait naïvement que les deux hommes allaient accepter avec reconnaissance l'offre qui leur était faite de trouver, par le travail, le gîte et la nourriture. Elle en fit la remarque à Mlle Cochart.

— Mon enfant, ces jeunes gens sont probablement des paresseux, lui répondit la vieille demoiselle. La paresse est un vice qui en engendre beaucoup d'autres : les malheureux qui en sont atteints perdent toute dignité, et ils ne rougissent pas de tendre la main plutôt que de travailler.

— Mademoiselle, celui qui a ses deux bras pourrait travailler, mais son camarade est manchot...

— Je l'ai bien vu, mon enfant ; mais il pourrait du moins frotter des parquets ou porter, avec le bras qui lui reste, des paquets pour une maison de commerce. S'il avait eu jadis une bonne conduite, je crois qu'il aurait intéressé à son malheur certaines personnes, son ancien patron, par exemple, l'instituteur qui l'a élevé, le maire de son pays. Il y a des gardiens de musée ou de jardin public qui n'ont pas besoin de deux bras. Ce qu'il faut, ma chère enfant, c'est de la bonne volonté et l'amour du travail. Rappelle-toi la voisine de ta mère, et vois comme, à force de courage, elle a su se tirer d'affaire. On ne refuse jamais de s'entremettre en faveur d'un homme ou d'une femme honnête qui veut gagner honorablement sa vie, puisqu'on s'occupe même des gens qui ont failli et sortent des prisons. Oh ! comme il serait beau de voir les humbles, les déshérités demander sincèrement du travail et l'accomplir avec courage et bonne humeur ! Il y en a qui le font, ma chère petite, mais tu as vu que ma tentative de secours a été repoussée, car j'offrais du travail, et les paresseux n'en veulent pas. Je vais te donner un conseil : ne donne jamais à des mendiants une aumône en argent, si petite qu'elle soit. C'est une prime à la paresse et une excitation à l'ivrognerie, car ces malheureux se hâtent presque toujours d'aller dépenser au cabaret les quelques sous qu'on leur donne. Demande, comme je l'ai fait moi-même, des bons à la maison de travail, — il ne t'en coûtera que trois ou cinq sous par bon utilisé, — aies-en toujours sur toi et offres-en aux pauvres qui te tendront la main. Tu seras sûre au moins d'avoir bien placé ton argent.

Marie, qui était élevée par une mère vaillante, comprit toute l'importance des conseils que venait de lui donner sa vieille amie, et son cœur droit fut attristé à la pensée que les deux mendiants avaient si mal répondu à l'intérêt qu'on leur témoignait, qu'ils avaient volontairement négligé l'occasion de se relever et d'échanger le nom de vagabonds contre le nom honorable de travailleurs.

38. — L'art de décorer une chambre à peu de frais.

Grâce à l'entremise de Mlle Cochart, Marie s'est liée avec la fille de Mme Paulin.

La mort de son mari a fort affecté cette dernière, qui regrette de ne pouvoir, comme autrefois, consacrer ses moments de loisir à sa petite Berthe, car elle est seule maintenant à s'occuper de son commerce. Aussi accueillit-elle avec joie l'offre que lui fit Mlle Cochart de procurer une amie à sa fille.

Marie fut reçue à bras ouverts. Les deux veuves et les enfants prirent bientôt l'habitude de se réunir tous les dimanches.

Les jours de mauvais temps, Mme Paulin, qui était très adroite, apprenait aux deux jeunes filles à confectionner de menus objets destinés à décorer la maison. C'est ainsi que, sous sa direction, elles firent de minuscules sachets de soie qui, bourrés de son et brodés d'une fleurette, devinrent de jolies pelotes à épingles; une mignonne pochette, taillée dans des rognures de soie, et agrémentée d'une passementerie, pour servir de porte-lettres, et où Mme Paulin mit la correspondance de ses fournisseurs.

A l'aide d'un morceau de velours bronze, de quelques bouts de ganse mordorée et d'une doublure de satinette verte, Mme Paulin entreprit, un jour, de faire une couverture protége-livre. Elle fit une chose charmante, au grand ébahissement des enfants, qui ne connaissaient encore, pour préserver leurs livres du contact des doigts, que les vilaines couvertures faites de vieux journaux.

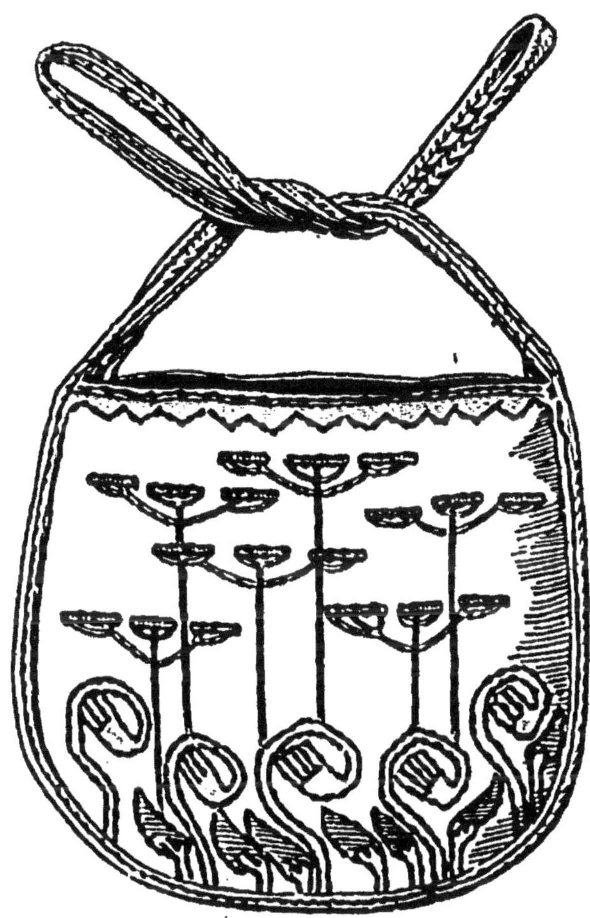

Pochette.

Rien de plus simple, cependant. Mme Paulin tailla deux feuilles de carton mince, un peu plus grandes que les couvertures du livre qu'elle voulait protéger. Elle les réunit avec un morceau de basane formant un dos qui fût en même temps souple et solide ; puis elle recouvrit le tout du morceau de velours bronze, qu'elle fit dépasser de plusieurs centimètres, de façon à le pouvoir rabattre à l'intérieur. Elle mit, sur le *plat* devant recouvrir le titre du livre, un rectangle de soie brochée, qu'elle encadra d'une ganse, ainsi que l'autre plat.

L'endroit du protége-livres étant terminé, elle le retourna, pour y fixer la doublure à l'aide d'un point de surjet, la laissant beaucoup dépasser dans le sens de la largeur. Elle replia ensuite à l'intérieur la satinette qui dépassait, de façon à ménager deux pochettes semblables à celles d'un portefeuille, pour y faire entrer les deux couvertures du livre, qui se trouvait ainsi solidement maintenu. Ce n'était rien, et c'était charmant.

Vue extérieure et vue intérieure. Vue en perspective*.

Protège-livre.

Une autre fois, comme Berthe allait jeter au feu un vieux calendrier :

— Gardons-le, dit Mme Paulin; nous allons l'utiliser pour confectionner un vide-poches.

Elle se mit aussitôt à l'œuvre, sous l'œil attentif des jeunes filles.

— Le calendrier me servira de fond, dit-elle. Mais sa forme carrée ne dirait rien. Je prends un morceau de papier que je plie en deux et que je découpe en courbes successives. J'ouvre mon papier : le dessin est parfaitement régulier, puisque chaque moitié est la répétition exacte de l'autre. Je place le patron ainsi obtenu sur le carton, que je découpe à son tour. Je recouvre ce fond d'un morceau de cretonne à fleurs et je couds, derrière, une doublure, assortie, autant que possible, au ton de la cretonne.

— Jusque-là, tout va bien; mais le plus difficile reste à faire, observa Berthe.

— C'est vrai, mon enfant, reprit la mère; aussi, regarde avec attention la façon dont je m'y prends pour construire le devant de notre vide-poches. Je coupe un carton de la largeur du fond, mais moins haut de moitié que mon calendrier recouvert. J'infléchis légèrement un des grands côtés en son milieu à l'aide de mes ciseaux, pour lui donner une forme moins raide, et je le recouvre aussi de ma cretonne à fleurs. J'assujettis mes deux cartons par le bas; mais, pour qu'ils puissent s'écarter par le haut, je couds, de chaque côté, une petite bande d'étoffe en forme de triangle, de la hauteur du devant. Ce *soufflet* permet le jeu des deux cartons.

Voilà le vide-poches fait. Maintenant, je vais coudre tout autour cette cordelière que je me suis fabriquée avec des restes de laine.

— Oh! madame, dit Marie, qu'elle est jolie! Je voudrais bien savoir en faire autant.

— Rien de plus facile. Mon vide-poches a $1^{m},50$ de contour; j'ai donc pris 6 mètres de laine, c'est-à-dire quatre fois cette longueur, et je les ai pliés en deux, ce qui m'a donné une longueur de 3 mètres. Marie a réuni les deux extrémités de la laine, et moi j'ai tenu exactement le milieu. Alors, nous faisant vis-à-vis, nous nous sommes mises à tourner la laine chacune vers notre droite; peu à peu, elle a formé une cordelette, et, quand nous l'avons jugée suffisamment serrée, nous en avons rapproché les bouts que chacune de nous tenait : la cordelière s'est roulée d'elle-même. — Si nous l'avions voulue plus grosse, nous aurions pris, par exemple, 9 mètres de laine.

Le lendemain, Marie était venue trouver son amie en lui disant : — Toi, qui as de l'imagination, aide-moi donc, je t'en prie, à confectionner un porte-brosses. Maman me gronde parce qu'il m'arrive assez souvent

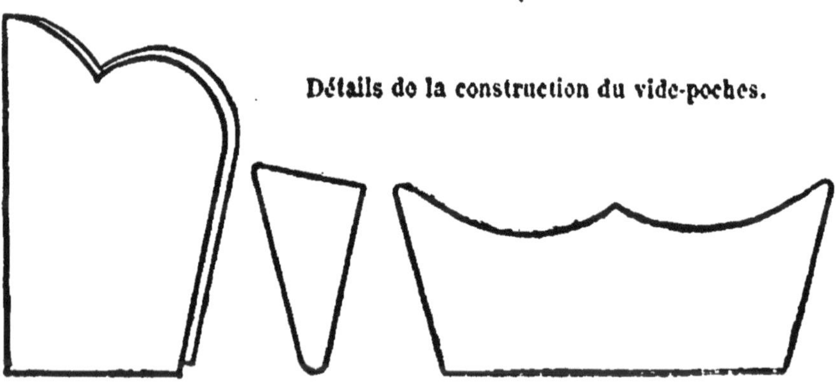

Détails de la construction du vide-poches.

Face postérieure repliée. Face latérale. Face antérieure.

Vide-poches.

d'égarer les nôtres, et j'éprouve le besoin de leur donner une place définitive et toujours la même.

— Bien volontiers, répondit Berthe, et après avoir

arrêté leur choix à un porte-brosses à deux places, elles eurent vite fait d'en concevoir le plan et d'en préparer l'exécution.

Les jeunes filles s'étaient munies d'une vieille boîte dont elles avaient découpé le fond : 40 centimètres de hauteur sur 25 de largeur. Elles l'avaient découpé en forme d'écusson, recouvert, puis festonné dans le haut, d'après le procédé indiqué par Mme Paulin pour le vide-poches. Prenant alors une bande d'étoffe de 40 centimètres de largeur sur 12 de hauteur, elles l'avaient en quelque sorte doublée avec du papier assez fort; ensuite, avec chacune des deux moitiés, elles avaient formé une sorte de rouleau-pochette, au bas duquel elles avaient cousu un fond de carton. Posant alors sur l'écusson les deux bases au même niveau, elles avaient cousu à quelque distance l'une de l'autre les deux poches ainsi formées. Enfin, à l'aide d'un crochet et d'une épingle à cheveux, on avait composé un petit galon de laine rouge destiné à servir d'ornement.

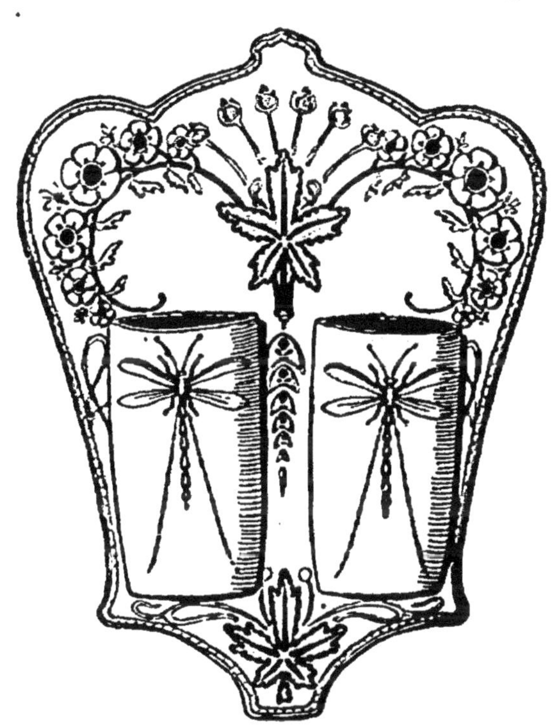

Porte-brosses.

— Ce n'est évidemment pas une œuvre d'art, dit Mme Paulin, mais ce petit bibelot n'est pas laid, et, pour le faire, il a suffi de peu de temps. Voilà comment, quand on n'est pas riche, on peut embellir sa maison à peu de frais.

NOTIONS A RETENIR

La société moderne tend de plus en plus à remplacer l'aumône par un autre mode d'*assistance* à la fois plus efficace et plus moral.

Donner de l'argent, c'est humilier le pauvre. Trop souvent aussi, c'est encourager la paresse et le vice.

On sauvegarde la dignité du pauvre et on contribue à son relèvement en lui procurant du travail. De plus, l'aumône n'est qu'un secours provisoire; on n'a vraiment sauvé un homme de la misère que lorsqu'on lui a fourni les moyens de recommencer à gagner sa vie.

***

Une bonne ménagère sait embellir sa maison à peu de frais : un chiffon gracieusement drapé, une pelote, un porte-journaux, un vide-poches fabriqués à ses moments perdus : c'en est assez pour donner à son intérieur quelque chose d'accueillant et de coquet qui retiendra le mari et charmera les enfants.

DONNER EST BIEN; MAIS S'EFFORCER, TOUT EN DONNANT, D'AMENER UN ÉTAT SOCIAL OÙ LA HONTE DE TENDRE LA MAIN SERA ÉPARGNÉE A NOS SEMBLABLES EST ENCORE MIEUX

CHAPITRE XVIII

9 — Comment on détache ses vêtements.

Un beau matin, vers onze heures, Marie rentra de 'école avec une mine déconfite. Sa mère s'en aperçut mmédiatement.

— Qu'y a-t-il, petite?

La fillette se troubla, rougit, puis se mit à pleurer.

— Mais, mon enfant, réponds-moi donc, tu m'inquiè-es, fit Louise, étonnée des larmes de sa fille.

— J'ai laissé tomber mon mouchoir sur un encrier, naman.

— Montre-le-moi.

Lentement, avec hésitation, Marie tira de sa poche son nouchoir : tout un coin était noir d'encre.

— Louise le considéra, puis dit avec douceur :

— Cela est évidemment fâcheux; mais tu n'es pas rai-onnable de pleurer pour cet accident. Tu n'avais qu'à ne dire tout simplement : Mère, j'ai été maladroite; ne ne gronde pas; ma faute fut bien involontaire... D'ail-eurs, le mal est réparable.

Tout en parlant, Louise prit une terrine, qu'elle emplit 'eau fraîche, et y lava plusieurs fois de suite — en ayant oin de renouveler l'eau — le coin du mouchoir; puis lle fit bouillir un peu de lait, y mit tremper le linge urant quelques minutes, et, enfin, elle le savonna et le nça dans du lait bouillant. L'encre disparut, et il ne esta plus dans le coin qu'une large tache fauve.

Marie avait observé sa mère avec grande attention,

espérant que, dans ses mains adroites, toute trace de l'accident allait disparaître. Quand elle vit que l'étoffe demeurait jaunâtre, elle ne put s'empêcher de manifester sa déception.

— Ne te tourmente pas, fit sa mère; cette tache disparaîtra à la lessive. Et, puisque nous sommes sur le chapitre des taches, donne-moi ma robe noire; j'y ai laissé tomber, maladroitement aussi, une goutte de bougie fondue que je veux enlever.

Quand Louise eut sa robe en main, du bout de l'ongle elle fit sauter le plus gros de la tache, gratta doucement avec un couteau les parcelles qui adhéraient encore à l'étoffe, la frotta du doigt légèrement, afin qu'aucune partie solide n'y demeurât, puis elle mit chauffer un fer à repasser. Alors, elle retourna sa robe à l'envers, appliqua sur la tache un papier buvard et posa le fer du côté opposé. Une marque de graisse apparut sur le papier. Elle recommença cinq ou six fois l'opération : chaque fois, une marque nouvelle se déposa sur le papier, mais toujours plus faible; enfin, le papier resta net. Marie retourna son étoffe à l'endroit : la tache avait complètement disparu.

— Mais alors, maman, on peut donc enlever toutes les taches?

— Toutes, c'est beaucoup dire; mais il y en a beaucoup que l'on peut enlever, principalement les taches de graisse. Je vais t'en donner une preuve..... Voici une bande de lard, fit-elle en ouvrant son buffet..... Je la laisse, tout exprès, tomber sur ce morceau de lainage.

— Oh! s'écria Marie...

— Ne crains rien, petite; il n'y paraîtra plus dans un instant... Je prends mon bidon à essence de pétrole, j'imbibe d'essence un morceau de flanelle, et je frotte la tache. Seulement, comme je sais que le liquide employé est inflammable, je m'éloigne du feu; puis, comme l'odeur est très forte, j'opère près de la fenêtre ouverte... Tu vois, Marie, l'étoffe est détachée. Ce n'est pas une raison

our n'être pas attentive à ce que l'on fait, et je n'au-
ais pas bonne idée d'une enfant que je verrais se tacher
ouvent. Il faut avoir horreur de la négligence autant
ue de la paresse.

— Tout à l'heure, maman, comme nous revenions
e l'école, la petite Leroy a sali toute sa robe en
assant près des roues d'une charrette. C'était tout
oir et tout luisant. Ça ne s'en va pas, ces taches-là,
is, maman?

— Si, ma fille, le *cambouis** s'en va aisément. Dis-le de
na part à ta petite amie, dans le cas où sa mère l'ignore-
ait. On met un peu de beurre sur la tache et l'on
ratte avec un couteau : le beurre entraîne avec lui du
ambouis. On recommence l'opération, et bientôt il ne
este plus sur l'étoffe que la tache faite par le beurre
ui-même. Or, tu sais maintenant que l'essence miné-
ale enlève les taches de graisse.

— Merci, maman. Pauline Leroy sera bien contente.

Le soir même, Marie transcrivit sur un carnet, pour
on usage personnel, les précieuses recettes de sa mère,
t y ajouta les suivantes que Louise, profitant de l'oc-
asion, lui dicta :

« Un peu d'eau tiède suffit pour enlever les taches
aites sur du lainage par un liquide sucré.

« Les taches de fruits ne s'enlèvent facilement que
uand elles sont fraîches. On étend le tissu au-dessus
'une cuvette, et on verse de l'eau bouillante sur la
artie tachée. Le tissu forme filtre et se nettoie, l'eau
élayant le suc du fruit. On peut encore, sur du linge,
e servir d'*eau de Javel**, mais étendue d'eau, car ce
roduit contient du chlore et brûle le linge : il faut en
ser très modérément

« Pour remettre à neuf un chapeau de paille noir,
n le brosse soigneusement, puis on étend sur la paille
vec un pinceau un peu du mélange suivant : eau
iède, gomme arabique, noir de fumée en poudre.
n trouve ce dernier produit chez le marchand de
ouleurs. »

40. — Nettoyage de la cuisinière.

Le lendemain, Louise dit à sa fille : — Nous allons commencer notre journée par le nettoyage de cette cuisinière, que notre pauvre cousine a laissée dans un triste état. Cours chez l'épicier lui demander une boite de mine de plomb en pâte.

Au bout de cinq minutes Marie fut de retour.

— Voici trois chiffons de laine, lui dit sa mère. Avec l'un d'eux, étends un peu de pâte sur cette partie de la cuisinière...

— Mais, maman, si j'en mettais partout, pendant que j'y suis?

— Garde-t'en bien : il ne faut pas laisser à la pâte le temps de sécher... Vite, prends cet autre chiffon et frotte vigoureusement, de manière à enlever ce que tu peux avoir mis de trop... Parfait. Maintenant passe là-dessus ton troisième chiffon... plus fort, ma fille, plus fort..., et tu vas obtenir une fonte très brillante... Vois-tu!...Quelle différence avec le reste! Comme, à côté, cela parait terne et sale!... Seulement, aie soin de te servir toujours du même chiffon de laine pour chacune de tes opérations. Tu veilleras aussi à ne pas mettre trop de pâte dans les moulures des pieds. Il en est de ce nettoyage comme de celui des chaussures. Tu te rappelles, Marie, qu'il n'est pas nécessaire de mettre le cirage par plaques épaisses sur le cuir...

— Oui, maman, et qu'il faut bien l'étendre, bien le sécher avec la brosse...

— C'est cela, petite. Eh bien, l'on cire une cuisinière comme on cire une paire de souliers.

41. — Manière d'allumer le feu.

Marie se mit à rire.

— A la bonne heure, dit Louise : j'aime les fillettes rieuses et qui ne boudent pas au travail. Mais moi, quand je vois rire ma fille, je voudrais lui voir deux rangées de jolies dents blanches, pour qu'on pût dire qu'elle a des perles dans la bouche... Tu ne te laves jamais les dents, Marie? Cela est pourtant laid, et, de plus, fort malsain... Tu auras désormais une brosse à dents et une poudre spéciale, dont tu te serviras tous les matins en faisant ta toilette. Puis tu te rinceras la bouche à grande

Nécessaire de toilette pour les dents.

eau... et vous nettoierez aussi tous les jours vos ongles et vos oreilles, mademoiselle, continua Louise en s'approchant de sa fille. Oh! la vilaine, qui ne sait pas ce que l'on gagne en santé à être toujours propre et nette!

Marie ne savait si elle devait rire ou pleurer.

— Allons, reprit sa mère, soyons gaies... Voici la cuisinière propre : rallumons-la.

Marie courut au bûcher, en rapporta du petit bois et du papier qu'elle entassa au hasard dans le foyer. Louise intervint.

— Oh! oh! ma fille, procédons avec ordre, s'il te plaît. Si tu entasses du charbon par là-dessus, comme je te vois déjà prête à le faire avec la pelle en main, il se peut que ton feu prenne, mais aussi tu cours le risque de le voir s'éteindre faute d'air... Allons, dégage complètement ce foyer et vide les cendres du tiroir... Bien... Maintenant, froisse un peu ces feuilles de papier et pose-les dans le fond, sans les entasser... Dispose en treillis ce petit bois, mets-en sur le papier sept ou huit baguettes et quelques brindilles... Tu peux enfin verser ton charbon... pas trop, sinon le feu s'étouffera.

— Mais, maman, il n'y a pas assez de morceaux.

— Tu en ajouteras dans un instant, petite, quand le feu sera pris et légèrement affaissé... Vois-tu, Marie, il te semble que toutes ces précautions font perdre du temps; songe qu'elles ne réclament pas même une minute, et que tu es assurée non seulement de n'avoir pas à recommencer, mais encore d'avoir rapidement un feu vif. C'est donc en réalité du temps gagné.

— Comme tu raisonnes tout ce que tu fais, chère maman !

— Il le faut bien, mon enfant. C'est en réfléchissant qu'on arrive à faire mieux... Sais-tu à quoi j'ai pensé?... Nous aurons à mettre dans notre cuisine une assez grande caisse; il ne nous en manque pas dans le bûcher.

— Mais nous avons un seau, maman, pour le charbon.

— Aussi ne servira-t-elle pas pour le charbon. Nous mettrons au milieu de cette caisse une planche qui la divisera en deux compartiments : dans l'un, nous mettrons les papiers destinés à allumer la cuisinière; dans l'autre, une provision de petit bois cassé d'avance et prêt à servir. De cette façon, nous aurons tout sous la main, sans être obligées de sortir et d'aller par tous les temps, ou dans l'obscurité, jusqu'au fond du jardin.

— Oh! mère, la bonne idée!

— Maintenant, ma fille, à l'ouvrage.

Mais d'abord, lave tes mains au savon noir, car elles ressemblent à celles d'un petit ramoneur... Moi, je vais être obligée de sortir : Mlle Cochart m'a priée de venir ce matin de très bonne heure.

NOTIONS A RETENIR

Un vêtement propre révèle de prime abord une ménagère soigneuse.

Lorsqu'on a des vêtements spéciaux pour le nettoyage, lorsqu'on a toujours dans la maison un tablier devant soi, lorsqu'on n'oublie jamais de mettre sa serviette au moment des repas, il est bien rare que l'on se tache.

Il faut néanmoins compter avec l'imprévu. Si, malgré toutes les précautions que l'on a prises, une tache vient à se produire, il faut pouvoir l'enlever soi-même. Le teinturier coûte cher, et, la plupart du temps, ne dispose, pour enlever les taches, que des moyens qui sont à la portée de tout le monde.

On enlève mieux les taches quand elles sont fraîches; mais tous les procédés de détachage ne conviennent pas à tous les cas. Le lait bouillant fait disparaître l'encre ; l'eau chaude, les taches de fruits; l'essence minérale, celles de graisse ou d'huile; le beurre, celles de cambouis.

TACHE AU DEHORS
TACHE AU DEDANS

CHAPITRE XIX

42. — La semaine de Louise.

Louise vivait paisiblement avec sa fille, qui l'aidait, entre les heures de classe, à tous les détails du ménage. Elle s'était fait une règle qu'elle suivait aussi ponctuellement que le permettaient les circonstances et les petits incidents de la vie.

Les deux femmes se levaient de bonne heure, et, pendant que Marie cirait les chaussures, Louise épluchait les légumes pour toute la journée. Ensuite on faisait les lits et les chambres, chacune la sienne; on portait à manger aux lapins, dont on nettoyait les cabanes; enfin, l'on déjeunait et l'on s'habillait; Louise partait chez Mlle Cochart; Marie se rendait à l'école.

Quand Louise rentrait à dix heures, elle préparait le déjeuner et, tout en surveillant ses casseroles, raccommodait les vieux vêtements.

Les occupations de l'après-midi différaient suivant le jour.

Le lundi et le mardi, elle savonnait le linge et repassait.

Le mercredi, elle allait dans la campagne faire provision de fourrage pour ses lapins.

Le jeudi, elle allait dans un hôtel de la ville faire le savonnage des serviettes de table : elle y passait six heures, qui lui étaient payées 1 fr. 50.

Le vendredi, elle cousait.

Le samedi, elle faisait le nettoyage complet de ses trois chambres et frottait les cuivres.

Entre temps, elle avait toujours un tricot ou un crochet à la main et confectionnait des fichus et des brassières que la veuve Paulin lui achetait pour son petit commerce. Cela lui rapportait peu, c'est vrai, mais, comme elle disait, « c'est autant de trouvé ».

D'ailleurs, elle portait chaque semaine à son hôtel un lapin et, quand c'était la saison, les plus beaux fruits de son verger. Elle avait fait planter dans son jardin des arbres fruitiers, se disant avec raison que, dans une ville où l'on payait cher les beaux fruits, elle retirerait plus d'avantages d'un verger que d'un jardin à fleurs. Elle avait seulement gardé, pour ses besoins personnels, quelques plates-bandes où elle cultivait de l'oseille, des poireaux, du persil, du cerfeuil et divers petits légumes d'un usage courant.

Le soir, tandis qu'elle allait faire le dîner de Mlle Cochart, sa fille, qu'elle avait initiée à tous les petits secrets de la cuisine, préparait très habilement elle-même le repas.

43. — Louise augmente ses revenus.

Une année s'était écoulée, quand Louise reçut une lettre de son ancienne maîtresse, qui la priait de vouloir bien rentrer à son service. « Je n'arrive pas à vous remplacer, ma bonne Louise, lui écrivait Mme Lambert ; on m'envoie des jeunes filles ne sachant rien faire, ou ayant des défauts qui me les rendent insupportables dès les premiers jours. Revenez : je vous ferai une situation très avantageuse. »

Marie, très émue, regardait sa mère.

— Nous étions si heureuses ! murmura-t-elle.

— Ne crains rien, mon enfant, dit Louise ; nous vivons de peu, mais nous sommes ensemble et ne manquons de rien : cela suffit à mon bonheur ; je ne te quitterai pas. D'ailleurs, comme je te l'avais prédit, nous faisons déjà de petites économies. Bientôt, je songerai à te faire apprendre un métier, et nos deux gains réunis nous permettront d'ajouter à notre bien-être. Contentons-nous donc de notre sort.

— Veux-tu que je te montre mon livre de comptes?

— Je veux bien, maman, dit la jeune fille, fière de la confiance que sa mère lui témoignait.

— Regarde donc :

	Francs.
J'ai gagné chez Mlle Cochart 30 francs par mois, soit au bout de l'année................	360
Elle m'a donné pour mes étrennes.........	20
J'ai reçu à l'hôtel où je fais chaque semaine un savonnage...........................	78
J'y porte tous les jeudis un lapin que je vends 2 francs, soit.....................	104
J'ai vendu des pommes pour...............	60
Des fraises pour.........................	20
Mme Paulin m'a payé mes tricots et crochets.	58
Mes petites rentes ont produit.	600
Total des recettes............	1 300

Or, tu te rappelles que j'avais évalué à 1 200 francs nos dépenses pour l'année, estimant que l'entretien et l'achat de nos vêtements nous coûteraient une centaine de francs environ. Mais j'ai utilisé les vieilles robes de notre cousine, et je suis arrivée à n'en dépenser que 60. J'ai donc pu mettre à la caisse d'épargne 140 francs!

Marie battit des mains, et Louise se sentit tout heureuse à la pensée qu'elle était dans une situation acceptable et qu'elle donnait à sa fille l'exemple de l'ordre et de l'économie.

44. — Les avantages de l'ordre.

Le lendemain, Louise dit à sa fille : — C'est entendu, je vais remercier Mme Lambert de l'offre qu'elle me fait de me reprendre chez elle, et lui expliquerai que je veux désormais vivre avec toi.

— Peut-être sera-t-elle fâchée, maman.

— Non, ma fille. Mme Lambert a beaucoup de cœur et beaucoup de jugement : elle comprendra mes raisons.

— Tu l'aimais bien, maman.

— Oui. Je ne suis pas de celles qui souffrent d'être nées dans une humble condition. Je me trouvais heureuse chez des maîtres qui m'estimaient et me traitaient avec égards. Il est vrai que, de mon côté, je faisais mon devoir en toute conscience : je travaillais de bon cœur, cherchant toujours à mieux faire, et l'on m'adressait rarement des reproches.

— Est-ce que cela t'arrivait quelquefois?

— Mais oui. Je ne suis pas parfaite. Un matin, vers onze heures, je commis l'imprudence d'abandonner ma cuisine et de descendre dans la rue pour voir passer une troupe de bohémiens qui montraient un ours, et je laissai brûler un magnifique poulet qui avait coûté 5 francs. Ma maîtresse me gronda de ma curiosité, et je n'eus rien à répondre : j'étais dans mon tort, je l'avouai très franchement et fis mes excuses.

Une autre fois, ne poussé-je pas l'étourderie jusqu'à me servir de l'huile de la lampe pour assaisonner la salade! Il y avait justement un invité ce jour-là. Tu penses si j'eus lieu d'être fière! Madame, toujours bonne, eut pitié de mon chagrin et ne m'accabla pas de reproches. Mais, depuis cette aventure, je me promis d'avoir de l'ordre. Je rangeai mon buffet de cuisine et mes tiroirs, démêlant les menus objets, les enfermant dans des boîtes avec une inscription sur le couvercle, collant des étiquettes sur les bouteilles, cachant dans une boîte spéciale et fermant à clef les poisons, comme la « mort aux rats » qu'on mettait à la cave, le laudanum dont j'avais besoin quelquefois pour calmer des douleurs dont je souffrais alors, le sel d'oseille qu'on fait fondre dans l'eau afin d'enlever les taches d'encre, etc., etc.

— Et maintenant, maman, tu es parfaite.

— Chère petite, fit Louise attendrie, la perfection est chose rare, mais, si l'on ne peut y atteindre, on doit du moins tout tenter pour s'en approcher. Je cherche à devenir parfaite.

Ainsi le temps passait en douces et utiles causeries.

45. — Une femme infirme préservée de la misère.

Deux mois plus tard, Louise recevait la visite de sa voisine qui, enfin guérie de ses brûlures, venait la remercier des bons soins et des conseils qu'elle en avait reçus.

— La boulangère m'a confié ses deux petites jumelles à garder, lui dit-elle ; cela me fait en tout huit bébés que je surveille et conduis à la promenade. J'ai grand plaisir avec mes bambins, et je gagne assez pour me tirer d'affaire.

— Ah ! vraiment, j'en suis bien heureuse, dit Louise : contez-moi cela.

— Je demande 8 francs par mois pour chaque enfant : cela me fait donc 64 francs. L'après-midi, tandis que les bébés jouent aux pâtés de sable sous mes yeux, j'ai mon tricot en mains et je confectionne encore des petites brassières, que je vends dans une bonneterie*. Cela me rapporte peu, car je ne vais pas vite, ayant toujours l'œil sur les petits ; mais j'ai les veillées, et j'arrive à trouver 15 francs dans ces occupations : 64 francs d'une part et 15 de l'autre font en tout 79 francs. C'est 5 francs de trop pour mon mois, et je les mets régulièrement à la caisse d'épargne : je prépare ainsi de petites économies pour les cas de nécessité.

— Oh ! c'est vraiment très bien, dit Louise charmée. Et à quelle heure allez-vous prendre les enfants dans leur famille ?

— A 8 h. 1/2, et je les reconduis à 11 h. 1/2 pour leur déjeuner. Je les reprends à 1 heure jusqu'à 5 h. 1/2 du soir. Les mamans peuvent les faire dîner à 6 heures et les coucher à 7, sans en avoir eu l'embarras de toute la journée. Et, en effet, ce sont tous enfants de petits com-

merçants, qui n'ont pas de domestique pour promener leurs bébés. Je leur rends donc véritablement un grand service, et votre idée, chère madame Louise, a été un bienfait pour tout le monde.

— Tant mieux. C'est ma maîtresse, Mlle Cochart, qui m'a suggéré cette pensée, et je lui rapporterai combien vous lui en êtes reconnaissante. Mais j'ajoute, moi, que vous vous êtes montrée courageuse, et que vous avez témoigné, par votre conduite, que l'on se tire d'affaire quand on a de la bonne volonté.

Les deux femmes se séparèrent, heureuses, l'une, d'avoir aidé de ses conseils sa voisine devenue son amie, l'autre, de gagner honnêtement sa vie et d'avoir trouvé près d'elle une personne si digne d'être aimée.

NOTIONS A RETENIR

Des occupations régulières, une répartition bien entendue du temps dont on dispose, permettent de faire mille choses qui paraissaient ou trop longues ou trop difficiles. On double sa vie en la réglant.

***

C'est augmenter ses revenus que d'établir un *budget**, car on se rend compte à l'avance des économies possibles, des dépenses forcées; et l'on devient ingénieux pour se procurer les ressources nécessaires.

***

On n'acquiert pas en un jour la science de l'ordre. On s'instruit, comme Louise, par l'expérience. Heureux ceux qui sont bien conseillés dès le début !

CHAPITRE XX

46. — Quelques menus.

— Louise, dit un jour Mlle Cochart, vous venez tous les soirs préparer mon diner, mais je vieillis, et cela devient une fatigue pour moi de faire la cuisine et d'aller en course tous les jours pour mes provisions. Consentiriez-vous à vous en charger à ma place?

— Très volontiers, mademoiselle. Vous me direz ce que vous aimez.

— D'abord, j'aime assez la variété, et je change volontiers de mets. C'est pourquoi je vous ai dressé une liste qui vous mettra, une fois pour toutes, au courant de mes préférences et de ce que j'aimerais trouver sur ma table pendant une quinzaine de jours, par exemple. Ce sont des plats fort simples, nourrissants et sains. Je vous communiquerai les recettes de ces plats auxquels je tiens beaucoup, parce qu'elles me viennent de ma mère, et je vous prierai par conséquent de vous y conformer (1).

A MIDI	LE SOIR
Le 1er :	
Bœuf à la mode.	Soupe aux poireaux. Œufs à la coque.
Le 2 :	
Restes de la veille.	Soupe au lait. Artichaut sauce blanche.

---

(1) Voir, p. 237, *Les Recettes de Mlle Cochart.*

A MIDI	LE SOIR
Le 3 :	
Rôti de veau. Pommes de terre cuites au « diable » et mangées avec le jus du rôti.	Pot-au-feu avec des choux et du petit salé.
Le 4 :	
Veau froid de la veille. Pommes de terre au gratin (au fromage).	Soupe à l'oignon. Haricots au beurre, sauce maître d'hôtel.
Le 5 :	
Harengs frais ou poisson quelconque. Purée de pommes de terre.	Julienne. Œufs sur le plat.
Le 6 :	
Bifteck. Pommes de terre frites.	Soupe panade. Choux-fleurs au gratin ou à la sauce blanche.
Le 7 :	
Lapin sauté. Pommes de terre en robe de chambre.	Pot-au-feu.
Le 8 :	
Lapin de la veille. Pommes de terre frites.	Pot-au-feu de la veille.
Le 9 :	
Jambon froid. Tripes à la mode de Caen. Poireaux en guise d'asperges.	Julienne. Œufs durs, sauce à la béchamel.
Le 10 :	
Restes des tripes. Pommes de terre à l'étouffée.	Soupe au lait et au vermicelle. Lentilles au beurre.
Le 11 :	
Côtelettes de porc sur le gril. Purée de pommes de terre.	Soupe à l'oignon. Œufs frits.
Le 12 :	
Hareng saur à l'huile. Pommes de terre au fromage. Crème à la fleur d'oranger.	Soupe aux choux. Purée de haricots.

A MIDI	LE SOIR
Le 13 :	
Jambon sur purée de pois cassés.	Soupe avec l'eau des pois. Artichauts à l'huile.
Le 14 :	
Côtelettes de mouton. Haricots à l'étuvée.	Pot-au-feu. Topinambours à la sauce blanche.
Le 15 :	
Soupe au jarret de veau. Veau en vinaigrette ou ragoût de mouton.	Soupe au potiron. Œufs brouillés.

Ainsi Louise faisait chaque jour la cuisine suivant les goûts de sa maîtresse, sans avoir jamais rien à lui demander. Quand elle s'en retournait le matin, elle consultait le *programme*, inscrivait sur un carnet toutes les provisions qu'elle devait acheter, et revenait le lendemain munie de tout ce qui lui était nécessaire.

47. — Une tarte de campagne.

On ne modifiait les menus que les jours où Mlle Cochart avait à sa table un parent ou une amie. Alors, pour faire honneur aux invités, on servait un poulet à la blanquette ou un gigot cuit au four; et, pour celle fois, la vieille demoiselle confectionnait de ses propres mains une tarte de campagne peu coûteuse et très appétissante.

Elle faisait acheter chez le boulanger une livre de pâte *levée;* puis, sur sa table de cuisine bien saupoudrée de farine, elle étendait cette pâte, en se servant soit d'un rouleau en bois, soit d'un litre en verre. Elle obtenait ainsi une large galette très mince, y déposait de place en place un petit morceau de beurre ou de saindoux, c'est-à-dire de graisse de porc, repliait sa pâte, l'enfarinait, et de nouveau l'écrasait et l'aplatissait jusqu'à ce qu'elle redevint très large et très mince. Après avoir recommencé une quinzaine de fois la série de ces opérations, elle graissait avec du saindoux une tourtière en tôle, y étalait la pâte aussi régulièrement que possible, disposait par-dessus des quartiers de pommes ou la garnissait

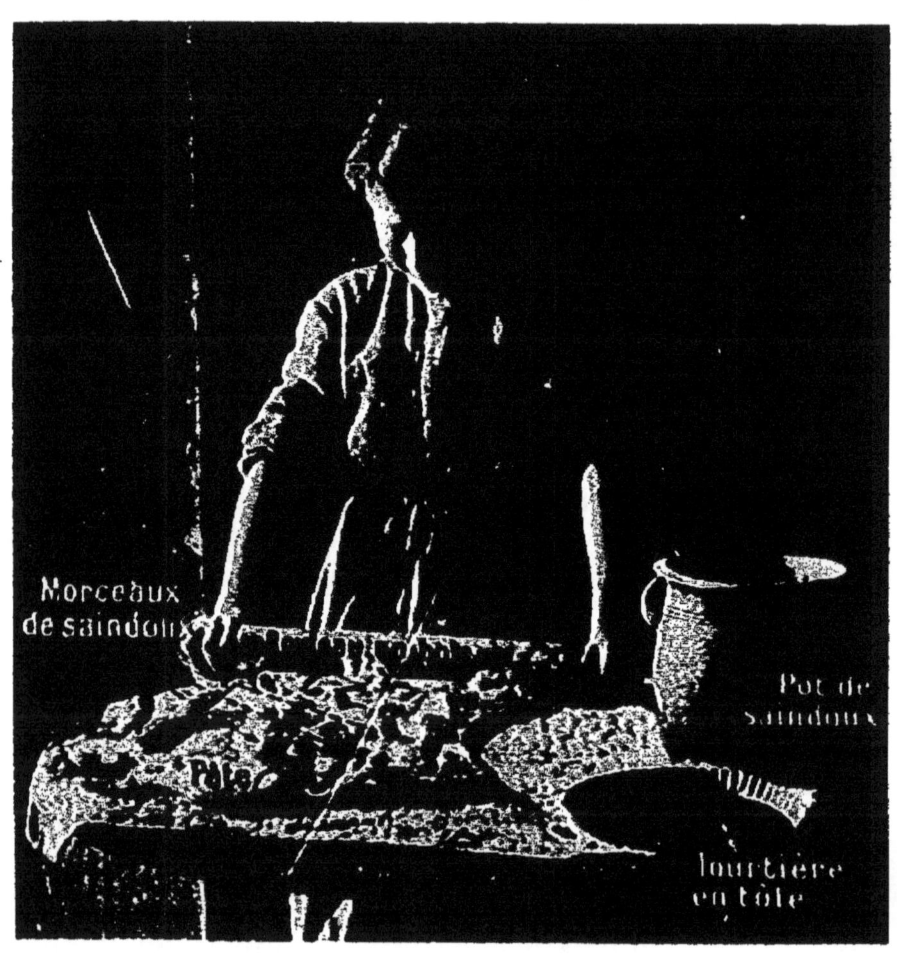

Comment on fait une tarte de campagne.

d'une compote faite avec des côtes de rhubarbe, puis elle envoyait la tarte à son boulanger pour la cuire.

Quand le gâteau revenait du four, un peu grossier peut-être, mais excellent, personne n'y boudait, et Mlle Cochart estimait qu'elle avait fait plaisir à ses invités, blasés sur les délicatesses des pâtisseries de la ville.

. . . .

48. — Une ménagère accomplie.

Marie a passé avec succès son certificat d'études primaires. Elle a treize ans et va quitter l'école : elle sait écrire correctement et compter, elle sait repriser les bas, mettre une pièce à une robe, faire un surjet, tricoter des jupons de laine, confectionner des capelines et des fichus au crochet, marquer et ourler le linge. Elle a fait des chemises à sa mère, et ses boutonnières ne laissent rien à désirer. Elle sait encore cuisiner, lessiver, repasser le linge plat, faire très convenablement un lit et une chambre, brosser ses robes et cirer ses chaussures.

C'est une ménagère presque accomplie.

Il faut maintenant lui donner un métier.

— Si elle entrait dans les postes, dit l'un...

— Si elle se faisait institutrice, dit un autre...

— Ou femme de chambre, ajoute un troisième.

— Non, répond Louise sagement, elle ne sera pas fonctionnaire : ce sont là des positions qui flattent la vanité, mais, à moins d'être fort instruite, une femme y gagne peu de chose; elle s'y crée des besoins inutiles au bonheur, et finit quelquefois par n'avoir plus que dédain pour ses parents. D'autre part, je ne méprise pas les femmes de chambre; il me souvient de l'avoir été moi-même; mais je puis donner à ma fille l'indépendance, et je ne voudrais pas y manquer. — Choisis donc, ma petite Marie : veux-tu être repasseuse, couturière ou modiste? ce sont trois bons métiers.

— Maman, je ferai ce que tu décideras, répondit la jeune fille avec déférence : personne au monde ne m'aime autant que toi, et je te sais très bonne conseillère.

Louise embrassa tendrement sa fillette.

— Eh bien, ma chère enfant, je t'enverrai d'abord pendant trois mois chez une bonne repasseuse, car je veux que tu saches repasser non seulement le linge plat, mais encore les cols et les chemises d'homme ; malheureusement je ne puis te donner sur ce point aucun conseil, et je le regrette beaucoup. Au sortir de là, je te mettrai chez une couturière, une demoiselle très honnête tout à fait bien élevée, que je connais dans notre quartier : quand tu seras au courant du métier, elle te donnera 1 franc par jour, puis, à mesure que tu deviendras plus habile, 2 francs et même 2 fr. 50. Enfin, nous prierons Geneviève Paulin, qui vient de joindre au petit commerce de sa mère un fonds de modiste, de te montrer à faire tes chapeaux et les miens.

Tu seras donc bien armée, ma fille, continua Louise, pour la grande lutte de la vie, et tu pourras un jour gagner honnêtement ton pain et celui de tes enfants, si, comme je te le souhaite, tu deviens mère à ton tour. Alors, sachant tenir ton ménage propre et gai, tu verras ton mari se plaire auprès de toi et ton épargne grossir, au lieu de s'évanouir en dépenses vaines. Tu arrondiras une petite dot* pour les tiens, comme j'ai fait pour toi, et enfin, quand le moment sera venu où je devrai te quitter à tout jamais, ma chère enfant, je te laisserai, avant de partir, ma bénédiction qui te portera bonheur, car tu es une brave petite fille et tu as toujours cherché à faire plaisir à ta mère.

Louise, attirant une fois encore sa fille sur son cœur, l'embrassa longuement, et Marie, des larmes d'amour plein les yeux, le lui rendit avec effusion.

NOTIONS A RETENIR

Une bonne ménagère doit être capable de suffire elle-même à tous les travaux de repassage, de couture et de mode que nécessite l'entretien de son ménage.

Tout ce qu'elle ne dépensera pas constituera une économie sérieuse.

Il est facile d'être élégante à peu de frais, quand on a du goût et de l'adresse. D'autre part, il est sain de travailler : c'est le meilleur moyen d'échapper à l'ennui. Une femme oisive est un fléau ; une femme travailleuse et bonne est l'âme du foyer.

L'AMOUR FILIAL EST POUR LES ENFANTS CE QUE L'AMOUR MATERNEL EST POUR LES MÈRES : LE PLUS SACRÉ DES DEVOIRS

***

C'EST A L'ÉCOLE QUE LA JEUNE FILLE APPREND LE RÔLE QU'ELLE EST APPELÉE A REMPLIR PLUS TARD DANS LA VIE

Bateaux de pêche, par C. LOVATELLI. — Frise décorative en papier peint.

Deuxième partie

CHAPITRE XXI

49. — Dix ans plus tard.

Dix ans plus tard.

Marie est installée près de la fenêtre de sa chambre, où elle coud avec ardeur. Le soleil verse à flots sa lumière sur la jeune travailleuse, qui chante comme un oiseau, tout en tirant l'aiguille. Des senteurs de roses et de réséda montent du jardin vers elle et parfument la chambre, propre et gaie, qui est bien la plus jolie du monde. Pas de luxe, mais des meubles si brillants que l'on peut s'y mirer; le parquet n'a pas une tache; sur la table, une gerbe de fleurs dans un vase en cristal.

Marie a vingt-trois ans. C'est une grande et forte jeune fille. Elle n'est pas jolie, mais elle est bonne, ce qui vaut mieux, et son aimable visage plait à tout le monde.

La porte s'ouvre; une tête de fillette apparaît.

— Puis-je entrer?

— Mais certainement, Lucette. As-tu ton ouvrage?

— J'ai mon fil et mon dé. C'est maman qui m'a dit

Lucette au travail.

de venir vous voir coudre au trousseau et de vous aider, si je puis.

La figure de Marie s'éclaire. Elle sourit, et, tendant la main vers l'enfant :

— Viens, tu es bien gentille. Tu ourleras mes torchons.

— Vous m'apprendrez à coudre aussi bien que vous, n'est-ce pas, Marie?

— Oui. Je t'apprendrai à faire les ourlets, les surjets, les piqûres, les coutures rabattues, les fronces, à préparer un patron, etc... Je ferai de toi une bonne couturière.

— Oh! merci. Comme vous êtes bonne!

Et la petite fille d'embrasser sa grande amie et d'ajouter :

— Je suis comme Pierre : je vous aime beaucoup.

50. — Les Fiançailles

Pierre est le frère aîné de Lucette, le fils du vieux Bernard, le menuisier voisin de Mme Raimbaud. Celui-ci s'est retiré des affaires; il se repose, car il a bien travaillé toute sa vie, et, à force d'économie, s'est constitué un petit capital. Il a cédé son atelier à Pierre, qui a cherché autour de lui une jeune fille honnête, douce et travailleuse, pour en faire la joie de son foyer et se créer une famille. Il a détourné ses yeux des coquettes, qui dépensent leur argent en futilités; des bavardes, qui perdent leur temps sur les portes et ne savent qu'épier leurs voisins; des paresseuses, qui n'ont pas soin de leurs vêtements et laissent voir des coudes percés et des chaussures malpropres. Personne ne lui a semblé plus digne d'estime et d'affection que Marie Raimbaud, et il l'a demandée en mariage.

La jeune fille et sa mère ont voulu réfléchir; puis, songeant aux qualités de Pierre, qui, levé dès le jour, travaille avec courage, ne boit jamais d'alcool, fume très peu et se montre très bon fils, elles ont accepté.

Marie est donc fiancée. Elle porte au doigt un petit anneau d'argent qui représente deux mains enlacées, un petit anneau breton que Pierre a rapporté de Brest, où il a fait son service militaire. Notre petite amie est heureuse; elle se dit qu'elle aimera beaucoup son mari et qu'elle tiendra proprement la maison, pour qu'il s'y plaise au retour du travail. Elle se promet aussi de lui faire une cuisine soignée et de lui montrer un visage toujours souriant. Le mariage aura lieu quand sera fini le trousseau.

En attendant, les deux familles se réunissent tous les soirs, la tâche faite; et l'on rit, et l'on cause, et l'on s'instruit.

NOTIONS A RETENIR

L'argent ne constitue pas seul une *dot**, ni même la dot la plus enviable.

Si la jeune fille qui entre en ménage sait établir son budget* avec intelligence, si la moindre dépense est prévue, si le luxe inutile et même la sotte coquetterie sont sévèrement bannis de son foyer, le bonheur et la prospérité y régneront. Elle ne connaîtra ni la gêne qui rend les fronts soucieux, ni les dettes, préludes des catastrophes irréparables.

L'amour du travail et de l'ordre, un caractère aimable, de la réserve, de la grâce et une affection sérieuse, voilà la plus belle dot qu'une jeune fille puisse apporter à son mari.

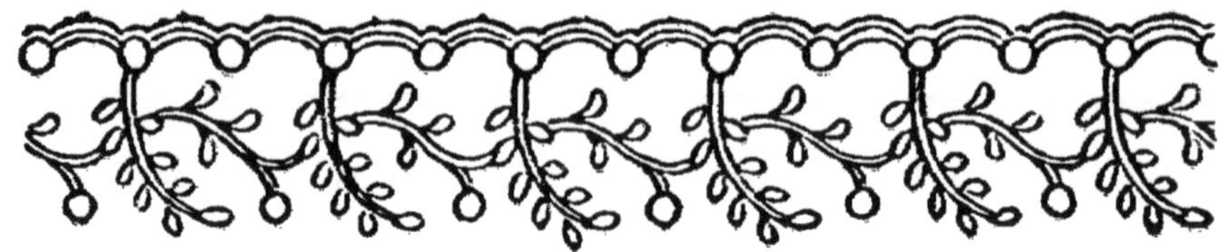

CHAPITRE XXII

51. — Comment on fait un ourlet.

Lucette Bernard est donc venue voir Marie avant la fin de la journée, et Marie, toujours bonne, suspend son travail pour apprendre à la fillette comment on devient fine couturière.

Elle va prendre un rouleau de toile rayée de rouge dans une armoire et l'apporte sur la table :

— Voici, dit-elle, de quoi faire des torchons.

Elle coupe la toile sur une longueur déterminée, en suivant le droit fil, c'est-à-dire en suivant bien exactement un des fils de la *trame**, et prend soin que les ciseaux ne dévient pas.

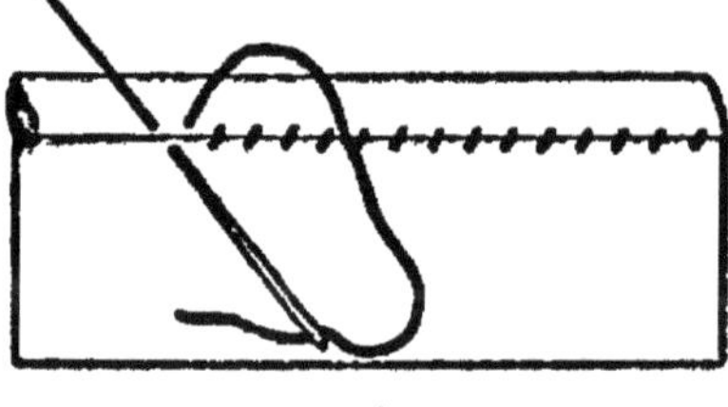

Ourlet.

— Vois-tu, Lucette, je plie maintenant le bord de la partie coupée sur une largeur de 3 millimètres, et je le replie sur lui-même en appuyant fortement, pour que la toile garde le pli que je lui imprime. Cela s'appelle un *ourlet*.

Alors elle commence elle-même l'ourlet, puis le met entre les mains de Lucette.

— Continue, lui dit-elle. C'est très simple. Tu piques ton aiguille successivement dans le torchon, puis dans le bord replié, tu tires, et tu recommences à côté... Ne prends que peu d'étoffe de part et d'autre, pour que le point soit petit, et fais les points tous de la même longueur, afin que le travail soit régulier... C'est cela... Parfait.

L'enfant rougissait de plaisir et s'appliquait de son mieux.

— J'ai fini! s'écria-t-elle bientôt.

— Très bien, Lucette; mais d'abord il faut terminer par un petit *surjet*, c'est-à-dire coudre au bout les deux lisières ensemble, bord à bord, et arrêter l'ouvrage solidement en cousant trois points l'un sur l'autre, fortement serrés; enfin, tu introduis l'aiguille sous l'ourlet, tu tires le fil et tu le coupes.

52. — Les draps et le point de surjet.

Ce fut la petite Lucette qui, les jours suivants, cousit les torchons. Elle voulut ensuite aider à faire les draps.

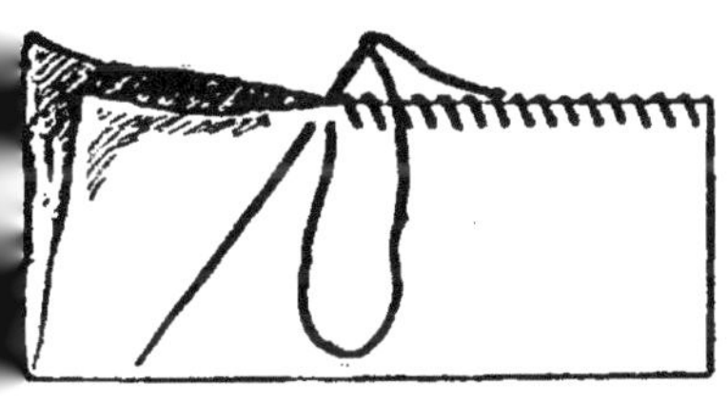

Point de surjet.

Louise avait acheté de la belle toile, un peu forte, un peu bise, en 1m,20 de largeur.

— En cousant les lisières l'une contre l'autre, expliqua Marie, notre drap aura 2m,40 de largeur. Les personnes riches achètent aujourd'hui des draps très larges sans couture, mais c'est un luxe beaucoup trop coûteux pour nous. Nous nous contenterons de draps faits avec des surjets, comme en avaient nos parents... Regarde, Lucette, nous allons couper nos deux lais de même longueur, et nous épinglerons nos deux morceaux de toile l'un à l'autre, afin de ne pas *tirailler* l'étoffe. C'est le plus sûr moyen pour que le drap soit bien uni et ne fronce pas. Le travail une fois bâti, nous réunirons les deux lais* par un point de surjet, c'est-à-dire un point à cheval, allant de droite à gauche.

53. — Le point de marque.

Quand les surjets furent cousus, elles firent aux deux extrémités du drap de fins ourlets de hauteur différente : l'ourlet de la partie destinée aux pieds eut 2 centimètres, et celui de la tête 5 centimètres.

Restait à mettre le *chiffre*, c'est-à-dire un B et un R, les initiales des deux noms de famille de Pierre et de Marie, au *point de marque.*

— Regarde bien, Lucette. Ce que je vais t'apprendre n'est pas difficile, mais il y faut quelque attention. Le point de marque se fait en piquant la toile à l'envers. Tu sors le fil à l'endroit, tu le lances obliquement de gauche à droite et de haut en bas, et tu piques la toile par-dessus deux fils. Alors tu reviens en dessous

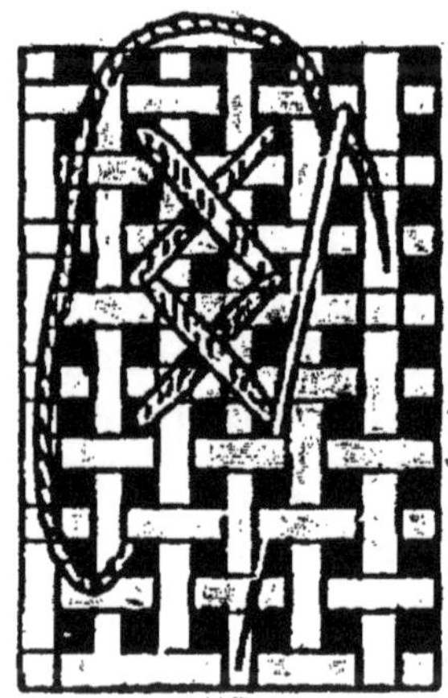

1er Mouvement.

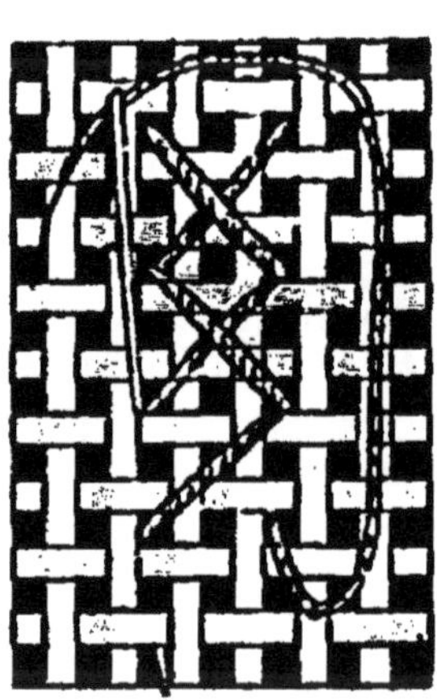

2e Mouvement.

Le point de marque.

vers la gauche, en passant deux fils, tu piques la toile, tu sors le fil à l'endroit, et tu le lances obliquement vers la droite et le haut.

— Tiens, cela fait un X.

— Précisément, et l'on répète ces X plusieurs fois, suivant un dessin déterminé, de manière à former une lettre. On trouve dans le commerce de petits albums donnant des alphabets de lettres ou simples ou compliquées, pour satisfaire tous les goûts. Il y a même, comme tu peux le voir dans celui ci, des dessins très riches pour le linge de prix... Veux-tu, Lucette, t'essayer au point de marque sur ce morceau de toile?

— Bien volontiers, mais je crains de ne pas réussir du premier coup.

— Eh bien, ce sera pour le second.

Et Lucette, qui était très attentive et très patiente, fit un premier X, puis un autre, puis un troisième, et chaque point réalisait un progrès.

— J'y suis! s'écria-t-elle triomphante. Regardez, Marie, le beau point que je viens de faire.

— Il est parfait, Lucette, et te voilà en état de m'aider. Demain je t'apprendrai à faire des tabliers.

54. — Confection d'un tablier. Les fronces.

Le lendemain Lucette fut exacte au rendez-vous : à 2 heures sonnant elle s'installait auprès de Marie, qui se taillait une douzaine de tabliers de cuisine, en bon coton bleu.

— Il s'agit, Lucette, de faire les fronces et de les monter dans une ceinture que nous couperons en suivant le fil droit. Commençons par ourler le bas du tablier sur une hauteur de 4 centimètres.

Cela fait, et, pour froncer la partie opposée, elle plia en deux son tablier et sa ceinture, les fixa l'un à l'autre avec une épingle, de façon à faire coïncider les milieux. Elle prit alors sur l'aiguille trois ou quatre fils du tissu en en laissant autant dessous, et, au lieu de tendre l'étoffe de la main gauche, comme on fait pour l'ourlet, elle la poussa sur l'aiguille de gauche à droite; les fronces se formèrent. Quand elle eut froncé toute la largeur et l'eut réduite à 55 centimètres dans le haut, elle plia la ceinture en deux dans le sens de la hauteur, et, après avoir fait un rempli de chaque côté, elle introduisit les fronces à l'intérieur, les répartit très régulièrement sur toute la longueur, et enfin les fixa à l'aide de points d'ourlet, en ne faisant passer l'aiguille que dans les fils supérieurs des petits plis.

Une fois la ceinture montée, elle cousit de part et d'autre deux larges cordons bleus destinés à maintenir le tablier autour de la taille.

CHAPITRE XXIII

55. — Confection de rideaux de mousseline. Le point devant.

Quand les tabliers furent terminés, Marie dit à sa petite amie : — Je t'ai fait coudre des étoffes bien dures, ma Lucette. Aujourd'hui, pour te délasser un peu, je vais t'apprendre à faire le *point devant* dans une mousseline. Cela mettra quelque variété dans tes occupations.

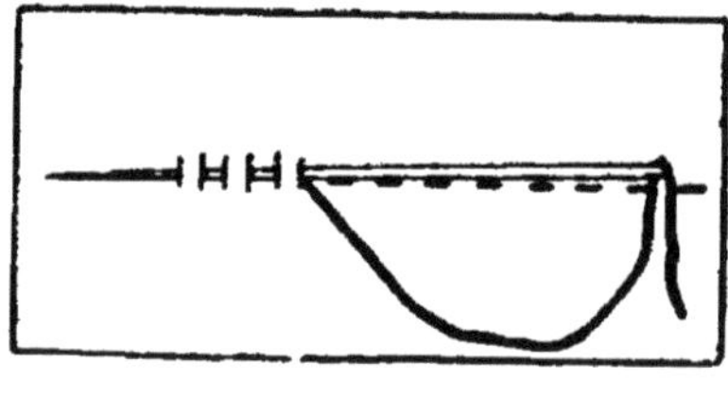

Point devant.

Elle alla prendre dans son armoire un rouleau de bandes.

— Maman m'a donné des rideaux venant de notre vieille cousine, expliqua-t-elle; mais ils sont trop courts pour nos fenêtres. J'ai donc pris, pour les allonger, une mousseline pareille, et j'ai coupé des bandes de 10 centimètres. Avec ces bandes, je vais faire des volants. Comme je crains beaucoup que toutes ces vieilleries soient peu solides, nous les coudrons avec une aiguille fine et du fil très fin, puis nous ferons des ourlets à point devant. Voici comment on s'y prend : pique ton aiguille dans l'étoffe et prends trois ou quatre fils; sors-la, pique-la un peu plus loin, sors-la encore, et ainsi de suite. Dans les étoffes légères, on peut former plusieurs points avant de tirer le fil.

Lorque les bandes furent ourlées, Marie les fronça et en forma des volants, qu'elle cousit sur le bord inférieur des rideaux trop courts.

— Et voilà, ma petite Lucette, comment on fait, avec du vieux, des rideaux neufs.

56. — Le reprisage des serviettes : reprise simple, reprise ouvragée.

Tous les après-midi, en compagnie de Lucette, Marie travaillait à son trousseau. Insensiblement la pile s'exhaussait, et Marie avait grand plaisir à voir tout ce beau linge fleurant bon, cousu par elle solidement, repassé ferme et sans un faux pli. Par coquetterie, elle avait entouré les différentes séries d'un joli ruban de fil rouge, qui leur donnait un air pimpant.

— Il ne me manque plus que des serviettes de table, maman, dit-elle un jour à sa mère.

— Je le sais, ma fille; mais, si tu veux bien, nous n'en ferons pas la dépense : j'en ai plusieurs douzaines, et je t'en donnerai trois. Pour commencer, cela te suffira.

— Oh! mère, trois douzaines pour deux, c'est bien plus qu'il n'en faut.

— Oui, mais la toile n'est pas neuve, mon enfant : ces serviettes-là nous viennent de notre vieille cousine, et je crois fort qu'elles auront toutes besoin d'être reprisées.

— Eh bien, faisons une revue tout de suite, reprit Marie gaiement.

Louise sourit, prit dans l'armoire les serviettes soigneusement enveloppées, les déplia et les étendit une à une devant elle, face à la fenêtre. Alors apparurent maints endroits clairs qui demandaient un renfort.

— Elles sont loin d'être bonnes, dit-elle; mais, si nous les reprisons, elles feront encore, comme je le pensais, un bon usage. Le grand art, vois-tu, la grande économie est de repriser son linge à temps.

... Justement voici Lucette. Je vous laisse : elle t'aidera.

— Oui, vraiment, s'écria la fillette.

Et vite, elle s'installa près de la fenêtre et sortit son dé.

— C'est que ... fit-elle embarrassée.

— C'est que, dit Marie, tu ne sais pas? Eh bien, Lucette, je vais te montrer comment il faut s'y prendre pour faire une reprise bien propre.

Je choisis tout d'abord une aiguille ayant un chas tr allongé, de façon à pouvoir y enfiler sans peine plusieu brins de coton. J'en mets deux pour ce linge dont le tis n'est pas très fin, et je présente l'envers de la serviett car toutes les reprises doivent être exécutées à l'enve des étoffes. Regarde bien : il y a là ce qu'on appelle clair. Je vais commencer mon travail un peu en ava de la partie usée, afin de rattacher sur des parties solid le tissu que je vais confectionner... Tu vois qu'une prise se compose en premier lieu d'une suite de poi devant par-dessus un ou deux fils de l'étoffe. Quand on se trouve au bord d'un trou, on fait passer l'aiguille au-dessus du vide et on continue bien droit sur le bord opposé : les fils de la *chaîne** une fois préparés, on exécute la *trame**, c'est-à-dire les fils en travers qui passeront par-dessus par-dessous les autres en alternant très régulièrement. Voilà la reprise simple.

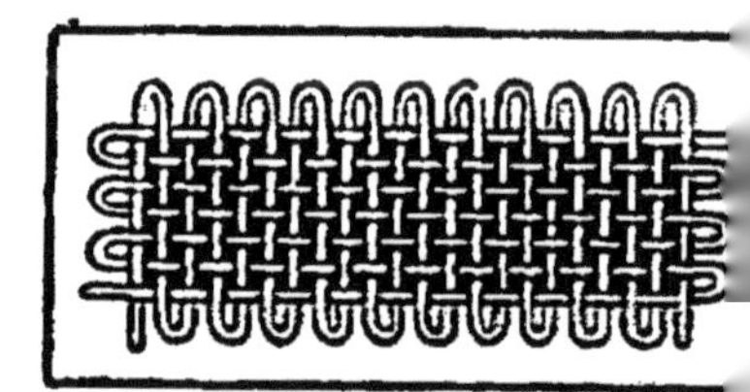

Reprise simple.

— En effet, Marie, c'est là un travail qui n'est pas co pliqué.

— Quant aux reprises ouvragées, celles qui se pra quent, par exemple, pour les serviettes damassées, el paraissent au premier abord d'une exécution plus d ficile, mais avec un peu d'attention on s'aperçoit, examinant un modèle, que l'on obtient les dessins reproduire en soulevant ou en abaissant un nombre fils déterminé, qui change suivant la ligne même dessin. Le tout est de compter ses fils minutieusemen

— Je crois, dit Lucette, que je saurai vite repriser linge. Mais il me semble que les bas doivent pouvoir repriser de la même façon, Marie?

— Certainement, petite sœurette; mais quand on a goût et du temps, et que l'on sait *remmailler*, c'est-à-d refaire avec une aiguille les mailles mêmes du tissu, c est beaucoup plus propre. Or, cette besogne n'est ni tr longue ni trop difficile, pour peu qu'on ait soin de s'y prendre avant qu'un trou ne se forme, aussitôt que le tricot devient clair et menace de se déchirer.

— Je ne te vois jamais tricoter, Marie.

— Non, petite, j'y ai renoncé; car aujourd'hui on a des bas pour une somme fort minime, et je pense que ce serait perdre mon temps et mon argent que d'acheter de la laine ou du coton et de passer de longues heures à me tricoter des bas, quand les machines ont si tôt fait de nous en fabriquer à bon compte. Cependant je connais le tricot et je t'apprendrai le maniement des aiguilles, car il n'est pas inutile que tu connaisses ce travail. Il y a des gens qui prétendent, non sans raison d'ailleurs, que les bas tricotés à la main ont plus de solidité que les bas marchands. Et puis il y a d'autres travaux qui se font au tricot.

57. — Le point arrière et le point de piqûre. Couture rabattue. Boutonnière.

Les après-midi se passaient dans cette agréable intimité du travail, et, sous la direction de Marie, Lucette apprenait à devenir habile.

— Aujourd'hui, je vais commencer mes chemises, dit un jour Marie. Seulement, comme ce travail est trop minutieux pour une fillette, tu te borneras à me regarder. Je te montrerai cependant de quelle façon se fait la couture qui joint le devant et le dos de la chemise. C'est une couture solide, que l'on appelle à *point arrière*. Observe bien. J'applique les deux bords l'un contre l'autre; puis, pour coudre, je vais de droite à gauche en prenant tout d'abord six fils de la toile sur l'aiguille; je repique mon aiguille à deux fils en arrière du point, et je la fais res-

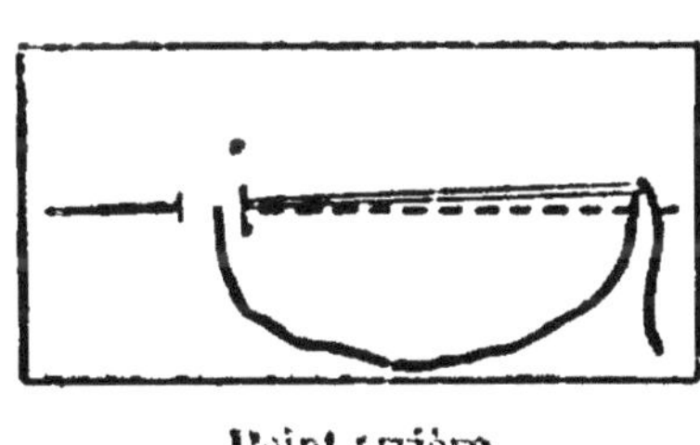

Point arrière.

sortir en avant à quatre fils de distance environ de ce point. Et ainsi de suite.

La couture faite, Marie prit ses ciseaux.

— Il ne faut pas, dit-elle, que ces bords s'effilochent. Alors elle coupa l'une des parties à 3 millimètres de la couture, laissant l'autre la dépasser de 6 millimètres. Elle replia la partie débordante sur la moins élevée, rabattit la bande ainsi formée, et fit une couture rabattue. Ce fut simplement comme un ourlet.

— Et les boutonnières, Marie, quand donc les ferez-vous?

— En dernier lieu, ma mignonne. Je vais auparavant piquer des bandes en droit fil en haut des chemises. Tu me verras faire, en cet endroit, le point de piqûre, qui ressemble beaucoup au point arrière, avec cette différence toutefois qu'on ne laisse aucun intervalle entre les points et qu'il faut compter les fils afin de leur donner une régularité parfaite... Mais il te tarde, je le devine, de savoir faire une boutonnière, et c'est, en effet, le rêve de toutes les fillettes. Eh bien, voyons, je vais en faire une moi-même à l'avance, mais je t'avertis que c'est une besogne très minutieuse.

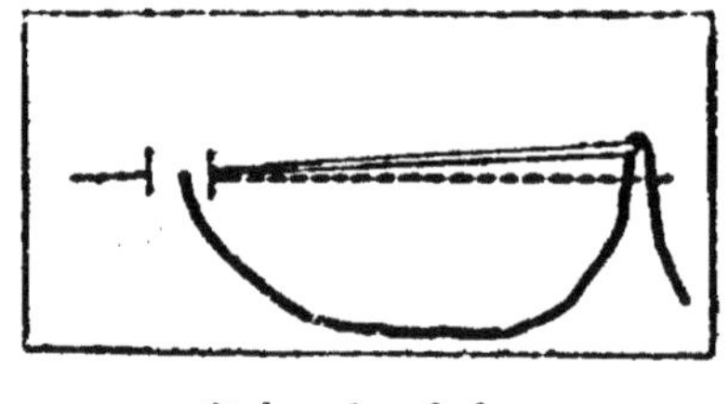
Point de piqûre.

— Oh! Marie, je serai si attentive!

— Regarde donc, Lucette. Je fais, à une distance de cinq fils environ, deux rangs de points devant de la longueur de la boutonnière; je pratique une entaille au milieu; j'allonge devant moi cette entaille, en arrondissant l'étoffe par-dessus l'index étendu de ma main gauche de façon à ce que la fente ait la direction de gauche à droite. Alors, passant une première fois mon aiguille dans le coin gauche, — car je vais travailler de gauche à droite, — et sous le rebord antérieur, à 2 millimètres du bord environ, je fais un premier point, arrêté par le nœud du fil. Je fais ensuite, de la même manière, un second point, que je pique très près du premier; mais, avant de tirer complètement mon aiguille, je fais passer le fil sous la pointe et de gauche à droite, pour former une sorte de trame qui sera comme la lisière de la boutonnière. Et ainsi de suite, jusqu'au coin droit de l'entaille. Là, je fais une bride en passant successivement le fil trois ou quatre fois de l'arrière à l'avant du coin, et, pardessus cette bride, sans piquer l'étoffe, je fais un point

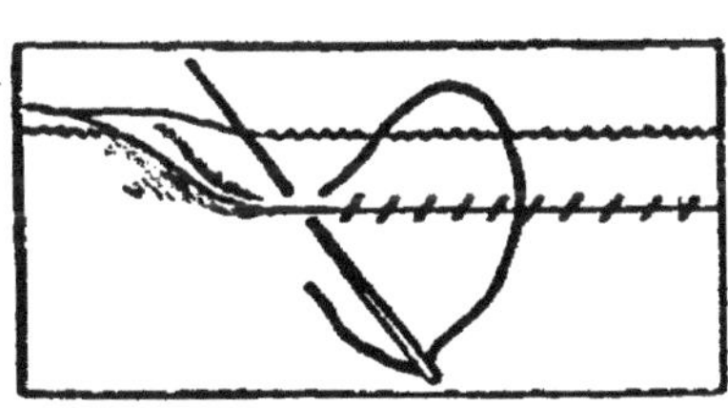

Couture rabattue.

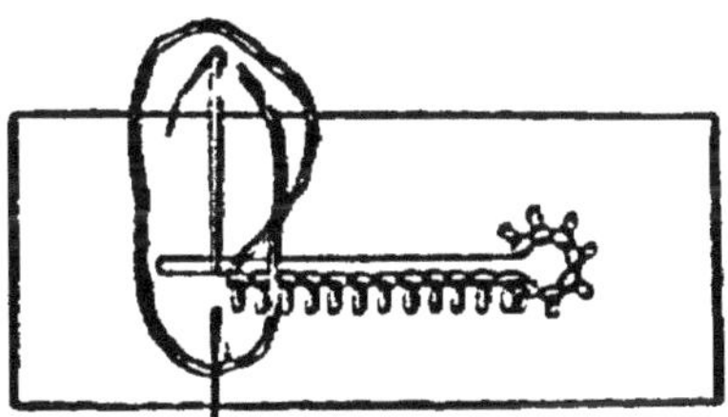
Point de boutonnière.

de boutonnière. Cela fait, je retourne la boutonnière et je fais sur l'autre bord ce que j'ai fait au précédent. Je termine mon travail par une seconde bride (1).

58. — La couture double. Les points de chausson, d'épine, de chaînette.

— Marie, demanda Lucette, est-ce que je connais maintenant tous les points de couture?

— Hélas! non, ma pauvre Lucette. Voici, par exemple, ce qu'on appelle la *couture double.* Tu poses deux étoffes bord à bord, et à l'endroit, l'une sur l'autre; puis tu fais une couture à point devant pour réunir les deux tissus. Tu retournes l'ouvrage, tu le replies suivant la couture pour cacher les deux bords, au long desquels tu fais, pour les enfermer, une seconde couture à point devant; puis tu t'assures, en retournant encore l'étoffe, qu'il ne reste aucune effiloche.

(1) Nous avons représenté ci-dessus la boutonnière *genre tailleur,* qui diffère un peu de celle qui a été décrite dans le texte. L'œillet y remplace la bride; mais le point est le même.

Tu apprendras également le *point de chausson*, qui sert à prévenir l'effilochage* des tissus de flanelle, en rabattant sur le tissu même le bord coupé. Il se fait de gauche à droite. On relève quelques fils du bord, on descend sur le tissu, on remonte sur le bord, et ainsi de suite. On pique l'aiguille de droite à gauche, bien entendu.

Le *point d'épine* lui ressemble, mais il est beaucoup plus beau. Pour le faire, on pique son aiguille à l'envers

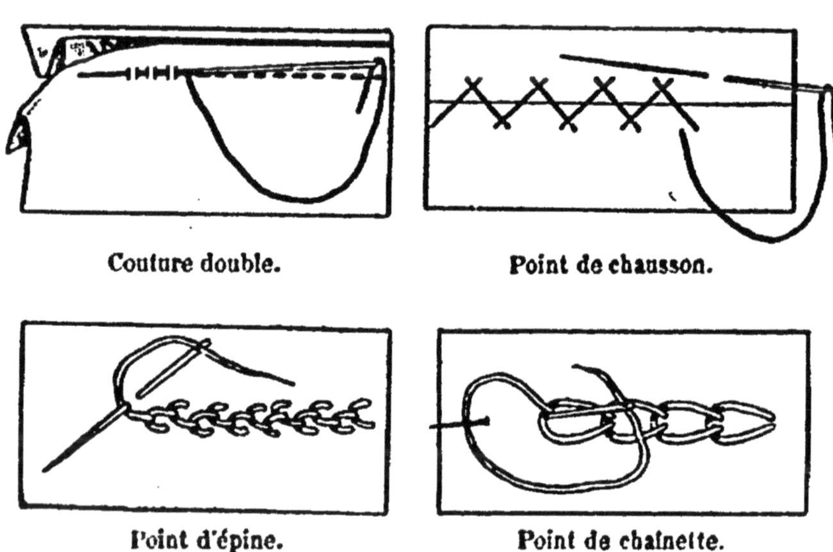

Couture double. Point de chausson.

Point d'épine. Point de chaînette.

de l'étoffe, on la tire à soi, puis on retient le fil sur l'étoffe avec le pouce de la main gauche. Il se forme alors une sorte de boucle dans laquelle on repique l'aiguille vers la droite. On tire à soi le fil, et une petite épine se produit. De nouveau l'on retient le fil avec le pouce, on repique l'aiguille, cette fois vers la gauche, on tire à soi, et voici une seconde épine.

— Ce point-là est vraiment fort gracieux.

— Le *point de chaînette* ne manque pas de grâce non plus. Là encore on se sert du pouce gauche — regarde bien — pour retenir le fil dès qu'il sort du tissu, et, dans la bouclette ainsi formée, on repique l'aiguille dans le trou même d'où elle est sortie.

CHAPITRE XXIV

59. — Le tricot. Le crochet. La tapisserie. La dentelle.

— Quand je pense, dit le lendemain Marie en regardant Lucette, que tu me demandais hier s'il ne te restait plus rien à apprendre! Et le tricot, et le crochet, et la dentelle!...

— Oh! Marie, que de choses, et combien je suis ignorante!

— Bah! tu en sauras vite autant que moi..... Le bon vieux tricot de nos grand'mères a-t-il été assez en honneur jadis! Si nous ne tricotons plus guère nos bas, par contre nous faisons bien d'autres ouvrages utiles : châles, couvertures, brassières, capelines. Tous ces chauds vêtements se confectionnent avec du coton ou de la laine et à l'aide de deux longues aiguilles d'acier ou de bois, plus ou moins grosses suivant le genre de travail. Toutefois, pour les ouvrages cylindriques, comme les bas, on met en jeu soit quatre, soit cinq aiguilles. Les tricots peuvent être ou très simples ou très compliqués, très *à jours*. D'ailleurs, la maîtresse de classe te montrera des dessins dont le seul aspect t'enseignera, bien mieux que je ne pourrais le faire, les éléments du tricot; et je ne doute pas, Lucette, que tu saches en peu de temps faire les plus jolies choses.

— Je vous ferai une capeline, Marie.

— Je te remercie, ma Lucette... Que de belles choses encore on fait avec le crochet! bien plus belles qu'au

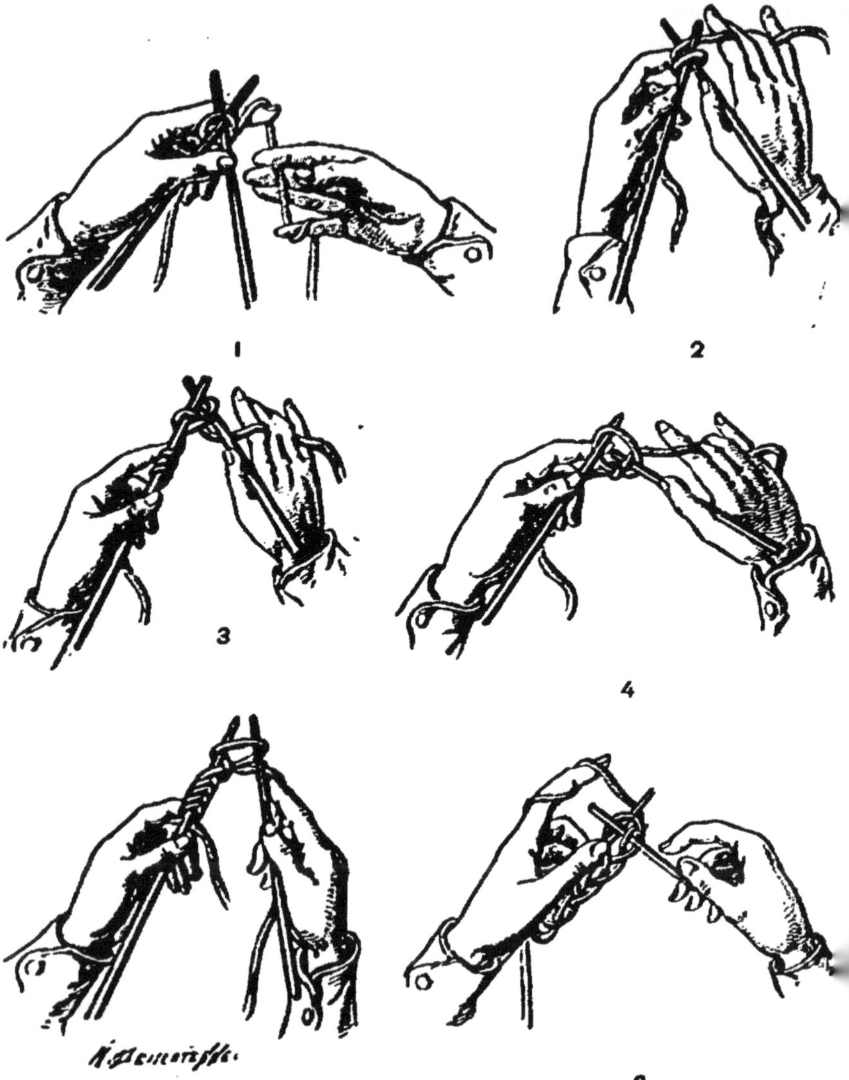

1 2

3 4

5 6

1, 2, 3, 4, 5. Points de tricot : Positions successives des aiguilles.
6. Montage à mailles tricotées.

Mailles à l'endroit.

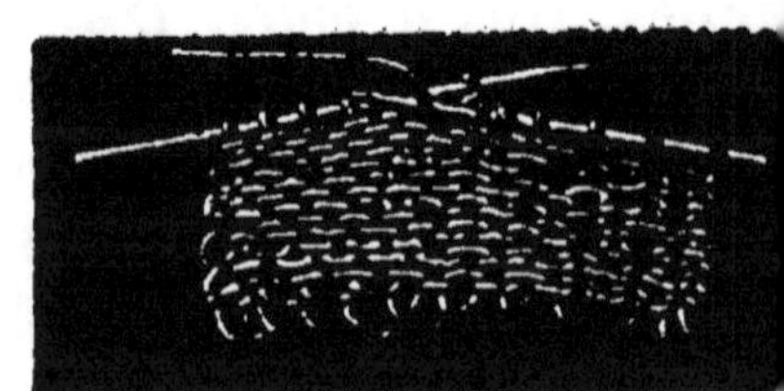

Mailles à l'envers.

Le tricot.

tricot! Le soir, tout en causant avec ses parents, on manie le gracieux outil, et avec un long bout de fil on forme des chainettes et des brides qui font à leur tour

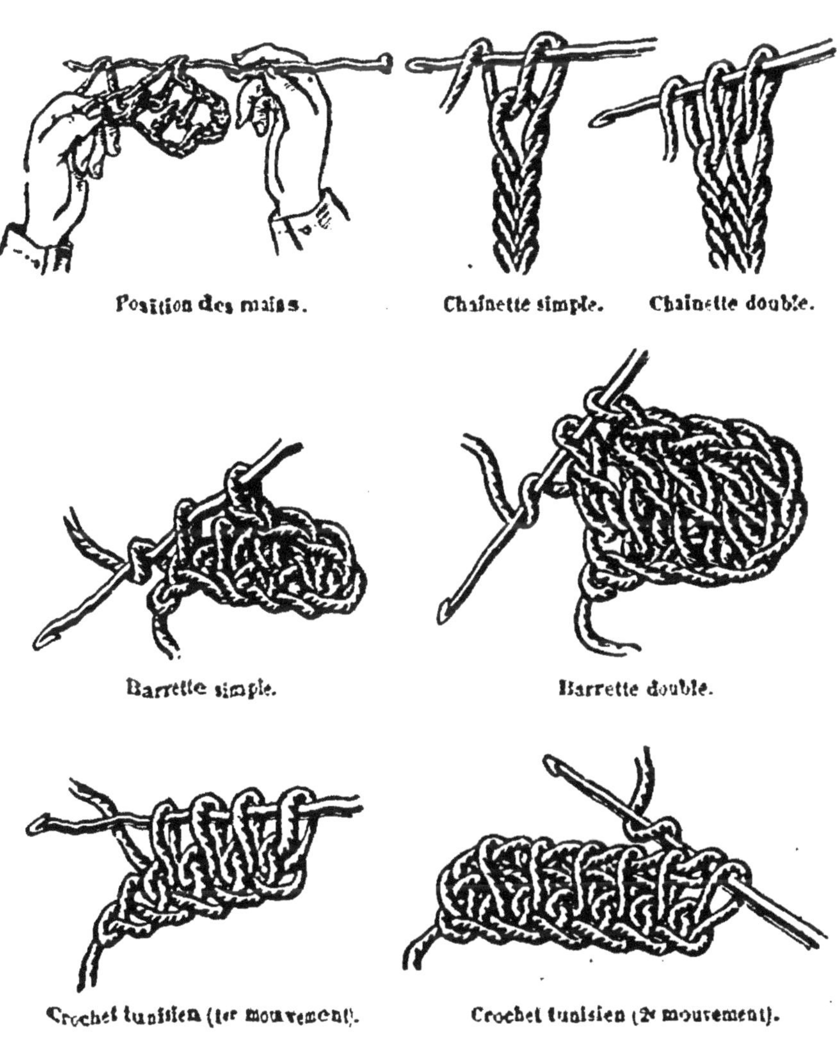

Position des mains. Chaînette simple. Chaînette double.

Barrette simple. Barrette double.

Crochet tunisien (1er mouvement). Crochet tunisien (2e mouvement).

Le crochet.

ces merveilles de légèreté dont on pare son trousseau.

— Que j'ai hâte, Marie, de devenir habile ouvrière!

— Tu apprendras aussi la tapisserie, qui se fait au point de croix que tu connais; mais il existe également des points de fantaisie : *demi-point de croix, point de*

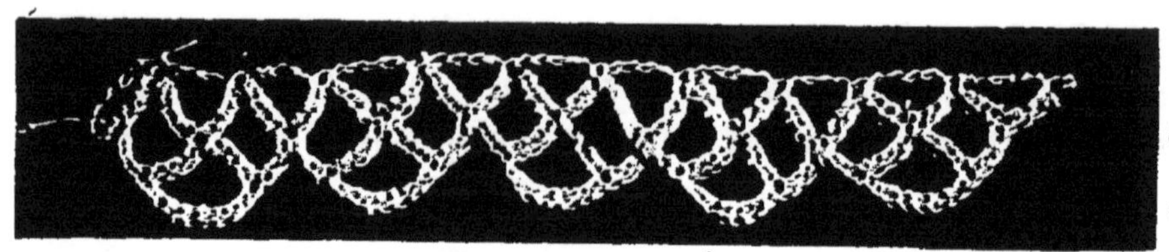

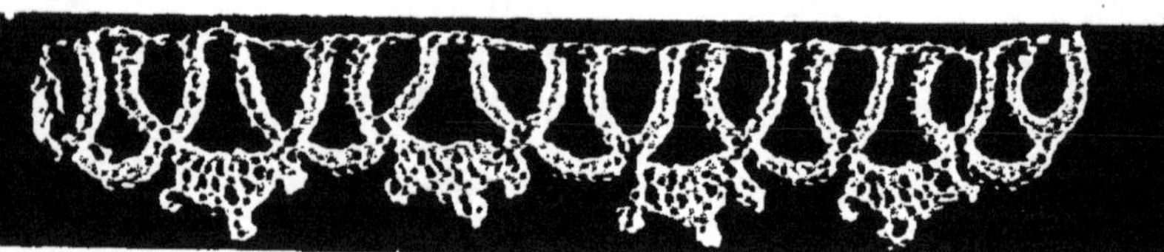

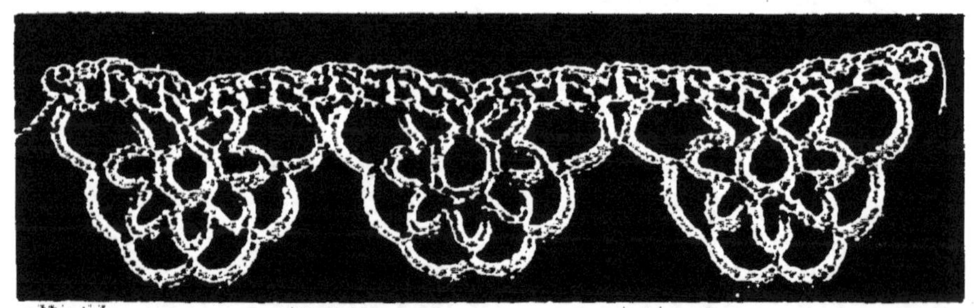

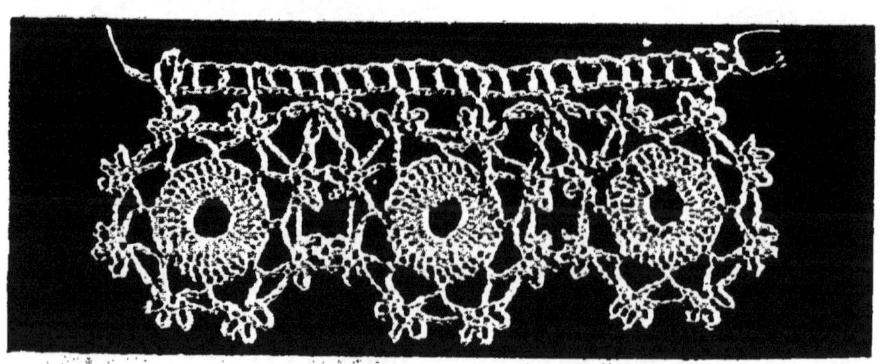

Quelques échantillons d'ouvrages au crochet.

diable, *point d'Alger*, et d'autres encore. On travaille, comme tu sais, sur un canevas ferme avec une aiguille à large chas où entrent facilement les laines et les soies. Que de riches tentures, de coussins, de dessus de fauteuils ou de chaises obtenus par ce moyen! C'est un genre de travail extrêmement solide, mais d'un prix de revient assez élevé.

Enfin, ma Lucette, il existe de véritables artistes, des femmes, qui confectionnent à la main des dentelles de

Point de croix. Demi-point de croix. Point de diable.

La tapisserie.

fil ou de soie, nommées *guipures*, *point à l'aiguille*, *dentelles Renaissance*, etc. Certains pays de France ont une vieille renommée en ce genre de produits. Qui ne connaît de réputation *le point d'Alençon*, *les dentelles de Valenciennes*, *de Chantilly*, *d'Auvergne?* Il est arrivé parfois que le secret de la fabrication s'est perdu, c'est-à-dire que les dernières ouvrières sont mortes sans laisser d'élèves. Aussi le prix de certaines dentelles atteint-il un prix extraordinaire. Maman m'a dit que dans ces pays-là on avait rendu obligatoire l'enseignement de la fabrication de la dentelle. Et vraiment l'on a bien fait, car c'est là une industrie ravissante et parfaitement féminine!

Ainsi causaient la jeune fille et l'enfant, et les journées s'écoulaient dans le travail et la gaieté.

1. Dentelle d'Auvergne. — 2. Dentelle de Valenciennes. — 3. Dentelle de Chantilly.
4. Dentelle en point à l'aiguille.

Quelques échantillons de dentelles à la main.

CHAPITRE XXV

60. — Les premiers soins à prendre en cas de blessure.

Marie et Lucette travaillaient un jour côte à côte, assises au bord de la grande table, et bavardaient tout en tirant l'aiguille.

— Lucette, veux-tu fermer la fenêtre? Le vent s'élève, et la poussière de la rue pénètre dans la chambre.

— Bien volontiers, Marie.

Lucette se leva, et, ramenant les deux battants, les emboîta l'un dans l'autre, puis elle poussa. Le vent soufflait fort : elle sentit une résistance, et, pour maintenir la fenêtre, appliqua étourdiment les mains sur les vitres. L'un des carreaux vola en éclats.

— Maman! maman! s'écria Lucette.

Marie s'était élancée vers elle, toute pâle. Le pouce de la fillette était entaillé par les éclats du verre, le sang coulait abondamment. Digne fille de sa mère, Marie garda toute sa présence d'esprit.

— Ce ne sera rien, dit-elle; laisse-moi faire.

Vite elle ouvrit une armoire, prit une boîte où elle renfermait des cordons, lia le pouce blessé *au-dessus de la coupure* et le serra fortement, afin de diminuer la perte de sang. Elle prit ensuite une bouteille d'*eau boriquée**, et, avec un tampon d'*ouate hydrophile**, lava la plaie doucement, s'assurant qu'aucun fragment de verre n'y restait, et dit :

— Veux-tu que j'achève le pansement?

— Je veux aller voir maman, répondit Lucette d'une voix plaintive.

— Eh bien, va, ma petite, mais ne t'effraye pas. Enveloppe ta main dans ce mouchoir. Le mal n'est pas grave,

Pansement d'une blessure.

heureusement. Ta maman te pansera elle-même, et bientôt il n'y paraîtra plus. Je ne te promets pas d'aller te voir aujourd'hui, car j'ai beaucoup à faire, mais j'irai demain. Allons, ne pleure pas, et dis-toi bien que les enfants raisonnables guérissent toujours plus vite que les autres.

Mme Bernard pansa la plaie du mieux qu'elle put. C'était peu de chose : l'entaille étant sans profondeur; mais Lucette, encore impressionnée par la peur, se mit au lit.

61. — Pansement d'une blessure : pansement sec, pansement humide.

Le lendemain, Lucette ne souffrait plus, mais elle ne tarda pas à s'ennuyer. Le moyen qu'il en soit autrement, quand on ne peut ni faire le ménage ni coudre? En fille studieuse, elle avait résolu d'employer cette inaction forcée à repasser les principaux faits de l'histoire de France, mais on ne saurait lire toujours. Au bout d'une heure ou deux, la lecture avait perdu de son intérêt : il faut varier les travaux de l'esprit, comme on varie les aliments du corps; faute de quoi, ni les uns ni les autres ne plaisent ni ne profitent.

Lucette, avec la permission de sa mère, s'en alla donc voir sa grande amie.

— Vous voulez bien de moi, Marie? Je me sens si malheureuse d'être inoccupée !

— Vois-tu, ma chérie, comme le travail est une bonne chose? C'est quand on se voit condamné au repos et contraint de ne rien faire que l'on juge à plaindre ceux qui ne font rien. N'est-ce pas qu'il te tarde de pouvoir travailler, et que tu ne voudrais pas passer ta vie comme une désœuvrée?

— Oh ! non, et je donnerais beaucoup pour avoir en main mon aiguille et mon dé.

— Cela reviendra vite, si tu te soignes comme il faut... Mais, voyons, comment va-t-il, ce pauvre pouce? A-t-on fait le pansement ce matin?

— Non, pas encore. Maman était très occupée : elle ne le fera que dans le courant de l'après-midi.

— Il vaut mieux que la plaie soit pansée tous les matins, à la même heure... Veux-tu aujourd'hui me confier ton pouce? dit-elle en souriant. Ta mère sera bien surprise de voir que le pansement est fait... Je m'y connais, tu vas voir. Mais aussi, je suis à si bonne école avec maman!

— Voyons un peu ce que sait faire mon élève, dit Louise, qui entrait sur ces derniers mots.

Alors, Marie retroussa ses manches gravement, comme eût fait un médecin, se savonna les mains, brossa ses ongles, et pria sa mère de lui donner la bouteille qui contenait une solution de sublimé* au 1/1000*.

— Je n'ai presque plus de sublimé, ma fille, et comme on peut en avoir besoin d'un moment à l'autre, nous en achèterons aujourd'hui même chez le pharmacien... Prends de l'alcool, ajouta-t-elle; il te rendra le même service.

— De l'alcool? dit Lucette, qui ouvrait de grands yeux étonnés. Vous voulez...

Marie partit d'un éclat de rire.

— Tranquillise-toi, nous ne t'en ferons pas boire. Comme on ne doit jamais toucher une plaie avec des mains malpropres, ce qui pourrait déterminer la gangrène, je me suis lavé soigneusement, ainsi que tu l'as pu voir, les mains et les ongles; puis, en les trempant dans de l'alcool, je vais détruire les mauvais germes qui pourraient s'y trouver encore.

— Que de précautions! Sont-elles vraiment si nécessaires?

— C'est une chance à courir, dit Louise. Neuf fois sur dix on peut n'attraper aucun mal, mais il suffit d'une fois pour amener des complications dangereuses. Et il est si simple d'être prudent! La vraie science, Lucette, consiste à prévenir les accidents... Et maintenant, ajouta-t-elle, montre ton pouce... Oh! oh! je recommanderai à ta chère maman de ne pas se servir pour ce pansement d'un morceau de toile quelconque. C'est de la gaze hydrophile qu'il faut mettre sur la plaie, et par dessus, une couche de coton hydrophile... Voyons, Marie, opère toi-même.

Marie alluma une petite lampe à alcool, passa dans la flamme, pour les désinfecter, les ciseaux qu'elle avait en main, lava la plaie, et appliqua dessus un morceau de gaze qu'elle recouvrit avec du coton. Enfin elle banda le tout.

— Voilà qui est fait, dit-elle. Demain matin, ma chère petite, tu pourras indiquer à ta mère la façon dont je viens de m'y prendre, et tu verras que tu seras vite guérie.

— Et tous les pansements se font ainsi ? demanda Lucette.

— Oui, répondit Louise, quand la plaie ne suppure pas. Mais on emploie le *pansement humide*, et non plus le *pansement sec*, pour les plaies qui suppurent. Dans ce cas, le traitement est encore plus simple. Il ne faut que de l'eau boriquée, ou même de l'eau pure qui a bouilli *pendant vingt minutes au moins*. Tu trempes un linge parfaitement propre dans cette eau *stérilisée*, c'est-à-dire où il n'y a plus de microbes, tu l'appliques sur la plaie, tu le recouvres de taffetas gommé afin d'éviter l'évaporation, et tu renouvelles ce pansement matin et soir. C'est tout... Mais je te donnerai ces indications par écrit, ma petite Lucette. De cette façon, tu ne les oublieras pas.

— Merci, madame Raimbaud, vous êtes bien bonne.

NOTIONS A RETENIR

Il est important, pour soigner une blessure, de tremper au préalable ses mains soit dans du sublimé, soit dans de l'alcool, et de conserver tout son sang-froid.

CHAPITRE XXVI

62. — Utilité d'une pharmacie ménagère.

Cependant Louise vaquait à son ouvrage et Marie remettait la bouteille d'alcool à sa place, ainsi que la gaze et le coton.

— Il faut ranger toutes les choses à mesure que l'on s'en est servi, disait-elle. C'est le plus sûr moyen de les retrouver sans perdre de temps .. As-tu vu la petite pharmacie de maman, Lucette?

— Non, Marie.

— Eh bien, regarde, la voici.

Et Marie tira de l'armoire une boîte sur laquelle une étiquette portait en gros caractères les deux mots : *Pharmacie. Poisons.*

— Vois-tu, Lucette, maman a pris cette précaution alors que j'étais encore une enfant, de peur que je ne fusse tentée d'ouvrir ce coffret et de manger ou de boire quelque chose de nuisible. Ce terrible mot de *poisons* suffisait à m'en ôter l'envie, tu comprends.

Toutes deux sourirent.

— Je vais te montrer ce qu'il est bon d'avoir toujours chez soi en cas de besoin; car il y a de petites maladies qui n'exigent pas nécessairement l'intervention du médecin, et, même dans les circonstances plus graves, on peut encore se rendre utile en attendant qu'il arrive...

C'est mieux, n'est-ce pas, que de pousser des cris et de verser des larmes inutiles?

— Mais quand on a un malade chez soi, Marie, on ne peut guère s'empêcher de pleurer.

— On peut ce que l'on veut résolument, Lucette. Ce ne sont ni les larmes ni les cris qui soulagent le prochain, mais l'action et un judicieux emploi des médicaments nécessaires. En tout cas, il convient, m'a toujours

Pharmacie ménagère

dit maman, de montrer un visage aussi calme que possible, de façon à ne pas effrayer le malade, mais à l'encourager tout au contraire et à lui donner bonne confiance.

Elle se tut, et ouvrit la boîte à la pharmacie. Lucette vit alors des fioles de toute teinte et de toute grandeur, de petits pots de porcelaine blanche, des paquets, des rouleaux, le tout bien en ordre, clairement étiqueté, et dégageant cette odeur particulière aux officines des pharmaciens.

— Voici la liste écrite des produits, reprit Marie. Et elle lut, en indiquant du doigt chaque objet : *Éther. — Laudanum. — Eau boriquée (40 pour 1000). — Eau phéniquée (20 pour 1000). — Alcool à 90°. — Sublimé au 1/1000. — Vaseline boriquée. — Teinture d'iode. — Gaze hydrophile. — Coton hydrophile. — Bandes. — Farine de graine de lin. — Teinture d'arnica. — Taffetas gommé.*

63. — Propriétés et emploi des médicaments.

— Mais, Marie...

— Je comprends. Tu voudrais connaître l'emploi de chacun de ces produits. Procédons par ordre.

— Cette bouteille contient de l'*éther**. C'est un liquide très volatil, que l'on fait respirer en cas de syncope, c'est-à-dire d'évanouissement ou de faiblesse. Quelques gouttes sur un morceau de sucre aident encore aux digestions pénibles, mais il faut user rarement de ce moyen.

Le *laudanum** est un poison, et c'est pourquoi la fiole porte une étiquette rouge jaunâtre. Il peut être utilisé en cas de coliques : on en verse quelques gouttes sur un cataplasme de farine de lin. Au besoin même, quelques gouttes de laudanum dans un peu d'eau suffisent pour calmer de vives douleurs d'estomac : toutefois il est plus prudent de n'en prendre que sur les conseils d'un médecin.

Voici de l'*eau boriquée** et un paquet d'*acide borique**. Cet acide est, comme tu vois, *cristallisé**. On en vend en paillettes*, mais celui-ci est préférable et de meilleure qualité. On utilise l'eau boriquée pour laver une plaie, pour assainir les yeux et la gorge par des lavages ou des gargarismes. L'acide borique est ce qu'on appelle un *aseptique*, c'est-à-dire un corps qui empêche la putréfaction de s'introduire quelque part. L'eau boriquée est donc en quelque sorte un préservatif.

L'*eau phéniquée** est un désinfectant, un *antisepti-*

que. De même que le *sublimé**, elle arrête la putréfaction déjà commencée. On s'en sert pour nettoyer les plaies purulentes* et pour assainir une atmosphère* viciée.

Je n'ai pas besoin de te dire ce que c'est qu'un *sinapisme*. Il suffit de le flairer pour sentir que c'est un médicament fait avec de la graine de moutarde. Quand tu auras un violent mal de tête, mets un sinapisme sur ton pied nu, et cela te fera le même effet qu'un bain de pied. Le sang sera attiré vers le bas, et la tête se trouvera dégagée. Le sinapisme est un *révulsif*, comme qui dirait un *dérivatif**.

— Et combien de temps, Marie, doit-on le garder sur la peau?

— Aussi longtemps qu'on peut le supporter... Voici un petit pot qui contient de la *vaseline* boriquée*. Tu sais que la vaseline est un corps gras, onctueux. On en met sur les plaies superficielles à chair vive, sur les brûlures, sur certaines rougeurs de la peau. Cela rafraîchit et calme la douleur. L'acide borique, mélangé à la vaseline, assainit la partie blessée.

Quand à la *teinture d'iode**, elle est, elle aussi, une sorte de dérivatif, de révulsif. Tu as mal à la gorge et tu tousses: vite, une bonne couche de teinture sur la poitrine. Tu sens, de façon persistante, une douleur assez vive dans le dos, dans les côtés: badigeonne-toi sans tarder. Ce traitement est simple et presque toujours efficace. Si le mal ne disparait pas, tu recommences l'opération le lendemain, et encore le surlendemain. Cela brûle bien un peu l'épiderme, mais, quand on est brave, on n'a peur de rien, n'est-ce pas, Lucette?

— Chère Marie, avec vous l'on ne sent pas le mal.

— Voyons, ne nous attendrissons pas.

L'*arnica* est un remède assez insignifiant. On en fait des compresses, que l'on applique à l'endroit où l'on a reçu un coup, mais des compresses d'eau froide produiraient le même effet. Je ne te dirai rien de ces autres choses que tu vois : bande, gaze et coton. Tu en sais l'usage par expérience personnelle.

— Que veut dire gaze *hydrophile*, coton *hydrophile?*

— Ce mot veut dire que cette gaze, que ce coton *absorbe facilement les liquides*, ce qui est un avantage quand il y a plaie, car une plaie, même quand elle est dite sèche, secrète toujours une petite quantité de pus ou autres matières qu'il est prudent d'absorber.

— Que vous savez de choses, Marie!

— Tu veux dire que j'en sais plus que toi, Lucette, mais ma science ne s'étend pas loin, crois-le bien; d'ailleurs, ne vais-je pas avoir, à mon tour, un ménage et une famille, et ne faudra-t-il pas que je sache soigner tout mon petit monde?... Mais j'y pense : il vaudrait peut-être mieux que je fasse comme maman, et que je te couche par écrit ces instructions. Cela te permettra de ne rien oublier et de te monter un jour à toi-même une petite *pharmacie.*

— C'est cela! s'écria Lucette, en battant des mains.

— Prenons garde à notre pouce, Lucette, ajouta Marie, qui souriait avec malice.

— Mon pauvre pouce! reprit Lucette. Mais pourquoi donc, Marie, le serriez-vous si fort hier, quand vous me l'avez bandé?

— C'est qu'une perte de sang affaiblit toujours, et, comme le sang vient du cœur, il faut fermer le plus possible les vaisseaux par où il arrive; sinon, une syncope pourrait se produire.

— Oh! j'ai bien cru que j'allais en avoir une, en voyant couler mon sang.

— Fi donc! on ne se trouble pas pour si peu.

— Mais qu'auriez-vous fait, Marie, si pareille chose m'était arrivée?

— Je t'aurais étendue par terre, à plat sur le dos, j'aurais desserré tes vêtements, déboutonné ton col, et je t'aurais fait respirer un peu d'éther sur un mouchoir. Si cela n'avait pas suffi, je t'aurais jeté un peu d'eau froide à la figure..., et ma douillette se fût ranimée, conclut-elle en riant.

NOTIONS A RETENIR

Il n'est pas toujours commode, soit à cause de la distance, soit encore parce que l'on est seul avec le malade ou le blessé, de courir chez le pharmacien. Il est donc très utile d'avoir chez soi, à sa portée, les médicaments essentiels et d'un usage courant, ce qu'on appelle une *pharmacie ménagère*. Mais il n'est pas moins indispensable, si l'on ne veut courir le risque de graves accidents, de connaître exactement les propriétés et le mode d'emploi de ces différents produits et de ne s'en servir qu'avec une grande circonspection, sans précipitation fâcheuse, de manière à ne jamais confondre une fiole avec une autre de même aspect. Là, plus que partout ailleurs, il faut user de prudence.

On aura soin également de tenir toujours la *pharmacie* hors de la portée des enfants.

APPRENDS A ÊTRE
TON PROPRE MÉDECIN

PROVERBE ARABE

CHAPITRE XXVII

64. — Soins à donner à un noyé.

Le dimanche suivant, Marie revenait de la promenade avec sa mère et Lucette. Elles étaient allées à Bel-Air, le petit village perché sur la colline, et, après avoir admiré le paysage, elles étaient redescendues sur les bords de la Meuse, qui forme là une si jolie boucle.

Elles allaient lentement, respirant à pleins poumons l'air pur et frais qui monte du fleuve, quand, tout à coup, un cri de détresse traversa l'espace. Toutes trois s'arrêtèrent, les pieds cloués au sol. Là-bas des gens se pressaient sur la berge.

— Ah! mon Dieu, fit Marie, c'est peut-être un noyé!

— Courons vite, ma fille, et toi, Lucette, ne t'effraye pas ainsi. Courons, et tâchons de nous rendre utiles : il ne sert à rien de gémir et de pleurer.

Les jeunes filles, surmontant leur émotion, la suivirent. Elles arrivèrent au moment où un brave homme sortait de l'eau, portant dans ses bras le corps inanimé d'un jeune garçon de quinze ans environ.

Un même cri sortit de toutes les bouches : — Il est mort!

— Je le crains, fit l'ouvrier qui le soutenait.

— Peut-être n'est-il qu'évanoui, dit Louise. Courez chercher un docteur; mais, en attendant, nous allons essayer de combattre l'asphyxie*.

— Un médecin est inutile, madame, reprit l'ouvrier : vous voyez bien que cet enfant ne donne plus signe de vie. Il n'y a plus rien à faire.

— Rien à faire? s'écria Louise d'un ton indigné. Vous,

dit-elle à l'un des assistants, courez au plus vite, je vous le répète, chercher un docteur, ou je vous rends responsable de la mort de ce malheureux garçon. Et vous autres, aidez-moi. Nous allons le déshabiller rapidement et l'étendre à terre. Couchez-le un peu sur le côté droit pour aider l'eau à sortir. Bien : voyez tout ce qu'il rend... Et maintenant, que l'un de vous lui frotte les pieds, l'autre les jambes, un troisième le dos, — énergiquement, à lui enlever la peau, il n'importe, — et, si vous êtes fatigués, relayez-vous, mais ne cessez pas... Que deux hommes saisissent les bras, et les écartent puis les rapprochent du corps alternativement... C'est cela, pas trop vite, et bien en mesure... Cela force la poitrine à respirer. Pendant ce temps, je vais opérer la traction de la langue.

Et Louise, penchée sur le pauvre visage, entoura de son mouchoir sa main droite, ouvrit la bouche de l'enfant, et, lui saisissant la langue, la tira à elle vigoureusement, puis la laissa retomber, la ressaisit de nouveau et la relâcha, renouvelant cette opération jusqu'à seize fois par minute et à intervalles réguliers.

— Courage! répétait-elle, réchauffez le corps, et faisons-le respirer. Nous le sauverons.

La scène était terrifiante : on eût dit des forcenés acharnés contre un cadavre; mais, au bout de trente minutes d'efforts persévérants, un léger cri de douleur se fit entendre, et les yeux remuèrent.

— Il est sauvé! cria Louise.

— Oui, fit une voix, et vous êtes de braves gens : vous avez fait ce qu'il fallait faire.

C'était le médecin qui parlait ainsi. — Encore, mes amis, encore, ajouta-t-il, tandis qu'il pratiquait à son tour la *traction rythmée** de la langue.

— C'est bien, dit-il. Le reste me regarde. Mais souvenez-vous qu'il ne faut jamais désespérer de ramener un asphyxié à la vie, eût-il séjourné une demi-heure dans l'eau; les efforts doivent se continuer au moins pendant une heure ou deux. Surtout ne suspendez jamais un noyé par les pieds pour lui faire rendre l'eau, et si vous avez à votre disposition, pour le réchauffer, des briques ou des fers chauds, usez-en sans crainte. La réaction ne sera jamais trop énergique.

65. — Une consultation.

Le lendemain, Louise entendit frapper à sa porte. Elle ouvrit : c'était une de ses voisines, Mme Rose, qui avait plusieurs enfants, mais s'en occupait avec plus de bonne volonté que d'intelligence. De temps à autre les deux mères échangeaient quelques paroles amicales, et Louise ne manquait pas de donner à l'occasion quelque bon conseil, toujours reçu avec plaisir et reconnaissance.

— Madame Raimbaud, dit la voisine en entrant, c'est pourtant grâce à vous qu'on a pu sauver le petit noyé d'hier. Tout le monde vous admire, et moi je suis venue vous féliciter.

— Ne parlons pas de cela, madame Rose. Quand, par chance, on sait quelque chose, il faut en faire profiter le prochain.

— Combien vous me faites plaisir de vous entendre parler ainsi ! J'aurais justement un service à vous demander. Vous connaissez mes quatre bébés. Quand ce n'est pas l'un qui a le rhume, c'est l'autre qui souffre d'une indisposition. Or, nous ne sommes pas riches, et moins nous voyons le médecin, plus nous sommes contents.

— Tout le monde en est là, madame Rose.

— C'est vrai, mais je me suis dit ceci : Bien sûr que Mme Raimbaud, qui s'entend à soigner les malades, se fera un plaisir, si je vais la trouver, de me dire ce qu'il faut que je fasse à mes petits, qui en ce moment ne vont guère.

— C'est que je sais vraiment fort peu de chose, voisine, et surtout je ne me pique pas de savoir guérir. Tout ce que je puis faire, c'est de vous donner des préceptes d'hygiène, c'est-à-dire les moyens de se conserver en bonne santé quand on y est.

— A vrai dire, je n'ai pas d'enfant gravement malade, mais ils sont, comme on dit, un peu patraques, et je suis sûre que, si vous vouliez bien venir les voir, vous me donneriez un bon conseil.

— Je ne refuse pas, madame Rose; tout au contraire. Si je peux vous être utile, j'en serai très heureuse.

Louise se rendit chez sa voisine. Les bébés, assis ou debout autour d'une table, jouaient ensemble avec des gros sous qu'ils mettaient en pile.

— Oh! fit-elle vivement, je puis vous donner un bon conseil tout de suite. Les sous sont généralement sales, madame Rose, et recouverts de vert-de-gris*. Enlevez vite à ces enfants ce jouet dangereux.

— Mais ils vont pleurer, ces pauvres petits; ils s'ennuient.

— Donnez-leur des bouchons : ils en feront une tour Eiffel, et ne risqueront pas de s'empoisonner. D'ailleurs, si jamais pareil accident se produisait, il faudrait faire avaler à l'imprudent une assez grande quantité de lait. Le lait est le contrepoison du vert-de-gris... Mais il me semble que voici une petite fille qui tousse beaucoup, madame Rose : il faut lui mettre de la teinture d'iode sur la poitrine, à l'endroit des bronches, et dans le milieu du dos, à l'endroit des poumons.

— C'est que je n'ai pas de teinture d'iode.

— Avez-vous de la farine de moutarde et de la farine de lin?

— Oui, j'en ai deux sacs.

— Eh bien, déshabillez la fillette et mettez-la dans son lit... C'est bien... N'aie pas peur, Germaine... Maintenant, nous allons faire un cataplasme de farine de lin. Donnez-moi de la mousseline, ou, si vous n'en avez pas, un morceau de vieux rideau, ou encore un mouchoir très usé. Regardez... Je verse quatre cuillerées de farine de lin dans ce bol... Vous avez de l'eau très chaude? Bon... Je délaie ma farine avec cette eau... Vite, sur la table déployez votre linge... Je verse mon mélange dessus, je l'étends avec la cuiller sur la moitié du linge, je replie l'autre moitié, et je saupoudre mon cataplasme de farine de moutarde. Cela s'appelle un *cataplasme sinapisé.* Avant de l'appliquer, je le tâte avec le dos de ma main... Il doit être chaud, mais non brûlant... Allons, Germaine, je vais te guérir, mon enfant; ouvre ta chemise.

Pour faire un cataplasme.

Et Louise appliqua doucement le cataplasme sur la poitrine de la fillette. Celle-ci se mit à crier.

— Oh! ce n'est donc pas une petite fille courageuse que Germaine?

— Ça pique!

— Oui, mon enfant, ça pique, et il faut que cela te pique bien fort pour que tu guérisses. Ne bouge pas, ce sera vite fini.

Pour la distraire, Louise lui conta quelque histoire gaie, et, au bout de cinq à six minutes, enleva le cataplasme. La peau était devenue très rouge. Elle y posa une mince feuille d'ouate, et l'enfant, se sentant soulagée, se mit aussitôt à sourire.

— Si votre Germaine n'est pas guérie demain, nous lui mettrons un second cataplasme dans le dos, et tout ira bien.

— Oh! je serai guérie, répliqua Germaine d'un air très convaincu.

Ce mot d'enfant fit rire Louise.

— Mais pourquoi donc son jeune frère baisse-t-il ainsi la tête?

— C'est qu'il a mal aux yeux.

— Montre tes yeux, mon petit... Ce ne sera rien, madame Rose. Achetez un peu d'acide borique cristallisé. Faites-le fondre dans de l'eau bouillie, 35 grammes pour un litre, et baignez les yeux de cet enfant plusieurs fois par jour. Il n'y a là que deux ou trois petits boutons qui disparaîtront rapidement... A défaut d'eau boriquée, il suffira d'eau bouillie. C'est un assainissant... Mais auparavant lavons-lui les mains, car elles sentent le vert-de-gris; et, comme il se frotte l'œil avec sa vilaine main sale, ce n'est pas un moyen de le guérir. Il vaudrait mieux encore qu'il ne touchât pas du tout à ses yeux.

— Mon petit Robert a, lui aussi, un bobo au doigt. Voyez, madame Raimbaud. Il s'est coupé avec un tesson de bouteille, et cela ne se guérit pas.

— Toujours pour la même raison. Il sera entré dans la fente des matières étrangères, ou — que sais-je? — de ces vilains petits êtres que les savants appellent des microbes. Lavez soigneusement le mal plusieurs fois par jour à l'eau boriquée ou à l'eau bouillie, enveloppez le doigt d'un vieux linge très propre, et le bobo disparaîtra... Est-ce tout, madame Rose? demanda Louise en souriant.

NOTIONS A RETENIR

Un peu de science, du jugement et beaucoup de sang-froid peuvent sauver la vie d'un

homme, qui serait infailliblement sacrifié si l'on perdait la tête, ou si l'on s'en tenait, pour le secourir, aux remèdes de bonne femme. Une tradition stupide dit que, quand on découvre un pendu, il faut se garder de le dépendre et courir en toute hâte chez le commissaire de police. Quand celui-ci arrive, un quart d'heure plus tard, il trouve un homme mort, qu'on aurait peut-être sauvé en coupant la corde tout de suite.

Il en est de même pour un noyé. Il ne faut pas le tenir pour mort sous prétexte qu'il est inerte. Des frictions énergiques, le mouvement brusque et violent des bras et des jambes, et surtout la *traction rythmée* de la langue ont souvent rappelé à la vie des noyés qui avaient séjourné dans l'eau près d'une demi-heure.

S'il est indispensable à une bonne ménagère d'avoir quelques notions de médecine pour donner les premiers soins à un malade, c'est surtout dans les maladies de l'enfance que cette nécessité s'impose. Une mère, par des soins assidus et intelligents, suppléera presque toujours au médecin, et enrayera, à son début, un malaise insignifiant qui, négligé, aurait tôt fait de devenir alarmant.

PRÉVENIR LE MAL
AFFAME LE MÉDECIN

PROVERBE GREC

CHAPITRE XXVIII

66. — Les maux de gorge et les refroidissements.

A la question de Louise, Mme Rose sourit aussi, mais tristement.

— Hélas! non, ce n'est pas tout : ma petite dernière que j'allaite a des coliques.

— Allons, je vois que tout le monde a besoin de mon ministère, et vous aviez raison... En plus de votre lait, que lui donnez-vous à manger, à cette petite?

— Oh! presque rien. On la met à table avec nous à midi, et alors, pour l'amuser, on lui donne du pain trempé dans la sauce, une feuille de salade, une prune.

— Quelle erreur, madame Rose! Ne donnez à cette petite que du lait, rien autre chose, et toutes les trois heures seulement. Son estomac se reposera, et vous la verrez se remettre bien vite... Maintenant, je vais faire l'inspection des gorges.

— Ils ne s'en plaignent pas.

— C'est quand ils n'y ont pas mal qu'il faut leur apprendre à ouvrir la bouche toute grande, en disant : aaaaaaah! Si, par malheur, ils attrapent une angine*, ils sont habitués à bien montrer le fond de leur gorge, et le docteur sait tout de suite à quoi s'en tenir. Car il faut appeler le médecin au plus vite, dès qu'il est question de la gorge : cela peut devenir très grave en un temps très court. Savent-ils se gargariser*?

— Non.

— Eh bien, il faut leur apprendre à se gargariser de

temps en temps. C'est une habitude excellente et très saine, à condition que l'on se serve d'eau boriquée ou d'eau bouillie.

— Est-ce qu'on peut faire quelque chose pour éviter un mal de gorge?

— Très certainement, et ces sortes de maux viennent presque toujours d'une imprudence; par exemple, on a chaud, on est en sueur, et, pour se rafraîchir, on se découvre en plein courant d'air. Certains enfants ont aussi la mauvaise habitude de patauger dans les flaques d'eau. Il ne serait déjà pas très bon d'y tremper ses pieds nus, mais rien n'est plus mauvais que d'y barboter avec des souliers. Le cuir s'imprègne d'humidité, ne sèche qu'avec une extrême lenteur, et il n'en faut pas davantage pour déterminer une laryngite* ou une angine*... Maintenant je vous laisse. Ma consultation est terminée, ajouta Louise en souriant, et j'espère que tous nos petits malades se porteront à merveille dans quelques jours. Mais il est bien entendu que ces enfants ne manieront plus de sous ni d'autres objets malpropres, que vous veillerez à ce qu'ils ne se mouillent pas les pieds à plaisir, à ce qu'ils ne se refroidissent pas quand ils sont en sueur, et ne séjournent pas, pour jouer, dans ces longs corridors ouverts sur la rue et sur la cour, où les guettent, en plein courant d'air, le rhume, la bronchite* et même la fluxion de poitrine... J'ajouterai ceci : N'abusez pas des cataplasmes, et ne vous en servez que dans les cas de coliques. C'est un remède trop émollient*. Je ne parle pas des cataplasmes sinapisés, qui sont excellents contre les bronchites et les points de côté... Mais comme il fait chaud ici! Pourquoi donc n'ouvrez-vous pas?

— C'est parce que Germaine tousse que j'ai tout fermé.

— Mauvaise raison, croyez-moi, madame Rose. Ce n'est pas l'air qui fait du mal, ce sont les courants d'air et les refroidissements. Ouvrez la fenêtre toute grande un moment et aérez la chambre... Ce feu est beaucoup trop ardent. Voyez donc : la fonte est toute rouge, et cela est mauvais pour deux raisons. D'abord, la fonte rougie laisse passer les gaz dangereux et asphyxiants qui proviennent de la combustion. Ensuite une telle chaleur dessèche l'atmosphère de la chambre. Il faudrait tout au moins avoir la précaution de mettre sur le poêle une casserole pleine d'eau qui, en s'évaporant, rendrait à l'air son humidité... Il y a ici, je gage, plus de 20 degrés, alors que 15 ou 16 suffiraient... Avez-vous un thermomètre?

— Un thermomètre, madame Raimbaud! De pauvres gens comme nous! Mais cela doit coûter les yeux de la tête!

— Erreur, madame Rose. Un thermomètre coûte 1 franc environ. Mais voilà : on a peur d'acheter ce qui est utile et l'on dépense sans compter quand il s'agit de journaux, de tasses de café que l'on offre aux voisins et voisines, etc.

— C'est vrai, madame Raimbaud, le pauvre monde n'est pas toujours raisonnable, et nous ne faisons pas tout ce qu'il faudrait pour garder nos petits en bonne santé; nous sommes en cela bien coupables.

— En effet. Croiriez-vous que, ces jours derniers, il m'est arrivé de voir une personne, que, par charité, je ne vous nommerai pas, s'en aller, le soir, avec un bébé de six mois dans les bras, à une représentation donnée au théâtre, et dont elle ne devait pas revenir avant minuit? Quelle pitié! J'avais le cœur serré en pensant à l'atmosphère impure que ce malheureux enfant allait respirer quatre heures durant et au danger de mort que lui ferait courir un refroidissement possible à la sortie. Mais quoi? sa mère voulait s'amuser!... Ah! madame Rose, avant de songer à guérir les enfants, songeons à leur éviter du mal. C'est la meilleure médecine, — et la moins coûteuse.

67. — Application d'un vésicatoire.

A quelques jours de là, Louise rentrait du marché, et, selon son habitude, allait d'un pas leste, saluant ses connaissances d'un signe de tête aimable, mais ne s'attardant à causer avec personne. Elle n'avait plus que quelques pas à faire, quand Mme Rose, sa voisine d'en face, l'aperçut et vint à elle, les yeux en pleurs.

— Ah ! madame Raimbaud, ma petite Germaine est bien malade. Elle a voulu jouer malgré moi dans le long corridor de la rue, vous savez, celui où il y a tant de courants d'air, et elle y a attrapé froid. A l'heure qu'il est, elle tousse à fendre l'âme.

— Pauvre enfant, dit Louise. Ces corridors sont vraiment funestes, et l'on ne devrait jamais les tenir ouverts. Il serait peut-être bon d'appliquer un *vésicatoire** à votre fillette, mais il ne faut pas le faire sans l'autorisation du médecin. Appelez-le en toute hâte ; j'irai vous aider, s'il en est besoin.

Une heure après, la voisine sonnait à la porte de Louise.

— Vous aviez raison, madame. Le médecin a ordonné l'application d'un vésicatoire. Si vous étiez assez bonne pour venir, vous vous y connaissez mieux que moi.

Louise laissa l'ouvrage commencé et suivit Mme Rose.

L'enfant toussait sans discontinuer.

— Il est temps, dit-elle.

Et aussitôt, se faisant indiquer l'endroit où le médecin avait recommandé de poser le vésicatoire, elle nettoya la place avec un peu d'eau boriquée, qu'elle avait eu la précaution d'apporter, y appliqua le médicament, puis, s'adressant à la mère :

— Il n'y a pas d'autres soins à prendre pour le moment. Attendons la formation de l'ampoule* : ce sera une affaire de huit à douze heures. L'enfant ne souffrira pour ainsi dire pas. Au bout de ce temps, je reviendrai.

En effet, elle revint, avant même qu'il eût été nécessaire de l'aller chercher. La toux de l'enfant s'était calmée. Elle examina la poche d'eau et la trouva suffisamment pleine. Alors elle lava ses mains dans un peu d'eau phéniquée, prit une paire de ciseaux qu'elle passa, pour les stériliser, dans la flamme d'une lampe à alcool, et pratiqua, dans la partie *inférieure* de l'ampoule, une ou deux incisions. Le liquide jaillit, et l'ampoule s'affaissa.

— Vous lessiverez à part, dit-elle à Mme Rose, ce vieux linge où j'ai recueilli le liquide. Maintenant, pansons la plaie.

Elle étendit sur une feuille de papier de soie une couche de vaseline boriquée, qu'elle appliqua sur toute la trace de l'ampoule.

— Vous ferez cela matin et soir, dit-elle, jusqu'à ce que la plaie soit guérie. Ce n'est pas difficile. Je vous recommande seulement d'avoir grand soin de laver préalablement vos mains avec cette eau phéniquée que je vous laisse, et de prendre, pour protéger le papier, un linge extrêmement propre. On ne saurait s'entourer de trop de précautions dans le pansement des plaies.

Vous voyez, ajouta-t-elle, que la petite n'a pas souffert. Elle s'est à peine aperçue de l'opération que nous lui avons faite. Mais, à l'avenir, soyez prudente, fermez votre corridor et interdisez à vos enfants d'y séjourner. Vous en êtes quitte aujourd'hui pour la peur : une rechute pourrait entraîner de graves complications. Au revoir, madame Rose, et bon courage !

— Au revoir, madame Raimbaud. Je ne sais que dire pour vous remercier, mais je le fais de tout mon cœur.

NOTIONS A RETENIR

Que de soins, que d'attentions il faut quand on assume la lourde charge d'élever des enfants !

Une grande personne peut indiquer le siège de son mal, et en faciliter la guérison. Au contraire, il faut deviner le mal dont souffrent les tout petits. Le plus simple est donc de prévenir la maladie, en observant tous les soins d'hygiène et de propreté.

CHAPITRE XXIX

68. — L'éducation des bébés : Premiers conseils.

Louise, allant un jour chez Mlle Cochart, rencontra sur son chemin la jeune femme qui s'était réfugiée chez elle un an auparavant. Elle éprouva une sorte de remords à sa vue, car elle n'avait pu tenir sa promesse d'aller la visiter et de lui donner quelques conseils. Elle l'aborda donc et lui demanda gracieusement de ses nouvelles.

Mme Périn salua et rougit : elle était encore si mal vêtue, si mal peignée! Et Louise, au contraire, était si propre! Mais Louise feignit de ne pas s'en apercevoir.

— Je vais bien, madame, répondit la jeune femme, et surtout je me trouve bien heureuse, malgré la besogne, depuis que j'ai un petit enfant.

— Ah! vraiment, j'ignorais que vous eussiez un bébé. Quel âge a-t-il?

— Un mois.

— Se porte-t-il bien?

— Oui; jusqu'à présent il a bon appétit, et j'espère qu'il pourra bientôt manger la soupe avec nous.

— La soupe! gardez-vous-en bien. Les bébés ne doivent boire que du lait jusqu'à près d'un an.

— Mais ils ne seraient pas assez forts, madame, s'ils buvaient et ne mangeaient pas.

— Que me dites-vous là? Demandez au docteur ou même au pharmacien leur avis là-dessus. D'ailleurs, si vous me le permettez, j'irai voir votre enfant demain avec ma fille, dit Louise : nous en causerons.

Et les deux femmes se séparèrent.

Tout en marchant, Louise pensait à celle erreur commune à tant de mères, qui craignent d'affaiblir leur enfant si elles ne lui donnent que du lait... Elle se rappelait que son maître s'était souvent élevé devant elle contre ce préjugé. Les petits-enfants de M. Lambert venaient souvent embrasser leur grand-père, et le docteur veillait à ce que les bébés ne prissent que du lait jusqu'à un an. Quand on les sevrait, on ajoutait un jaune d'œuf au lait qu'ils buvaient encore; puis, petit à petit, on leur donnait des purées de légumes, mais en très faible quantité, et le laitage restait toujours leur principale nourriture. Jamais de viande ni de pâtisseries avant l'âge de trois ans.

— Je lui expliquerai tout cela, se disait Louise charitablement.

69. — Les soins à donner aux nouveau-nés.

Le lendemain était un dimanche. L'après-midi, Louise ouvrit une malle où elle avait conservé la layette de sa fille; elle y prit une brassière et un bonnet, et, emmenant Marie, elle se dirigea vers la demeure de Mme Périn.

—Je l'emmène avec moi, lui dit-elle, car je trouve que l'on n'apprend pas assez tôt aux jeunes filles à soigner les petits enfants. Lorsque vient leur tour d'être mères, elles sont si malhabiles, si ignorantes, que beaucoup de pauvres bébés pâtissent par leur faute, quand ils n'en meurent pas. Je donnerai d'ailleurs à Mme Périn quelques bons conseils, et ce sera une façon de lui faire la charité, puisque nous ne sommes pas riches.

Elles arrivèrent bientôt à la pauvre maison. Elles traversèrent tout d'abord un corridor étroit et sombre, le long duquel coulait lentement une petite rigole d'eau boueuse qui les força de relever leurs robes; puis elles passèrent au milieu d'une cour tout encombrée de vieilles caisses malpropres, d'immondices de toutes sortes et de jouets brisés; des loques pendaient aux fenêtres, et tout cela vous avait un aspect si lamentable que la mère et la fille en eurent le cœur serré!

A l'une des fenêtres elles aperçurent Mme Périn, qui tenait son bébé dans ses bras et qui leur sourit avec un air de bonheur.

Elles s'engagèrent dans un escalier sordide et mal éclairé, montant presque à tâtons, et enfin trouvèrent, sur le palier du second étage, la jeune mère qui les attendait.

Elle s'était lavée avec soin et coiffée avec tant de grâce que, pour la première fois, elle leur parut jeune et jolie. Afin de lui faire comprendre qu'elle appréciait sa bonne tenue, Louise lui dit de son ton le plus aimable : — Oh! madame Périn, que vous êtes belle! — Et Mme Périn rougit de plaisir.

Elle avait vraiment fait preuve de bonne volonté, car la pièce où entraient les visiteuses était balayée proprement et les chaises étaient en ordre le long du mur. Mais une ménagère telle que Louise eut bien vite fait de découvrir des choses qui ne laissèrent pas de la choquer beaucoup : sur la cheminée, près d'une cafetière ébréchée, traînaient une pipe et un chapeau; sur la table, une paire de souliers avait été déposée près du pain. Louise n'en laissa rien paraître : elle savait qu'il faut être dans l'intimité des gens pour se permettre de leur donner des leçons et être assuré qu'ils ne s'en formaliseront pas.

Elle prit le bébé dans ses bras, le fit jouer un instant, le caressa et dit à la jeune mère :

— Nous vous apportons une brassière et un bonnet, madame Périn. Voudriez-vous en échange me rendre un service?

— Oh! de bon cœur, fit celle-ci.

— Laissez-moi donc emmailloter votre enfant sous les yeux de ma fille : il est bon, n'est-ce pas? que Marie apprenne son futur métier.

— Mais bien volontiers, madame.

— D'ailleurs, ajouta Louise en souriant, je crois que mes conseils ne seront pas inutiles à la petite maman, car il me semble que le bébé n'est pas à son aise dans son maillot.

— Il est vrai, madame, que je suis bien maladroite; je ne sais pas comment je dois m'y prendre.

— Regardez-moi faire, et vous verrez que la chose est très facile... Mais que vois-je? Comment, madame Périn, vous laissez sur la tête de votre bébé cette crasse noirâtre qui ne tardera pas à répandre une mauvaise odeur!

— Oh! madame, ne l'enlevez pas : on m'a dit que cela porterait malheur à mon enfant.

— C'est un préjugé stupide, ma pauvre femme. C'est comme si vous enfermiez un oiseau sous une cloche. Il faut que l'air arrive jusqu'à la peau, qu'il la baigne et qu'il l'assainisse, qu'il s'infiltre sous le cuir et pénètre jusque dans le sang; il faut que la place soit nette, pour que la sueur de la tête puisse sortir sans peine; sinon, vous exposez ce pauvre enfant à des congestions et à la mort... Tenez, à tout hasard, j'avais apporté dans ce petit pot un peu de vaseline* que je vous laisse. J'en enduis cette mignonne tête. Demain vous la savonnerez avec soin, vous la brosserez avec une brosse un peu ferme, et vous verrez de larges pellicules* se détacher. Continuez l'opération jusqu'à ce que la petite tête soit bien nette. Vous verrez comme le bébé s'en trouvera mieux... Mais, voyons, procédons à la toilette de monsieur Bébé.

Alors, très adroitement, Louise étendit l'enfant sur ses genoux, enleva les épingles de sûreté, les langes tout humides et enfin les couches, qui n'étaient que des morceaux de toile non ourlés.

— Je n'ai pas encore eu le temps de coudre tout cela, fit la pauvre mère toute honteuse.

— Voyez-vous, madame Périn, il faut que tout soit prêt avant la naissance du bébé; car, une fois qu'il est là, adieu les loisirs... Si vous avez encore de la vieille toile, nous vous préparerons des couches.

— Mais je n'ai rien.

— Croyez-vous?... des chemises qui ne sont plus raccommodables, des draps trop usés, tout cela peut servir. J'en ai de ma vieille parente deux ou trois, que je couperai pour vous.

— Vous êtes bien bonne, madame.

— Avez-vous une éponge?

— En voici une, mais elle est vieille, et je n'arrive pas à la dégraisser.

— Vous allez voir que cela est facile : on prend un peu d'ammoniaque et d'eau, on lave l'éponge dans le mélange, et on l'en retire comme neuve.

— C'est que je n'ai pas d'ammoniaque.

— Mettez alors de la potasse, — gros comme une noix, — dans un peu d'eau chaude, et nous obtiendrons le même résultat... Parfait... Donnez-moi une cuvette d'eau bien claire... Merci. Et d'abord, débarbouillons ce petit corps : partout, dans les plis du cou, sous les bras, sous les jarrets, dans toutes les jointures; sinon la peau se couperait... Voilà qui est fait. Essuyons-le maintenant... avec une serviette ou un torchon propre... Avez-vous de la poudre d'amidon?... Oui. Eh bien, nous allons sécher cette peau encore humide en la tamponnant avec un morceau d'ouate en guise de houppe.

Et Louise tournait et retournait adroitement le corps de l'enfant, qui paraissait content et ne pleurait pas. Elle lui mit une petite chemise de toile et la brassière qu'elle avait apportée.

— J'ai toujours peur de lui casser les doigts quand je passe les mains dans les manches, dit Mme Périn.

— On ferme la main de l'enfant avant de l'introduire, dit Louise. Un jour même, j'ai vu un docteur s'y prendre d'une façon très ingénieuse pour habiller un nouveau-né : il fit deux cornets en papier, et il en couvrit comme d'un éteignoir les mains du bébé : elles glissèrent sans peine jusqu'au bout des manches.

Marie sourit à cette idée.

— Ce n'était pas mal trouvé, n'est-ce pas? fit sa mère.

Elle avait mis l'enfant sur le ventre, et posa sur ses reins une première couche pliée en pointe, une autre

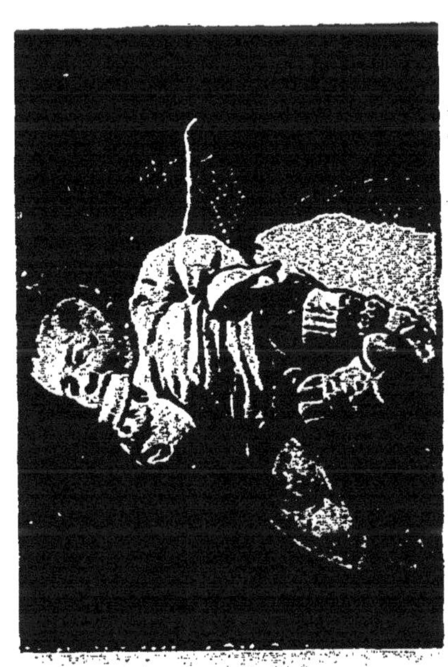

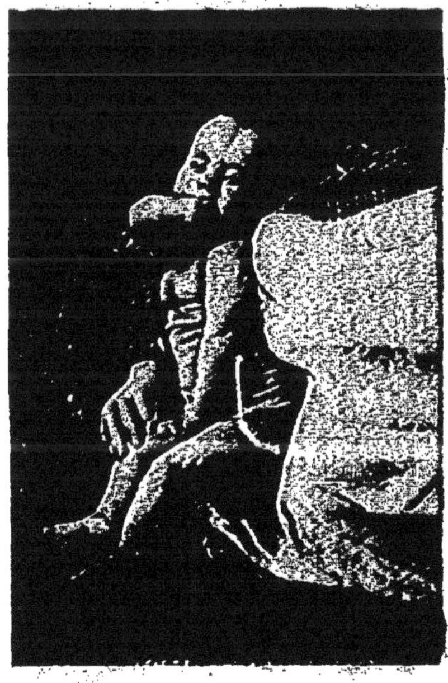

Phases de l'habillement des bébés (méthode dite « à l'anglaise »).

toute droite par-dessus, puis un lange en gros coton épais. Retournant alors le bébé avec ses trois enveloppes ainsi disposées, elle releva la pointe inférieure de la première couche entre ses jambes, et, passant les deux autres pointes par-dessus les hanches, les glissa étroitement

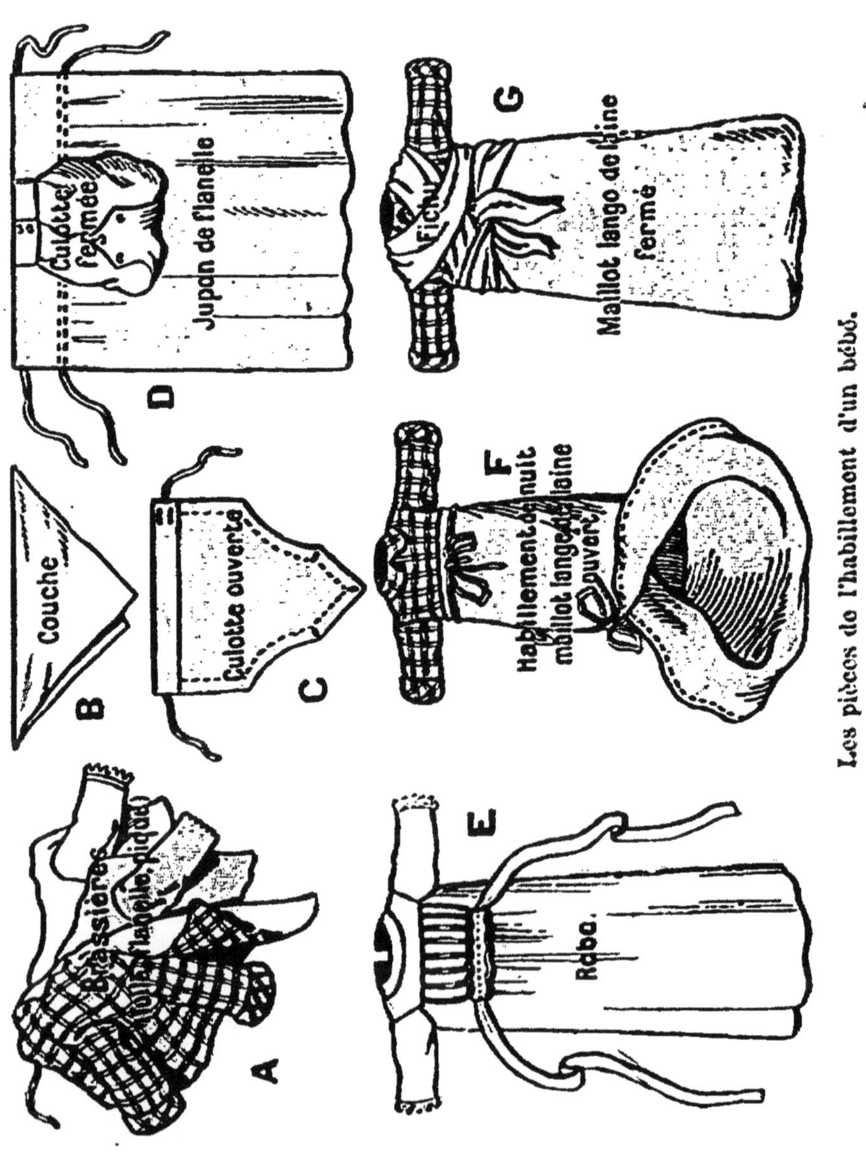

Les pièces de l'habillement d'un bébé.

sous les cuisses, de manière à former une espèce de sac.

— De cette façon, expliqua-t-elle à la mère, si l'enfant a un besoin, les matières n'iront pas jusqu'à ses pieds : elles resteront dans cette couche, que vous enlèverez par les coins sans vous salir. Avec la seconde couche, conti-

ua-t-elle, j'enveloppe les deux petites jambes, que j'al-
onge et que je sépare par devant avec le linge, pour
qu'elles ne frottent pas l'une contre l'autre. Enfin, le
ange de coton recouvre le tout : je le serre assez
ortement contre le corps, je ramène l'extrémité infé-
ieure vers le haut, je retourne mon bébé, et j'épingle
ar derrière. Je puis maintenant soulever entre mes
nains mon petit bonhomme sans que le maillot tombe
terre. Pour en être plus certaine, j'attire, par-dessus le
naillot, la chemise courte et la brassière, je les ferme
ien serrées et les attache avec des épingles de sûreté,
e préserve la brassière par un bavoir, et voilà notre bébé
ien emmailloté. Quelquefois même, l'hiver, je mettrais,
ar-dessus le tout, un second lange de laine.

— Je n'oserais jamais faire tout cela, dit Marie.

— C'est pourquoi je désire que tu t'y habitues, ma
ille. Si Mme Périn y consent, tu viendras, tous les jours
ne fois, l'aider à emmailloter son enfant. Cet appren-
issage te mettra en mesure, à l'occasion, de rendre ser-
ice à une voisine malade...

Au surplus, il existe une autre façon d'habiller les
eunes bébés. On remplace les langes par une culotte de
lanelle qui double la couche, puis par une robe de flanelle sans manches et une robe de toile ou de piqué avec
manches, toutes deux très longues. Les membres infé-
rieurs de l'enfant, dans ces conditions, ont leur liberté
complète. C'est là ce qu'on appelle l'habillement « à l'anglaise »... Vous ne vous blessez pas, madame Périn, des
conseils que je vous donne? demanda Louise.

— Au contraire, madame, j'en suis même très heureuse, et je vous en remercie de tout cœur. Comme je
vous l'ai dit, je suis naturellement maladroite.

— C'est bien d'être modeste, madame Périn. Il y a tant
de gens qui ne peuvent supporter un conseil. Ils ont vraiment tort. On dit souvent qu'on apprend tous les jours, et
c'est vrai. J'ai trente-trois ans, mais j'écoutais toujours mes
maîtres avec déférence quand ils me prouvaient que j'avais
tort et que je ferais mieux d'agir de telle ou telle façon.

— Dites-moi donc encore tout ce que vous savez là-dessus, madame Raimbaud, je vous en serai très reconnaissante.

— Eh bien, je vais vous raconter comment je m'y prenais, moi, pour élever ma petite Marie. A son réveil, vers six heures, je la retirais de son berceau, j'enlevais le linge qu'elle avait sali la nuit, je lui attachais à la taille deux couches, que je laissais vagues, et je la reposais dans son petit lit. Elle était heureuse de sentir ses jambes désemprisonnées, et, tout en jasant et gigotant, me laissait tranquille une heure ou deux. J'employais ce temps à faire mon ménage. Vers huit heures, j'entreprenais la grande toilette : j'avais préalablement fait chauffer de l'eau, que je versais alors dans un grand bain de pied tenant lieu de baignoire, et j'y plongeais la petite tout entière. Surtout je prenais soin que l'eau fût à 36 degrés, et j'avais à cet effet acheté un thermomètre*. Je la laissais dans le bain cinq minutes; après quoi, je l'en retirais et l'essuyais bien soigneusement; je la poudrais, je lui mettais du linge sec, et, après un premier biberon, — car, à mon grand chagrin, j'étais une mauvaise nourrice, — je la remettais au lit. Elle y refaisait un très bon somme. J'en profitais pour sortir au plus vite et acheter mes provisions, pendant qu'une voisine consentait à venir surveiller le sommeil de l'enfant. A mon retour, je préparais vivement le déjeuner, et vers dix heures la petite s'éveillait. Je la prenais un instant dans mes bras pour m'amuser avec elle, puis je la reposais sur son lit.

— Il me semble, maman, que j'y étais bien souvent.

— Ma chérie, les pauvres gens ne peuvent avoir leurs enfants sur les bras tout le temps. J'étais assez habile aux travaux de couture, et, tandis que ton père se fatiguait à sa besogne, je tâchais, moi, de gagner aussi un peu d'argent. Je ne pouvais donc toujours te tenir, et d'ailleurs tu ne t'en trouvais pas plus mal, au contraire. A midi, ton père rentrait : je te donnais ton second biberon, et nous déjeunions auprès de toi. Aussitôt après le déjeuner, je te remettais du linge sec, et, par tous les temps, chauds ou froids, je t'emportais à la promenade, bien emmitouflée dans de grands châles, — car à cette époque on n'avait pas des pelisses comme tout le monde en a aujourd'hui. Nous restions au grand air pendant deux heures, puis nous revenions : nouveau biberon, et dodo. Alors, vite, je cousais, je raccommodais jusqu'à six heures, et tu t'éveillais : je te prenais sur mes bras, et, tout en portant ma petite Marie, je faisais ma cuisine, je mettais ma table et j'allumais la lampe.

— Ma pauvre maman, tu devais être bien fatiguée.

— Ah ! ma fille, j'étais jeune, et j'avais du courage; mais vraiment il y avait des soirs où je tombais dans mon lit comme un plomb, très fatiguée, oui, mais heureuse quand même, si je te voyais bien portante.

Marie se jeta au cou de sa mère et l'embrassa très affectueusement.

— Alors, madame Raimbaud, dit Mme Périn, vous changiez votre enfant de linge trois fois par jour.

— Cinq fois, madame, cinq fois: le matin, au réveil; à huit heures, pour la grande toilette; à deux heures, pour la promenade; à quatre heures, en rentrant, pour m'assurer d'ailleurs qu'elle n'avait pas eu froid aux pieds, car ces petits êtres ne se donnent aucun mouvement dans les bras ou dans leurs voiturettes; et enfin à sept heures du soir, pour le reste de la nuit.

— Vous ne la changiez pas de linge la nuit ?

— Non, jamais je ne la sortais de son lit.

— Pas même si elle pleurait ?

— Pas même : je la calmais en lui parlant doucement ou en la caressant; je lui donnais à boire, et elle se rendormait. C'est une habitude à faire prendre aux bébés : quand ils ont compris qu'on ne les promènera pas, — ce qui est fatigant, et quelquefois dangereux pour les parents dans les froides nuits d'hiver, — ils se résignent.

— On dit pourtant qu'il ne faut pas laisser crier les nouveau-nés.

— Écoutez, madame Périn. Mon maître était docteur, je vous l'ai déjà dit. Eh bien, il défendait aux nourrices de ses petits-enfants de les prendre sur les bras pour apaiser leurs cris ; il établissait des règles, il fallait s'y soumettre : on mettait les bébés au lit dans la matinée et après la promenade ; s'ils pleuraient, on les laissait pleurer et même crier. Il va sans dire que l'on s'assurait tout d'abord que l'enfant n'était blessé ni par un faux pli, ni par une épingle. Et, d'ailleurs, on reconnait aisément les cris occasionnés par la douleur. Il n'y avait d'exception à la règle que pour les cas de maladie.

— Naturellement. Et comment les nourrissait-on ?

— Avec du lait, et rien que du lait, jusqu'à l'âge d'un an. Mes maîtres, étant riches, avaient des nourrices, quand les jeunes mères n'avaient pas suffisamment de lait, car, voyez-vous madame Périn, rien au monde ne vaut le lait de la femme pour écarter les maladies et rendre forts les bébés (1) ; mais j'ai vu cependant élever un de leurs petits-enfants au biberon, et il était superbe... Ah ! par exemple, que de soins on prenait ! De l'eau bouillie pour laver les bouteilles, de l'eau bouillie pour laisser tremper les tétines, de l'eau bouillie pour couper le lait, que l'on exigeait toujours très frais et qu'on rendait plus digestif et plus agréable en y faisant fondre un peu de sucre. Plus tard, à mesure que l'enfant grandissait, on diminuait la quantité d'eau dont on coupait le lait, et à un an on le donnait pur.

— En somme, cela n'est pas difficile.

— Pas du tout ; il suffit d'un peu d'attention et de beaucoup d'amour. Les bébés sont-ils échauffés ? faites bouillir de l'orge perlée, et servez-vous de cette eau rafraîchissante pour les biberons ; mais il faut avoir soin d'en faire bouillir de nouvelle chaque jour. Ont-ils la diarrhée ? mettez-les à la diète, c'est-à-dire donnez-leur à boire beaucoup moins, et battez en neige un blanc

(1) Voir *Appendice*, Mutualité maternelle, p. 237.

d'œuf cru que vous mêlez au biberon : si le cas n'est pas grave, cela suffit pour guérir l'enfant.

— Que de choses vous savez, madame Louise !

— Toujours en écoutant les bons conseils, madame Périn. Enfin, si l'enfant paraît plus malade, appelez le docteur, c'est plus sûr. Dans les villes où il y a des crèches*, les femmes d'ouvriers sont bien soulagées, mais il n'en existe pas partout.

— Ne m'avez-vous pas engagée l'autre jour à ne pas donner de soupe à mon bébé ?

— Il est bien trop jeune, croyez-moi, et je ne me lasserai pas de vous le redire. Puisque vous ne nourrissez pas vous-même votre enfant, — et c'est bien dommage, madame Périn, — donnez-lui du lait sucré, et, tout d'abord, coupé par moitié d'eau bouillie, puis, progressivement, du lait plus fort, et enfin, à un an, du lait pur. Plus tard, il mangera, outre son lait, un œuf à la coque ou un peu de légumes en purée, mais pas de viande.

— On dit pourtant que la viande est fortifiante.

— Oui, lorsqu'on a des dents pour la bien mâcher, mais les enfants n'ont pas les dents assez fortes pour mâcher convenablement, et leur estomac se fatiguerait à parfaire cette besogne. Donc, avant trois ans, pas de viande, et, après, très peu encore pendant quelques années. Jamais de vin pur, surtout jamais de liqueurs, jamais de thé ni de café.

— J'aurais cru que tout cela est bon, car je pense qu'on en donne aux enfants des gens riches.

— Quelle erreur, ma bonne madame Périn ! J'ai servi chez des maîtres très riches, et je puis vous assurer que leurs enfants avaient une nourriture très simple : ni pâtisseries, ni sucreries, ni rien qui comportât de l'alcool. Ne croyez pas que ce fût une privation pour eux ; pas le moins du monde : ils étaient habitués à s'en passer, et ne pensaient même pas que l'on en pût avoir. Aussi, quels beaux enfants c'étaient là !... Allons, au revoir ; nous avons causé trop longtemps pour une première fois, dit Louise. Mes compliments à votre mari.

Elle n'osait, par délicatesse, demander directement de ses nouvelles.

— On dirait qu'il veut se ranger depuis que nous avons le petit, répondit Mme Périn.

— Oh! profitez-en donc : faites-lui un intérieur agréable, et il se plaira parmi vous, croyez-moi... Tenez, aujourd'hui, je vous trouve bien gentille et bien coiffée, et je serais fort surprise si à son retour votre mari n'avait plaisir à vous voir et à demeurer près de sa femme.

Mme Périn sourit, et Louise prit ce sourire comme une promesse.

— Faites excuse, madame Louise, dit la jeune femme en traversant la cour pour reconduire ses visiteuses, vous me voyez honteuse de cette malpropreté. J'engagerai mes voisines à ranger avec moi toutes ces caisses et à faire le passage aussi propre que possible. De cette façon, j'espère bien alors que vous n'hésiterez pas à revenir.

— Je vous en remercie, madame Périn, et si je suis heureuse de vous voir dans ces bonnes dispositions, c'est parce que je pense que rien n'est funeste à la santé des grandes personnes, mais surtout des enfants, comme l'atmosphère empestée qui s'échappe d'une pareille cour. Au revoir donc, et bon courage!

NOTIONS A RETENIR

C'est une erreur de croire que, pour donner de la force aux tout jeunes enfants, il faille les nourrir de soupe, de viande et de légumes.

Durant sa première année, un bébé doit être exclusivement nourri de lait. Plus tard seulement, et pas avant la deuxième année, on pourra lui donner en outre un peu de légumes et des œufs.

Enfin, vers l'âge de trois ans, on peut commencer à le mettre insensiblement au régime de la viande.

Le vin et le café, à plus forte raison les liqueurs, doivent être sévèrement proscrits.

***

L'emmaillotage des enfants est un art que pratiquaient mal nos grand'mères. Sous prétexte de maintenir les jambes, elles serraient les pauvres membres très fort l'un contre l'autre, et ne leur laissaient aucune liberté. Le maillot doit être assez lâche pour ne pas gêner les mouvements.

***

Sur dix enfants élevés au biberon, il en meurt généralement trois; il n'en meurt qu'un si on les élève au sein. Une mère n'hésitera donc jamais à remplir ce devoir sacré. Si pourtant elle se trouvait dans l'impossibilité absolue de nourrir elle-même son enfant, il faut du moins que le lait et le biberon soient l'objet des soins les plus vigilants. On ne se servira que d'eau bouillie pour couper le lait, et de biberons munis d'une simple tétine. Les longs tubes de caoutchouc se lavent malaisément et deviennent promptement des foyers d'infection. La plupart des maladies enfantines sont dues à des biberons défectueux et mal nettoyés.

CHAPITRE XXX

70. — La surveillance des enfants en nourrice.

Louise était aimée de tous. Son savoir-faire et son inépuisable obligeance la rendaient précieuse à quiconque recourait à ses bons offices. Toujours prête à venir en aide, elle se dépensait sans compter. Ce fut à elle que Berthe Paulin, l'amie de sa fille, recourut un jour, et comme d'instinct, dans une circonstance où il était nécessaire de faire preuve de diligence et de tact.

Berthe Paulin était mariée depuis deux ans à un marchand de mercerie, dont la maison était très prospère. Mais leur bonheur n'allait pas sans fatigue. On se levait tôt pour faire la toilette du magasin. Le mari balayait et cirait le plancher; il frottait les vitres avec soin, pour que l'étalage fût bien net; il renouvelait fréquemment les objets exposés, d'abord parce que les clients aiment le changement, et ensuite parce qu'il est bon de ne pas laisser longtemps à la grande lumière des marchandises qui risqueraient de se défraîchir. Puis il fallait essuyer chaque rayon, chaque carton, visiter les lainages et les battre souvent, pour chasser les mites. Tout cela devait être fait avant l'arrivée des pratiques.

Pendant ce temps, Berthe faisait le ménage et le déjeûner du matin. Après quoi, elle venait rejoindre son mari. Elle s'était chargée de la tenue des livres et continuait à confectionner de petits ouvrages de fantaisie, qu'elle vendait à un prix très avantageux.

Tout allait donc à souhait chez les époux Paulin. Mais, lorsqu'il leur vint un enfant, ils se trouvèrent tout à la fois ravis et embarrassés.

— Comment faire? demanda Berthe à sa mère. Comment donner tous mes soins à ce cher petit au milieu de tant d'occupations absorbantes? L'installer dans le magasin près de nous, c'est l'exposer aux courants d'air : les portes s'ouvrent à chaque instant; puis, il peut déplaire aux clients de l'entendre pleurer.

— Ma fille, tout cela est très juste, et je ne vois qu'un moyen de sortir d'embarras. Je vais te faire de la peine, je le sais, mais je t'engage à te séparer de ton fils et à le mettre en nourrice.

— Oh! maman, que dis-tu? répondit Berthe, les larmes aux yeux. Jamais je ne quitterai mon enfant, tu m'entends, jamais.

Le bébé fut donc confiné dans l'arrière-magasin qui servait de salle à manger. Cette pièce, située au nord, et donnant sur une cour étroite, ne recevait jamais un rayon de soleil. On y sentait comme une vague odeur de moisissure, et çà et là, sur la tapisserie décolorée, s'étalaient de larges plaques d'humidité. Mais la jeune mère n'avait pu se résoudre à laisser son enfant seul à l'étage supérieur, lorsqu'elle avait à répondre à l'appel du timbre.

Un jour le pauvre petit refusa de téter. Il fut pris de fièvre et d'une toux sèche : les parents effrayés firent venir en hâte un docteur. Le médecin ausculta* l'enfant.

— Cette pièce est malsaine, dit-il. Votre bébé ne doit jamais y séjourner. Montez un berceau à l'étage, faites un feu de bois et maintenez une température de 18 degrés environ.

La jeune mère pleurait.

— Ne vous désolez pas, madame, reprit le docteur; le péril n'est pas grave, car nous le conjurons à temps; mais, plutôt encore que de garder votre bébé, vous feriez sûrement mieux de le mettre en nourrice et de l'envoyer à la campagne, où le bon air le remettrait bien vite.

En nourrice! Toujours ce mot et ce conseil! Berthe éclata en sanglots. Son mari, ému lui-même, laissa sagement passer le flot de larmes, puis, doucement, il se mit en devoir de montrer à sa femme que l'amour maternel ne doit pas être égoïste, et qu'il fallait songer à la santé de l'enfant, avant de jouir de ses sourires et de ses caresses.

— Oh! répondit-elle, tu ne comprends pas les sentiments qui m'agitent. Il m'est dur, sans doute, de me séparer de ce cher petit; mais je m'y résignerais à l'instant même, si je n'éprouvais une insurmontable défiance contre cette nourrice inconnue, qui peut-être négligera notre fils et le maltraitera.

— Détrompez-vous, madame, reprit alors le docteur. Tous les enfants placés en nourrice moyennant salaire, et loin du domicile de leurs parents, sont scrupuleusement surveillés par l'autorité publique.

— Que me dites-vous? Serait-il vrai...?

— Oui, madame. Dans tous les départements fonctionne, à cet effet, un comité dont le préfet a la présidence. En outre, des commissions locales sont instituées dans les parties du département où l'utilité en est reconnue.

— Vous me rassurez un peu, docteur, soupira la pauvre mère. Pourtant ce sont des hommes qui forment ce comité. Qu'entendent-ils à l'élevage d'un nourrisson?

— Ce sont des hommes et aussi des femmes. Deux mères de famille en font partie. Elles peuvent adresser des rapports au préfet et demander l'envoi de médecins inspecteurs chargés d'aller examiner tel ou tel enfant. La nourrice de votre bébé sera donc, n'en doutez pas, soumise à une surveillance, et elle n'ignorera pas qu'elle encourrait une peine, si elle manquait à ses devoirs. C'est pourquoi je vous engage à calmer vos appréhensions, et, si nous trouvons une femme consciencieuse, j'espère que votre enfant deviendra superbe en très peu de temps, car il est naturellement fort et bien constitué.

Ces derniers mots mirent un baume dans le cœur de Berthe. Elle se résigna, et l'on se mit en quête, dans les environs de Charleville, d'une nourrice saine et honnête, habitant une maison propre et bien aérée.

Ce fut Louise qui la trouva, au joli village de Montcy-Notre-Dame, là-haut, sur la colline, à 3 kilomètres environ de la ville. Il fut aisé aux parents d'aller, deux fois par semaine, visiter le nourrisson, dont les joues fermes et roses firent bientôt plaisir à voir.

— Eh bien! veux-tu le reprendre? demandait à Berthe son mari.

— Non, mon ami; mais ne te moque pas de moi: elles sont à plaindre, les mères qui sont obligées de se séparer de leur enfant.

— C'est vrai; mais ne penses-tu pas qu'elles seraient plus à plaindre encore, s'il leur fallait voir leur enfant s'anémier* dans l'air des cités?

NOTIONS A RETENIR

Dans les humbles ménages, où le travail de la femme est nécessaire pour assurer le pain de la famille, on est souvent obligé de confier les tout jeunes enfants à des mains étrangères, de les mettre en nourrice.

L'État fait exercer une surveillance spéciale sur les nourrissons. Des inspecteurs, des médecins, et même des femmes, sont chargés de les visiter souvent. Cependant, quelle que puisse être leur vigilance, elle ne vaudra jamais celle d'une mère. Et c'est pourquoi il importe que la nourrice habite assez près de la famille, de façon que la mère, arrivant à l'improviste, puisse constater par elle-même, et aussi souvent qu'elle le voudra, si son enfant est traité avec douceur et proprement tenu.

CHAPITRE XXXI

71. — Les contributions directes.

Un coup de sonnette : c'est un employé de la mairie.

— Mlle Marie, dit-il en souriant, le percepteur se rappelle à vous. Voici la feuille des contributions.

La porte fermée, Marie considéra cette feuille énigmatique.

— Cette feuille indique la somme que je dois payer cette année pour notre maison, dit Louise.

— Eh quoi! maman, tu payes donc un *impôt* pour notre maison?

— J'en paye bien trois, fillette.

— Trois! mais c'est énorme!

— C'est vrai, la charge des impôts est lourde; mais l'État, lui aussi, a bien des charges, vois-tu. Il a besoin de beaucoup d'argent pour subvenir à tous ses frais, et il en exige de tous ceux qui possèdent.

— Mais n'est-ce pas là une injustice?

— En aucune façon, car cet argent revient, sous une autre forme, à ceux-là mêmes qui l'ont donné.

— Quelle forme, maman?

— Eh mais! penses-tu donc qu'il ne coûte rien de tracer des routes, de bâtir des écoles, d'entretenir une armée, une police et bien d'autres services publics?

— Je n'avais jamais songé à cela. Alors, c'est toi qui payes en partie pour tout ce que tu dis?

— Mais certainement. Les grandes personnes contribuent de deux manières aux charges de la société. D'abord, elles payent *directement* des impôts qu'on appelle, à cause de cela, des *contributions directes*. Par exemple, je possède un morceau de terrain, un fonds de terre, comme on dit, dont je tire un certain profit, un revenu. Il est juste que, pouvant me procurer un avantage pécuniaire que tout le monde n'a pas, je fournisse à la société, qui ne peut exister sans argent, une somme proportionnelle à la valeur de ce fonds. C'est là ce qu'on appelle l'*impôt foncier*. — Sur ce terrain je fais bâtir, pour l'habiter ou pour la louer, une maison, un immeuble, pour parler comme les gens de loi. Il est bien juste encore que, pouvant me donner ce luxe ou ce profit, je paye une nouvelle somme proportionnelle à la valeur de l'immeuble. Et ce nouvel impôt est la *cote mobilière*. — Enfin je veux, pour mon agrément et ma commodité, multiplier dans cet immeuble les portes extérieures, c'est-à-dire celles qui donnent sur la rue ou sur la cour, ainsi que les fenêtres. Je payerai donc un troisième impôt basé sur le nombre de ces ouvertures, et ce sera l'impôt des *portes et fenêtres*. Et la preuve que c'est bien le luxe, et, par suite, l'agrément, le bien-être qui sont imposés, c'est qu'on exempte de cet impôt les ouvertures de toutes les constructions qui ne sont pas destinées à être habitées, les granges, les greniers, les écuries.

— Et si la maison n'était pas à nous, maman, si nous ne faisions que la louer, comme fait le père Louis, notre voisin ?

— Eh bien, ma fille, dans ce cas, l'impôt foncier serait dû par le propriétaire, et les deux autres par nous, les locataires, qui pourrions nous donner le luxe de cette maison.

— Tout cela me paraît juste et bien imaginé.

— C'est pourquoi on les subit sans trop s'en plaindre. Je ne dis pas qu'il ne serait pas à souhaiter... mais cela n'est pas notre affaire... Tu me parles de notre voisin Louis, le serrurier : il a encore à payer, lui, deux impôts d'une espèce toute particulière, ceux qu'on appelle les *prestations* et la *patente*. Du reste, je ne sais pourquoi je te parle moi-même de toutes ces choses, car on t'en parlera sûrement à l'école, et mieux que je ne puis faire.

— Oh! mère, que dis-tu là? Je comprends très bien tout ce que tu me dis! Sais-tu que je t'admire, ma chère maman?

— Câline, va! reprit Louise. Et elle attira sa fille sur son cœur.

— Eh bien, donc, mon enfant, on entend par *prestations* un impôt qui est dû par tout homme, Français ou étranger, résidant en France. Il varie suivant les départements, qui exigent de leurs habitants trois journées de travail manuel au bénéfice de la région tout entière : car tu comprends que dans un département il y a toujours quantité de travaux publics à effectuer, entretien des routes, construction de bâtiments...

— Comment! tous les hommes de Charleville doivent se faire maçons ou cantonniers pendant trois jours par an?

— S'ils y consentent, ils le peuvent. Mais la plupart ont des affaires et des goûts qui ne leur permettent pas de conduire des tombereaux ou de casser les pierres sur les chemins.

— Alors?...

— Alors ils payent en argent la valeur de ces trois journées; et c'est la forme la plus commune des prestations.

— Ne me parlais-tu pas encore d'un autre impôt que paye le père Louis?

— Oui, la *patente,* qui frappe tous ceux qui exercent ou font exercer, pour leur compte personnel, une profession, un commerce ou une industrie.

— Alors, les ouvriers ne payent pas de patente?

— Non, les ouvriers ne payent pas la patente, les fonctionnaires de l'État non plus, ni, en général, aucun de ceux qui travaillent pour le compte d'autrui. La patente est, en quelque sorte, le droit que l'État vous reconnaît, moyennant finances, de prélever un bénéfice sur les gens qui s'adressent à vous pour les besoins de la vie.

— Et cela est de toute justice, n'est-ce pas?

— Du moins il me le semble.

72. — Les contributions indirectes.

Marie avait écouté ces choses avec beaucoup d'attention, car c'était une jeune fille sérieuse et toujours en quête de s'instruire.

— Maman, reprit-elle, tu me disais tout à l'heure que les grandes personnes contribuent de deux manières aux charges de la société. Quelle est donc l'autre manière ?

— La voici. Les impôts que je viens de t'énumérer sont en quelque sorte visibles, et ils nous sont réclamés *directement* par des agents spéciaux, d'où leur nom de *contributions directes*. Mais nous en payons une foule d'autres sans nous en douter : sur le sel, le sucre, les boissons, les allumettes, le tabac...

— Oh ! maman, nous ne fumons pas.

— Nous, les femmes, non, bien certainement ; mais que d'hommes ont cette mauvaise habitude, qui nuit à leur santé comme à leur bourse ! En un mot, ma fille, tous les objets de consommation sont imposés, et, quand nous achetons des allumettes, par exemple, nous payons, sans le voir, sans le savoir presque, *indirectement*, une partie de cet impôt. C'est là ce qu'on appelle les *contributions indirectes*.

— Dis-moi, maman, l'autre jour je me trouvais chez le père Bernard au moment où un monsieur est venu lui payer une somme de 20 francs, et notre voisin, après avoir reçu l'argent, dit au monsieur : « Désirez-vous une quittance? » Je n'ai pas osé demander au père Bernard ce qu'il a voulu dire, car il se serait moqué de moi, mais, puisque tu sais tant de choses, voudrais-tu m'expliquer...

— Le père Bernard ne se serait pas du tout moqué de toi. Au contraire, il eût été content de voir que tu cherches à t'instruire. Toute personne qui paye une dette a le droit d'exiger de son créancier une *quittance*, ou, comme on dit encore, un *reçu*, c'est-à-dire un écrit témoignant qu'il a réellement acquitté sa dette. Quand la somme est égale ou inférieure à 10 francs, le créancier se borne à mentionner que telle somme lui a été payée tel jour en tel lieu, et il signe. Si la dette est supérieure à 10 francs, le reçu doit porter, sous peine d'amende, un *timbre mobile* de 0 fr. 10, dit *timbre de quittance*. Le timbre, rigoureusement dû par le débiteur, est quelquefois payé par celui qui acquitte. Armé de cet *acquit*, le débiteur n'a pas à craindre qu'on lui réclame jamais sa dette.

NOTIONS A RETENIR

L'impôt est la somme que chacun doit pour assurer le bon fonctionnement des services publics.

Les mots contributions et impôts sont synonymes.

Les *contributions directes* sont au nombre de quatre : Foncières, Personnelles et mobilières, Portes et fenêtres, Patentes. Leur répartition est, en principe, équitable, car elle est basée sur la fortune de chacun.

Les contributions directes sont versées entre les mains du percepteur.

Les *contributions indirectes* sont des taxes mises sur les objets de consommation. Les allumettes, le vin, le tabac, le café, etc., sont soumis à des impôts que chacun paye sans s'en douter.

CHAPITRE XXXII

73. — Le jardin d'agrément.

Un soir d'été, les deux familles se trouvaient réunies dans le jardin de Louise. Sous les fenêtres de la maison s'épanouissaient les héliotropes odorants et les géraniums pourpres; le réséda et les roses grimpaient le long du mur, et dans l'air attiédi flottaient de suaves aromes.

— Quel agréable jardin! soupira Lucette.

— Petite, dit Marie, tu devrais demander à papa Bernard la permission de planter quelques fleurs dans votre grande cour. Ce serait joli, et cela vous embaumerait.

— Mais la cour est pavée.

Marie regarda son fiancé. — Pierre, pourriez-vous, pour faire plaisir à cette enfant, enlever quelques pavés au pied de la muraille et lui former une plate-bande? je lui donnerais des boutures.

— C'est très facile, mais la terre ne doit pas être bonne.

— Vous ferez venir quelques brouettées de terreau*, et je lui apprendrai à soigner les fleurs.

— Oh! Marie, que vous êtes gentille! s'écia Lucette en l'embrassant.

— Mais, mon enfant, les fleurs coûtent cher, fit la maman Bernard qui était très économe.

Marie s'interposa :

— Croyez-vous, madame? J'ai dépensé bien peu d'argent pour mon jardin. Quand on s'entend à soigner les plantes, continua-t-elle, on en perd très peu, et même elles se multiplient avec assez de rapidité, ce qui permet de combler les vides occasionnés par la gelée ou tout autre accident.

— Je ne connais rien aux plantes, dit Pierre, mais je partage l'admiration de Lucette, car votre jardin est fleuri

Le jardin de Louise.

en toute saison. Comment vous y prenez-vous? N'êtes-vous pas un peu fée?

Tout le monde sourit, y compris Marie, qui reprit modestement : — Oh! ma science, — une bien jolie science, à vrai dire, — est à la portée de tous. Ce mur, qui est au nord, je l'ai tapissé avec du lierre, parce que là le raisin ne mûrirait pas. J'ai demandé six branches de lierre à Mlle Cochart, qui en a beaucoup, et je les ai couchées dans un petit sillon creusé au bas du mur. Il a suffi d'un peu d'eau pour leur permettre de prendre racine. Et voilà comment j'ai le plaisir de voir de la verdure en hiver. En face, c'est-à-dire au midi, ma mère a planté cette vigne, qui nous donnera quelques grappes en septembre, un bon dessert à présenter à nos amis, — si nous n'oublions pas de la soufrer.

— Comme des allumettes! s'écria Lucette.

— Espiègle! dit Louise. Ne vous moquez pas de nous, sinon vous ne goûterez pas de notre récolte. Vous ne savez donc pas, mademoiselle, que certains insectes s'attaquent à la vigne et la font périr? En la soufrant au printemps, on détruit ces insectes.

— Mais si, madame, je le savais, et je ne parlais que pour rire. Je sais encore, reprit-elle imperturbablement, que cet insecte s'appelle le *phylloxera*, et qu'il détruit les feuilles et les raisins. L'institutrice nous l'a justement appris hier, fit-elle en aparté. Il provoque sur les feuilles, nous a-t-elle dit, des excroissances qu'on peut comparer à des verrues, et les feuilles atteintes ne tardent pas à périr. Il s'attaque également aux racines : il en suce tout l'élément nutritif, et la plante succombe rapidement.

Les auditeurs écoutaient, moitié riant, moitié sérieux.

— Bravo, Lucette; tu parles comme un livre, dit Louise. Et sais-tu comment on essaye de sauver la vigne de ce vilain parasite*?

— En enlevant les feuilles attaquées et en les brûlant.

— Très bien.

— Puis on submerge les plants atteints dans une solution de sulfocarbonate de potasse.

— Oh! pour le coup, à toi le prix! fit Louise en éclatant de rire. Honneur à notre gentil bas bleu!

Et tous à la ronde se levèrent pour embrasser Lucette.

— Continuons notre leçon, dit Marie. Pour avoir, dès le printemps, des myosotis bleus, des silènes roses et des pensées, j'ai mis au mois d'août dernier, dans des caisses pleines de terreau ou de fumier, des graines de chaque espèce. Elles ont levé en septembre, et je les ai mises en place dès que les plantes ont été suffisamment fortes, c'est-à-dire à la fin d'octobre ou au commencement de novembre. En avril et mai, mon jardin était tout fleuri; j'avais dépensé trente centimes.

— Et beaucoup de savoir-faire.

— Non, Pierre, il ne faut qu'un peu d'attention. En juin, mes rosiers et mes lis ont fleuri. Je n'ai pris aucun soin des lis, qui sont vivaces. Quant aux rosiers, j'en ai pris au contraire un très grand soin, car la culture en est assez délicate. Par exemple, l'un deux, nouvellement planté, ne poussait pas. On me donna le conseil d'envelopper de mousse la tête et la tige et d'arroser cette mousse tous les jours. L'écorce ne tarda pas à s'amollir, et les bourgeons commencèrent à pointer. Quand mes rosiers ont une haute tige, je leur mets un tuteur qui les empêche de se casser sous l'effort du vent. L'hiver, j'entasse au pied de mes arbustes les feuilles mortes tombées à terre, et je protège les tiges au moyen de paillassons. Enfin, quand je veux obtenir une moisson exceptionnelle de fleurs, je compose un engrais, à raison, par pied de rosier, de 30 grammes de superphosphate*, 10 grammes de sulfate de fer* et 10 grammes de sulfate de potasse*. De cette façon, je suis sûre d'avoir des roses pendant près de trois mois : mai, juin et une partie de juillet.

— En effet, Marie, voilà bien des soins pour une seule plante, dit Pierre.

— C'est vrai, répondit-elle, mais vous savez mieux que moi, mon ami, que l'on n'a rien sans peine. Il faut dire que, si les roses demandent des soins exceptionnels, les autres plantes s'élèvent plus facilement. En avril, j'ai semé des capucines naines dans le massif où commençaient à se défleurir les myosotis et les silènes, et, quand ceux-ci ont disparu, les autres ont ouvert une à une leur joli calice et me donneront une abondante floraison jusqu'aux premières gelées. Avec les petits soleils et les gobéas, ce seront les dernières pousses de la saison. Il ne restera plus à venir que les chrysanthèmes, cette fleur de mélancolie, qui s'épanouit sans parfum, pour nos pauvres morts. Ils seront en boutons en octobre et donneront leurs premières fleurs à la Toussaint.

Et la soirée se termina sur cette grave pensée du respect que l'on doit aux défunts et sur la pieuse et touchante coutume de parer leurs tombes chaque année le 2 novembre, jour des Morts.

NOTIONS A RETENIR

Seuls, les cœurs insensibles ou les désespérés de la vie sont indifférents à l'attrait de la verdure et des fleurs. Les plus déshérités de la fortune peuvent donner à peu de frais un air de fête à la plus humble mansarde. Rien n'est d'ailleurs plus facile et moins coûteux, pour ceux qui ont la jouissance de quelques mètres carrés de terrain, que de se payer le luxe d'un jardinet. Un chevrefeuille, un lilas, quelques pieds de rosiers et l'on a le printemps chez soi. On ne saurait même se retrancher derrière l'ignorance du jardinage. Il suffit d'avoir du goût et de la persévérance.

LA FLEUR EST LA FILLE DU MATIN, LE CHARME DU PRINTEMPS, LA SOURCE DES PARFUMS, LA GRACE DES VIERGES, L'AMOUR DES POÈTES

CHATEAUBRIAND

CHAPITRE XXXIII

74. — Les degrés de parenté. L'héritage.

Le lendemain soir, on se réunit suivant la coutume, et à la même heure que la veille. Mme Bernard, qui ne cessait d'admirer Marie, dit tout à coup :

— Vous avez là, madame Louise, une fille habile, car il faut avouer que le jardin était bien mal entretenu du temps de votre vieille cousine. A cette heure il est charmant.

— C'est vrai, dit Louise, mais je ne lui suis pas moins reconnaissante de nous l'avoir légué ainsi que la maison.

— Sans doute !... Vous étiez donc cousines germaines ?

— Nullement, et même notre cousinage était fort éloigné. J'aurais quelque peine à vous l'expliquer, mais enfin je sais que nous étions parentes au douzième degré.

— Oh ! oh ! interrompit le père Bernard, il était temps, madame Louise.

— Temps ?... monsieur Bernard ? Que voulez-vous dire ?

— Je veux dire que le douzième degré constitue la dernière parenté *nécessaire*, comme disent messieurs les juges. On a droit d'héritage jusque-là, mais plus loin on n'a rien à réclamer.

— Vous devriez bien m'expliquer au juste ce que c'est que ces *degrés* de parenté, monsieur Bernard ; car, à vous le dire franchement, je ne m'y connais guère, reprit Louise, saisissant l'occasion qui s'offrait à elle d'apprendre quelque chose.

— Eh bien, voici. Je suppose que deux personnes, homme ou femme, peu importe, en remontant chacune la série de leurs ascendants, c'est-à-dire de leurs pères ou mères, grands-pères ou grand'mères, etc... aboutissent à une même origine ; ils sont parents à un degré quelconque. Prenons le cas le plus simple. Pierre et Lucette rencontrent en moi leur origine commune ; ils sont frère et sœur. De Pierre à moi, il y a ce qu'on appelle un *degré;* de Lucette à moi, un degré. Additionnons, et nous dirons que de Pierre à Lucette il y a deux degrés, comme qui dirait deux marches, dont l'une à monter de Pierre à moi, l'autre à descendre de moi à Lucette.

— Je comprends, monsieur Bernard. A ce compte, les enfants de Pierre et de Lucette seront parents au quatrième degré.

— Parfait : c'est bien là, en effet, le degré de parenté des cousins germains. Un oncle et une nièce seront, eux, parents au troisième degré.

— Vous disiez donc tout à l'heure, monsieur Bernard,...

— Je disais que, parente au douzième degré, vous pouviez hériter *légalement* de votre cousine et réclamer votre part d'héritage, au cas où elle serait morte sans *testament**, « ab intestat », pour parler encore comme ces messieurs les *juristes**.

— C'est donc qu'elle aurait pu ne rien me laisser dans le testament qu'elle a fait?

— Oh! parfaitement. Il n'y a de *réserve* obligatoire et légale que pour les héritiers de la ligne directe. Je veux dire par là qu'on ne peut déshériter entièrement ni ses enfants ou petits-enfants, ni ses parents ou arrière-parents. A ceux-là, la loi garantit toujours ce que je viens d'appeler une *réserve*, qui, naturellement, varie suivant les cas. Quant au reste de l'héritage, le testateur en peut *disposer* comme il l'entend : c'est ce qu'on appelle la *part*, ou, mieux encore, la *quotité disponible**. Pour vous donner une idée plus nette de ce que je veux dire, madame Louise, si je n'avais que Pierre pour enfant, il aurait *droit* à la moitié de ma succession, et je pourrais disposer de l'autre moitié à ma fantaisie. J'ai deux enfants, et je ne puis *disposer* que du tiers de mon bien :

ils ont droit chacun à un tiers. Autrement dit, le père est considéré comme un enfant qui prend sa propre part de l'héritage, mais n'a aucun droit sur le reste.

— Et c'est de toute justice, monsieur Bernard. Il faut bien, quand il y a des hommes assez dénaturés pour oublier qu'ils sont pères, ou que leurs parents, à qui, en somme, ils doivent tout, leur survivent, il faut bien, n'est-ce pas? que l'État prenne en main les intérêts des uns et des autres.

— Bravo, madame Louise, je vous reconnais là.

— Mais, dites-moi, quand on meurt sans testament, — car enfin la mort peut vous prendre au moment où on y pense le moins, alors qu'on est jeune encore...

— Ce qui prouve, en passant, madame Louise, qu'une personne de sens doit toujours être prête à partir et avoir ses affaires en règle.

— C'est vrai, monsieur Bernard, répondit Louise gravement, et, pour ma part, j'y songerai. Pourtant, supposons le cas que je disais : quel remue-ménage il doit y avoir parmi les héritiers! c'est à qui sans doute attrapera un morceau, et le plus gros possible.

— Que nenni. Tout cela est réglé par la loi. D'abord, l'héritage revient tout entier aux descendants, fils ou filles, petits-fils ou petites-filles, etc.; à leur défaut, aux ascendants, enfin aux collatéraux, c'est-à-dire aux frères, sœurs, neveux et nièces, aux oncles, tantes, cousins et cousines. Et la part de tous est également réglée, de telle façon qu'il n'y a pas d'empiétement possible.

— Mais s'il n'y avait ni descendants, ni ascendants, ni parents d'aucune sorte?

— Eh bien, dans ce cas, l'héritage échoit à l'époux survivant, qui n'aurait eu, en cas d'enfant, que l'*usufruit** de la moitié, ou alors le quart en pleine propriété, l'autre quart en usufruit.

— Et s'il n'y avait pas d'époux survivant?

— Eh bien, madame Louise, l'héritage reviendrait à l'État, c'est-à-dire à tout le monde, à vous et moi, dit en riant le bon menuisier.

— J'admire comme tout cela est bien réglé, monsieur Bernard. Je ferai mon testament cette semaine.

— Vous n'avez qu'une fille, madame Louise. Un testament est inutile : tout ce que vous possédez lui reviendra nécessairement, — à moins que vous n'ayez l'intention de la déshériter en partie.

— Que dites-vous, monsieur Bernard?

— Je m'attendais à ce cri du cœur. Mais on ne fait de testament que pour disposer de son bien entre plusieurs personnes et donner à chacune d'elles certaines choses déterminées. Il y a des gens qui s'imaginent que c'est mauvais signe de faire son testament, et que c'est présage de mort : ce sont des bêtises. Ce n'est qu'un signe de sagesse et de prudence.

— Je suis de votre avis, mais j'avoue que je ne saurais comment m'y prendre.

— Rien de plus simple. Sur une feuille de papier timbré vous écrivez vos volontés; vous datez, vous signez, et vous mettez la feuille dans votre tiroir, d'où je vous souhaite qu'on ne la tire que soixante ans plus tard.

— De grâce, notre ami, c'est me vouloir trop de bien, et je serais fort gênée de vivre si vieille. Mais, voyons, est-il possible qu'il soit si aisé de faire un testament?

— Comme je viens de vous le dire. C'est même là ce qu'ils appellent, en langage de notaire, un testament *olographe*, ce qui veut dire qu'il est écrit tout entier de la main du testateur. Seulement, dame! une feuille que l'on garde ainsi chez soi peut se perdre : il faut y veiller. C'est pourquoi, — si l'on veut plus de sécurité, mais aussi plus de frais, — on se résout à dicter son testament à un notaire, qui le reçoit devant quatre témoins et le garde en lieu sûr.

— Et alors on n'y peut plus rien changer?

— On peut toujours modifier son testament, madame Louise, et c'est le dernier en date qui seul est valable. voilà pourquoi il ne faut jamais oublier de dater de pareilles pièces.

75. — Comment se préparent les tisanes.

La soirée était un peu fraîche.

— Qu'allons-nous prendre ce soir, monsieur Bernard? dit Louise. Du café, du thé ou une tisane?

— Qu'en dites-vous, les enfants? répondit le père Bernard. Si nous prenions une bonne tisane bien chaude?

Pierre fit une moue dédaigneuse, Marie sembla perplexe, et Lucette esquissa une grimace.

— Mais, papa, les tisanes, c'est bon pour les malades.

— Ah! tu crois. Mais d'abord tu ne sais donc pas que le thé, et même le café, ne sont, à vrai dire, que des tisanes?

— Comment cela?

— Eh! sans doute. Écoute bien, Lucette. On appelle tisane une eau dans laquelle on a fait bouillir une plante médicamenteuse, c'est-à-dire qui a la vertu de guérir plus ou moins d'un mal quelconque. Or, on peut faire les tisanes de deux manières. Vous mettez vos fleurs, feuilles ou plantes aromatiques*, dans un récipient, et vous versez l'eau bouillante par-dessus. Au bout de vingt minutes votre tisane est faite.

— Mais, papa, c'est ainsi que maman fait ton café.

— Précisément, ma fille, à cela près qu'elle ne verse pas toute l'eau d'un seul coup; et tu vois donc que j'avais raison, et qu'il ne faut pas dédaigner les tisanes.

— Eh bien, père, j'aurai désormais une grande estime pour la tisane-café.

La repartie fit beaucoup rire.

— Mais, reprit Lucette, tu nous as dit que les tisanes se faisaient de deux manières...

— Oui, par *infusion* et par *décoction*. Je viens de te parler des *infusions*, pour lesquelles on met ordinairement 10 grammes de substance par litre d'eau. Mais l'on peut encore faire bouillir *en même temps*, pendant une demi-heure au moins, l'eau et la substance, à raison de 15 à 20 grammes par litre, et, dans ce cas, on obtient une *décoction*.

Marie intervint à son tour.

— Fait-on indifféremment une infusion ou une dé-

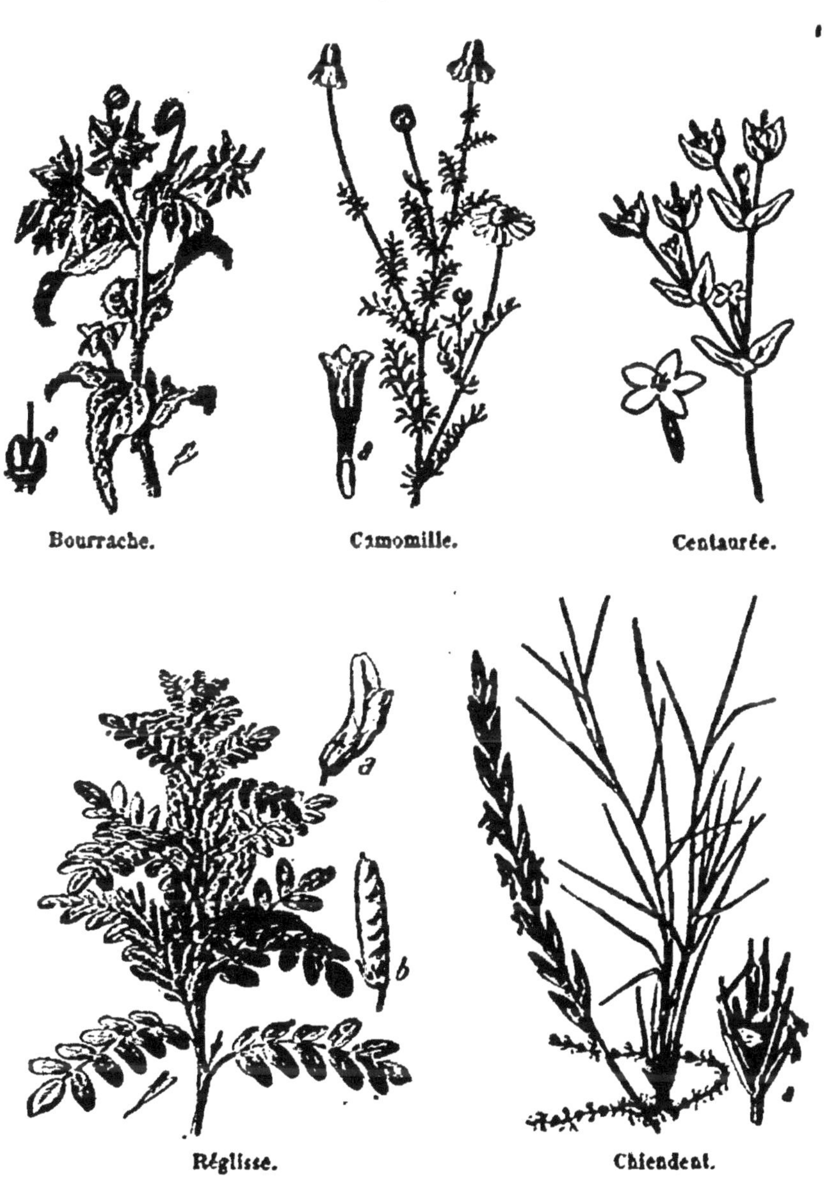

Bourrache. Camomille. Centaurée.

Réglisse. Chiendent.

Quelques plantes médicinales.

coction avec une même plante, monsieur Bernard ?

— Non pas, Marie; mais je ne saurais te renseigner exactement sur ce point.

— Je viendrai donc à votre secours, dit Louise. La bourrache, la camomille, le tilleul, l'oranger, le houblon, la centaurée, le noyer se traitent par infusion ; les queues de cerises, la réglisse, la guimauve, le chiendent et l'orge, par décoction.

— Mais quelles sont les vertus de toutes ces tisanes, maman?

— Elles sont généralement faibles, ma fille, et on peut les prendre toutes à titre de gourmandise : c'est affaire de goût. Le tilleul et l'oranger sont plutôt des calmants; au contraire, le houblon est un tonique de l'estomac, la camomille un stimulant des nerfs; la bourrache et les queues de cerises sont des diurétiques, c'est-à-dire des rafraîchissants; le chiendent et la réglisse purgent un peu, et l'orge est lui-même un laxatif, surtout pour les jeunes enfants. Mais, en somme, les tisanes n'ont jamais guéri personne, et il ne faut pas en abuser, parce qu'elles chargent l'estomac... Et maintenant, ajouta-t-elle en souriant, puis-je savoir enfin ce que je dois servir?

— Une tisane-café, madame Louise, répondit le vieux menuisier d'un air malin. Aussi bien les enfants semblent-ils avoir un faible pour elle.

— Et je ne les en blâme pas, monsieur Bernard. Le café passe pour un tonique* et un stimulant*.

— Sans compter, dit Lucette de sa petite voix claire, que c'est un breuvage exquis.

NOTIONS A RETENIR

Depuis l'origine des sociétés l'*héritage* du père est passé à ses enfants ou à ses parents les plus proches.

La transmission des biens se fait par un acte notarié; l'État perçoit un droit sur la succession, droit d'autant plus élevé que la parenté est plus éloignée.

En Angleterre, le fils aîné hérite seul de la fortune de ses ascendants. Cette coutume existait en France sous l'ancien régime, mais elle a été abolie à l'époque de la Révolution, et les enfants ou les collatéraux ont désormais les mêmes droits, dès qu'ils sont parents au même degré.

Il est rare qu'un homme ayant des enfants fasse un *testament**, si ce n'est pour disposer de legs* particuliers. Mais s'il n'a que des parents éloignés, il peut léguer tout ou partie de sa fortune soit à un parent que la loi excluait de l'héritage, soit même à un étranger. Ces testaments sont souvent attaqués par les ayants droit, et sont la cause de procès interminables, dont la durée peut atteindre parfois un siècle.

C'est pourquoi l'on ne saurait prendre trop de précautions dans l'établissement d'un testament ; et il est sage de recourir au notaire, dès que les intérêts en jeu sont importants et que l'on prévoit des compétitions.

UN NOM SANS TACHE EST LE PLUS BEL HÉRITAGE QU'UN PÈRE PUISSE LÉGUER A SES ENFANTS

CHAPITRE XXXIV

76. — Le conseil de famille.

On avait projeté, pour le dimanche suivant, une partie de plaisir à la campagne. On devait louer une carriole et déjeuner sur l'herbe. Après quoi, l'on ferait une excursion dans les bois et l'on rapporterait des fougères.

Mais l'homme propose, dit le proverbe, et là se borne son pouvoir. Le matin du dimanche, le père Bernard reçut du vieux facteur Anselme une lettre de deuil. Son neveu venait de mourir subitement, à Melun, laissant trois jeunes enfants qui n'avaient plus ni père ni mère.

— C'est un gros malheur, dit-il d'une voix émue. Femme, prépare mon paquet. Il faut que je sois parti dans une heure. Je serai sans doute absent plusieurs jours, vu l'âge des petits et les réunions qui vont s'ensuivre.

Dans le courant de la semaine, on apprit, par une lettre écrite à la hâte, que le père avait été nommé *tuteur* par le conseil de famille, et qu'il ne reviendrait qu'à la fin de l'autre semaine.

— Pierre, demanda timidement Lucette, je suis bien ignorante, et tu serais bien gentil de m'expliquer ce que papa nous écrit. Il y a donc des tuteurs pour les hommes comme pour les plantes?

— Précisément, ma Lucette. Toi, par exemple, avec tes douze ans, comment ferais-tu pour vivre si tu n'avais pas tes parents, deux bons et solides tuteurs qui te soutiennent, pour ainsi dire, et te protègent? Moi, j'ai mon métier, grâce à eux, et je puis me suffire avec mon seul travail. Cela viendra pour toi également; mais jusque-là, chère petite sœur, tu as besoin d'eux, tu es ce qu'on appelle une *mineure*.

— Je croyais que les mineurs étaient des gens qui travaillaient dans les mines.

— C'est vrai, Lucette. Mais on appelle aussi *mineur* tout individu qui n'a pas vingt et un ans accomplis et qui se trouve, de ce fait, sous l'autorité de ses parents. Du jour même où l'on a vingt et un ans, l'on devient *majeur*, comme qui dirait son maître.

— Alors nos jeunes cousins sont des mineurs?

— Justement. Et comme ces pauvres enfants n'ont plus ni père ni mère qui puissent veiller sur eux, leurs plus proches parents ont été invités par le juge de paix à se réunir chez lui au nombre de six. C'est ce qu'on appelle le *conseil de famille*, et c'est ce conseil qui vient de désigner notre père comme tuteur de nos cousins.

— Alors notre père devient en quelque sorte leur père à eux?

— Oui, c'est lui qui désormais veillera sur leurs biens et leurs intérêts, qu'ils ne pourraient défendre eux-mêmes.

— Oh! alors, je suis tranquille pour eux, dit Lucette, car papa les aime beaucoup.

— Mais reprit Pierre, il pourrait arriver que le tuteur ne fût pas si honnête qu'on le croyait, ou qu'il fût tenté de se servir pour lui-même, quitte à le rendre plus tard, des biens dont il a la garde. Et c'est pourquoi le conseil de famille désigne toujours une autre personne chargée de le surveiller à son tour, et de s'assurer qu'il ne fait rien de contraire aux intérêts des enfants. Cette personne se nomme le *subrogé tuteur*.

— Et jusqu'à quel âge, Pierre, les mineurs sont-ils en tutelle?

— Mais, fillette, tu le dis toi-même : aussi longtemps qu'ils sont mineurs. Dès qu'ils ont atteint leur majorité, c'est-à-dire vingt et un ans, la tutelle prend fin, et le tuteur doit *rendre ses comptes**. Alors on devient son propre maître, et le conseil de famille se dissout. — Il y a cependant encore un autre cas, celui où le conseil de famille a permis au mineur de se marier. On dit alors que le mariage *émancipe* le mineur, autrement dit, le rend libre.

— Est-ce que les femmes peuvent être tutrices?

— Mais oui. La veuve devient la tutrice de ses enfants; seulement, elle est elle-même surveillée par un subrogé tuteur.

— Oh ! une mère !... que peut-on craindre d'une mère?

— Craindre... craindre... rien, évidemment. Mais une veuve, Lucette, peut se remarier et avoir d'autres enfants. Or, il ne serait pas juste qu'elle partageât l'héritage paternel des premiers entre eux et les nouveaux venus. Cet héritage appartient tout entier aux enfants du premier père; et voilà pourquoi il est bon, si une mère venait à l'oublier, qu'il y ait quelqu'un qui veille sur ses actes.

77. — Précautions à prendre dans la conclusion des affaires.

— Je viens de voir un pauvre homme bien désolé, dit Louise en déposant sur la table son lourd panier de provisions.

— Qui donc, maman? fit Marie, dont un malheur éveillait toujours la sympathie.

— Tu connais le bijoutier des Allées?

— Oh ! oui; je me suis bien des fois arrêtée à sa devanture, quand j'étais petite, pour y admirer les colliers et les bijoux. Je me disais qu'il fallait être bien riche pour se payer de tels objets.

— Figure-toi qu'il en a vendu pour plus de 3000 francs à une de nos grandes dames de la ville, et que le mari se refuse à reconnaître les dettes de sa femme; de sorte que le malheureux commerçant va tout perdre.

— Mais cela est affreux, maman, et voilà un fort vilain homme que ce mari.

— Cela est très fâcheux, en effet, pour le bijoutier; ais il a été, je le crains, fort imprudent, et le mari n'est eut-être pas aussi vilain que tu le penses.

— Il me semble pourtant que, pour peu qu'on ait 'honneur, on est tenu de payer ce que l'on doit.

— Ce que l'on doit, tu dis vrai; mais, en se mariant, mari en question a, paraît-il, spécifié par-devant otaire que les dettes contractées par les époux leur eraient propres, et non communes.

— Cela est exact, dit Pierre, qui entrait au même stant. Je le tiens de bonne source. Si le vendeur eût té prudent, l'énormité de la dépense aurait dû le mettre n garde. Il est très important, voyez-vous, Marie, de avoir avec qui l'on entre en relations d'affaires, si on ne veut pas s'exposer à voir déclarer nuls les actes ue l'on a pu contracter. Ainsi vous n'êtes pas sans voir entendu parler d'un certain jeune homme nommé aurisse.

— Celui qui a disparu tout à coup après avoir fait des épenses et des commandes considérables dans le pays?

— Celui-là même. Eh bien, ce jeune homme avait cheté une maison qu'on le soupçonnait de n'avoir pas ayée. Il vint chez nous commander des réparations our une somme de 500 francs environ; mais quand on ui demanda si son père était d'accord avec lui nous le îmes se troubler et faire des réponses évasives. La chose ous parut suspecte, et nous prétextâmes que nous vions trop d'ouvrage pour entreprendre la besogne.

— Beaucoup de personnes ici n'ont pas été aussi avi-ées que vous, Pierre, dit Louise; et je sais bien des ommerçants qui ont meublé sa maison, fourni des ten-ures, des tapis, des plantes rares et monté sa cave.

— Ils perdront leur argent. Voilà ce que l'on gagne à 'engager inconsidérément avec un mineur.

— Mais, dites-moi, Pierre, demanda Marie, comment eut-on savoir si un homme reconnaît, ou non, les lettes de sa femme, et si un homme est, ou non, mineur? ar il y a bien des jeunes gens qui, à vingt ans, par exemple, paraissent vingt-deux ans ou même davantage.

— Les actes de l'état civil sont là pour renseigner ceux qui désirent les consulter... Mais je n'étais venu que pour vous rappeler que ce soir on se réunira de bonne heure chez nous; et, si vous voulez bien, Marie, nous remettrons à ce moment la suite de notre entretien. Ce sera pour notre petite Lucette une occasion de s'instruire; car, pour vous, je sais d'avance que vous n'ignorez rien de ce que je dirai.

— Détrompez-vous, Pierre. Il y a toujours plaisir et profit à vous écouter.

— C'est un éloge que vous méritez mieux que moi, répondit Pierre en souriant.

NOTIONS A RETENIR

La majorité est l'âge prescrit par la loi pour qu'une personne puisse jouir de ses *droits civils**.

Elle est acquise à vingt et un ans pour les deux sexes.

Le mineur est placé sous l'autorité paternelle, ou, à défaut, sous celle d'un tuteur.

Le tuteur tient son autorité de la loi. Il est nommé par le *conseil de famille.* Il s'engage à administrer loyalement les biens du mineur, et son autorité dure jusqu'à la majorité, l'émancipation ou le mariage du *pupille.*

Un mineur peut être émancipé à quinze ans sur la déclaration de son père et de sa mère. S'il est orphelin, il ne peut l'être qu'à dix-huit et par le conseil de famille. Il y a d'ailleurs l'émancipation *tacite* que donne le mariage.

L'homme avant vingt-cinq ans, la femme avant vingt et un ans ne peuvent se marier sans le consentement de leurs parents.

CHAPITRE XXXV

78. — Les actes de l'état civil.

Le soir donc, Lucette apprit que, dans chaque mairie, sont déposés des registres spéciaux sur lesquels se trouvent inscrits, relativement à tout individu français, né ou domicilié dans la commune, des actes dits de naissance, de mariage, de décès, tous rédigés en double, et que l'un des exemplaires reste à la commune, l'autre étant envoyé au greffe* du tribunal. L'ensemble de ces actes constitue pour chacun de ces individus son *état civil.*

— A quoi sert-il, Pierre, que tous ces actes soient rédigés en double ?

— C'est une mesure de précaution. Si un accident venait à détruire l'original, on le reconstituerait d'après sa copie.

— On ne se défait jamais des originaux, même en faveur des intéressés ?

— Non, jamais; et d'ailleurs cela est impossible, puisque les originaux ne sont autre chose que les feuillets mêmes des registres, et que ces feuillets sont numérotés de façon à ce que l'on ne puisse pas en soustraire. Seulement, en cas de besoin, on peut, moyennant un léger droit, réclamer au maire ou au greffier une copie, un *extrait* de l'un quelconque de ces actes.

— Alors, dit Lucette, il faut toujours faire savoir à la mairie que l'on vient d'avoir un bébé, par exemple ?

— Certes, répliqua Pierre; et si, par négligence, ou par oubli, la naissance n'était pas déclarée dans les trois jours, on serait passible d'une amende ou même de la prison.

— Oh ! mais, cela est grave.

— Très grave. La naissance doit être déclarée par deux témoins, c'est-à-dire deux personnes ayant vu l'enfant, des parents, ou, à leur défaut, des amis. Quant à la déclaration de décès, c'est le jour même qu'elle doit être faite, par deux témoins également, et, autant que possible, par les plus proches parents ou voisins du défunt.

— Et les mariages ? demanda timidement Marie ; car elle pensait en son cœur que le jour était proche.

— Il faut quatre témoins pour la déclaration d'un mariage, deux pour chacun des futurs époux. Et cette déclaration constitue précisément le *mariage civil**... Vous souriez, chère Marie ?...

— Mais oui, Pierre, je souris à l'idée d'être bientôt appelée Madame.

79. — Les hypothèques.

— Les mauvaises nouvelles se succèdent, madame Louise, dit le père Bernard en arrivant le lendemain. Apres le bijoutier des Allées, c'est le tour de M. Montel.

— M. Montel ?... notre voisin ? Oh ! que lui est-il donc arrivé ? Parlez.

— Hé ! il lui est arrivé que lui, non plus, il ne s'est pas mis sur ses gardes : il se croyait couvert par une hypothèque qui ne valait rien.

— Pauvre homme ! Et perd-il beaucoup ?

— Mais oui, s'il est vrai que 5 000 francs soient une somme.

— Je le plains de tout mon cœur.

— Sans doute ; mais aussi, comment un homme de sens peut-il se fonder aussi imprudemment sur une hypothèque ?

— Papa, demanda Lucette, qu'est-ce donc qu'une *hypothèque ?* J'ai déjà entendu ce mot, et il m'a toujours paru rébarbatif. Veux-tu m'expliquer ce qu'il signifie ?

— Très volontiers. Quant à M. Montel, il vient de l'apprendre à ses dépens. Je vais donc te conter ce qui lui arrive. Mme Laumier, que tu connais, possède une petite maison rue d'Aubilly. Cette dame, ayant eu besoin de 12000 francs, en emprunta jadis à une première personne, et lui dit : « Pour que vous n'ayez pas à craindre de perdre cet argent, prenez une hypothèque sur ma maison. Dans le cas où je ne pourrais, moi, vous rembourser, vous feriez vendre ma maison, et l'on vous rembourserait sur le prix de la vente. »

— Alors, papa, une hypothèque est un gage que l'on prend sur son débiteur?

— Précisément, c'est un droit délégué au créancier sur les immeubles du débiteur. Ainsi donc, pour en revenir à Mme Laumier, sa maison se trouva grevée d'une première hypothèque. Ceci se passait il y a deux ans, au 1er janvier 1901. Or, au mois de mai de la même année, cette dame empruntait encore 4000 francs à une autre personne, qui prit à son tour hypothèque sur la maison. — Ces choses-là se font, il va sans dire, par-devant notaire. — Enfin, cette année-ci, au mois de février dernier, M. Montel consentit à prêter à Mme Laumier une somme de 5000 francs, sans se douter un instant que d'autres avant lui l'avaient obligée de la même manière. « Je suis toujours sûr de ne rien perdre, se disait-il : sa jolie maison me payera, et au delà, si elle ne me rembourse pas. » Et lui aussi prit sur l'immeuble une hypothèque...

Mais voilà ce que c'est que d'agir sans se renseigner exactement. Mme Laumier vint à mourir. Ses neveux firent vendre la maison : on n'en retira que 18000 francs. Les créanciers de toute sorte présentèrent leurs factures. Ce fut le médecin, le pharmacien, l'*administrateur des funérailles**; puis les fournisseurs, le boucher, le boulanger, l'épicier et le marchand de vins. Le notaire les paya en premier lieu, avant tous les autres, dans l'ordre que je viens de te dire, conformément au *privilège légal* dont ils jouissent... Tu me suis bien, Lucette? Tu comprends?

— Parfaitement, papa; mais je songe aux trois personnes qui avaient prêté de l'argent à Mme Laumier, et qui se trouvaient, elles aussi, ses créanciers.

— Nous y arrivons. Je disais donc que le notaire fit droit en premier lieu aux créances *privilégiées**. Elles montèrent à la somme de 2000 francs. Vint alors le tour des créanciers *hypothécaires*. La première hypothèque, inscrite à la date du 1er janvier 1901, fut remboursée intégralement, soit 12000 francs. Restait donc tout juste les 4000 francs prêtés au mois de mai suivant par la deuxième personne : elle fut, elle aussi, remboursée intégralement. Mais quand M. Montel se présenta, lui, troisième créancier en date, son hypothèque, inscrite après les autres, et par conséquent justifiable* après elles, n'avait plus de valeur puisqu'il ne restait rien.

— Oh ! par exemple ! alors il perd ses 5000 francs?

— Oui, ma fille. Mais comme je te le disais au début : s'il s'était renseigné, il eût appris que deux personnes seraient admises à faire valoir leurs créances avant lui, il eût connu le montant de ces créances*, et il n'eût pas prêté son argent à la légère.

— Mais il me semble juste, dit Louise, que les dettes retombent sur les héritiers.

— Juste... juste... Entendons-nous. On ne peut cependant pas imposer à ses héritiers le payement des dettes que l'on a contractées soi-même. Ce serait en vérité par trop commode.

— Mais alors...?

— Alors, c'est aux héritiers de voir s'ils veulent accepter la succession. S'ils la supposent lourde de dettes, comme on hérite du *doit* aussi bien que de l'*avoir*, ils ne l'acceptent que *sous bénéfice d'inventaire*, et c'est précisément ce qu'ont fait les héritiers de Mme Laumier. Le notaire a donc établi les comptes, il leur a soumis la situation, qui était loin d'être belle, et ils ont sagement renoncé à la succession. Par conséquent ils ne payeront pas les dettes de leur tante.

— Mais, dites-moi, monsieur Bernard, demanda Marie,

quand on prête de l'argent à quelqu'un, on peut donc savoir si ses biens sont hypothéqués ?

— Certainement, ma fille. On va consulter le *conservateur des hypothèques*, c'est-à-dire le fonctionnaire qui est chargé d'enregistrer, par ordre de dates, toutes les hypothèques prises sur tel ou tel immeuble*. Il fait les recherches nécessaires et vous renseigne.

— Comme tout cela est d'une admirable simplicité ! dit Marie. Combien il est prudent de ne rien faire sans savoir où l'on va, et ce qu'il en peut résulter !

80. — De la responsabilité civile en cas d'accident.

On touchait à la fin de la semaine. C'était jour de grand marché. Louise s'en revenait, chargée de toutes sortes de provisions. Pour aller au plus court, elle avait pris la rue du Port, qui vers le milieu se rétrécit, quand tout à coup des cris retentissent derrière elle. Elle se retourne, et voit un cheval emporté dans un galop furieux. Elle veut se garer, mais trop tard : une pièce de bois, dépassant la voiture, la heurte violemment, et la jette à terre évanouie.

On s'empresse autour d'elle; les uns la relèvent et la conduisent à la pharmacie voisine, d'autres ramassent le panier et les provisions dispersées sur sol, tandis qu'à cent mètres de là un jeune homme courageux, s'élançant à la tête du cheval, lui saisissait les naseaux et se rendait maître de l'animal frémissant et couvert de sueur.

. . . .

Louise, cependant, avait repris connaissance, et, après avoir reçu les premiers soins, avait demandé à être reconduite chez elle. Le docteur, appelé, constata une fracture simple de l'avant-bras.

— C'est un repos de cinq à six semaines, madame, lui dit-il. Vous pourrez aller et venir, mais nous allons immobiliser votre bras dans un *bandage silicaté**, que nous maintiendrons au moyen de deux planchettes.

— Pourrai-je encore me servir de mon bras, docteur? demanda Louise avec inquiétude.

— Sans doute; mais avec ménagement. Du reste, vous y sentirez toujours une raideur qui vous empêchera d'en abuser.

— S'il ne faut que de la patience, docteur, j'en aurai. Je pouvais mourir sur le coup, et j'ai une fille encore bien jeune.

Le père Bernard était accouru dès le premier moment, pour faire à sa voisine ses offres de services.

— Madame Raimbaud, lui dit-il, cela est bel et bien de se résigner à son sort; mais on ne vit pas de philosophie, et si j'étais à votre place j'attaquerais le propriétaire de l'animal qui vous a blessée. Il vous doit des *dommages-intérêts**.

— Hélas! monsieur Bernard, ce pauvre homme ne me doit rien du tout. J'ai su tout à l'heure, chez le pharmacien, que la voiture appartient à un entrepreneur* de la ville, et que c'est un de ses domestiques qui la conduisait au moment où le cheval a pris peur et s'est emballé.

— Eh quoi! madame Raimbaud, admettez-vous donc que les passants soient exposés, par le fait d'autrui, à des accidents qui les mettent dans l'impossibilité de travailler, sans qu'ils aient droit à la moindre indemnité* ?

— Il est vrai que, si je n'avais pas quelques petites rentes, je ne sais vraiment pas comment nous pourrions nous en tirer, ma fille et moi, pendant les cinq ou six semaines dont parle le médecin.

— Soit, ma voisine; vous allez pouvoir vivre quand même, grâce à vos économies; mais enfin, ces économies-là, au lieu de vous permettre simplement de vivre, vous eussent procuré plus tard des jouissances sur lesquelles peut-être vous comptiez déjà. C'est donc un dommage qui vous est causé; et la loi vous autorise à en demander réparation au propriétaire du cheval. Vous pouvez et devez le faire, — à moins que vous ne préfériez frustrer votre petite Marie d'une partie des rentes que vous lui ménagez.

— Vous avez raison, monsieur Bernard, et je ferai ce que vous dites... Pourtant non, reprit-elle, je ne puis vraiment consentir à ce qu'un domestique pâtisse à cause de moi.

— Oh! pour cela, tranquillisez-vous, car ce n'est pas lui le coupable. Je connais la bête qu'il menait : elle est fort ombrageuse; tout le monde le sait dans Charleville; et il y a beau temps qu'on a prédit à M. Crépin qu'elle finirait par lui attirer des désagréments. Réclamez donc une indemnité; ce n'est que justice, car le propriétaire d'un animal est, aux yeux de la loi, responsable du dommage causé par cet animal. Il n'y a d'exception que dans le cas où ce dommage proviendrait exclusivement du fait de celui qui avait la garde de la bête ou d'une circonstance que personne ne pouvait prévoir.

— Je ne comprends pas, monsieur Bernard.

— Je m'explique. Voici un charretier qui arrête ses chevaux devant un cabaret. Il entre, il cause, il boit, et ne s'aperçoit pas que sa voiture vient de repartir. Les bêtes, ne se sentant plus guidées, prennent le mors aux dents. Un accident se produit. C'est le charretier qui est responsable. La victime peut avoir recours, sans doute, contre le patron qui emploie de tels domestiques, mais le patron peut avoir recours à son tour contre le charretier, qui ne s'est pas conduit en bon serviteur.

Un autre exemple : une automobile* passe dans la rue à une vitesse prohibée. Un cheval s'effraye, se cabre, et casse la jambe à un passant. Il est évident que le propriétaire de l'automobile est coupable et responsable. Supposez que le même accident se produise parce que la bête se fût effrayée d'entendre la corne d'un tramway*, d'une bicyclette, d'une automobile même, à la vitesse permise : cette fois, c'est le propriétaire qui serait responsable des dommages causés, car son devoir est de n'utiliser que des animaux ne s'effarouchant pas aux simples incidents de la voie publique. En ce qui vous concerne, madame Raimbaud, vous avez ici tous les droits, et M. Crépin est un homme très riche. En lui réclamant des dommages, vous rendrez service à tout le monde, à vous, à votre fille et au prochain.

— Puisqu'il en est ainsi, monsieur Bernard, je déposerai ma plainte au tribunal.

Et, en effet, Mme Raimbaud remit sa cause entre les mains des magistrats, et reçut de M. Crépin une indemnité de 100 francs.

Cinq semaines plus tard, elle était guérie et reprenait son travail; il ne lui restait dans le bras droit qu'un peu de raideur.

NOTIONS A RETENIR

L'*état civil* est la situation qu'occupe l'individu dans la vie civile. Ce terme sert également à désigner l'institution destinée à constater cette situation, au moyen de l'inscription, sur des registres publics, des naissances, des mariages et des décès.

* * *

Le mot *hypothèque*, qui signifie *gage*, est un droit *réel* sur un immeuble affecté à l'acquittement d'une dette. Seuls les immeubles peuvent être hypothéqués.

* * *

Il est naturel que l'on soit responsable d'un accident causé par sa propre imprudence, ou par celle de ceux qu'on emploie. Le législateur a étendu cette responsabilité jusqu'aux patrons, qui doivent indemniser les ouvriers blessés à leur service.

CHAPITRE XXXVI

81. — Jupe et corsage pour une femme d'âge moyen.

— Ma petite Marie, il faudra bientôt commencer nos robes pour votre mariage, dit un jour la maman Bernard à sa future belle-fille.

— J'y pensais, madame, répondit Marie, et je voulais établir un patron * pour votre corsage, puisque je n'ai pas encore travaillé pour vous. Voulez-vous que je prenne vos mesures?

— Très volontiers, mon enfant. Appelons Lucette, cela servira à son instruction.

La fillette, qui jouait dans le jardin, arriva en sautant de joie.

Marie reprit, s'adressant à Mme Bernard :

— Je vous ferai, si vous le voulez bien, un corsage à basques, c'est-à-dire avec des pans entourant vos hanches, car il me semble qu'une dame d'âge... moyen ne peut guère porter un corsage rentré dans la jupe, comme on fait pour les jeunes filles.

Marie avait hésité en prononçant ces paroles. Mme Bernard comprit son hésitation.

— Parlez sans crainte, Marie, je suis tout à fait de votre avis : rien n'est plus ridicule que de vouloir se rajeunir en portant des habits qui ne conviennent qu'aux jeunes gens. C'est entendu : vous me ferez une belle robe en cachemire noir avec un corsage à basques.

— Pourquoi pas une robe de soie, maman? dit Lucette.

— Ma fille, il faut laisser les robes de soie aux personnes qui ont l'occasion de les mettre souvent, car la soie que l'on conserve dans les armoires se coupe. D'ailleurs, la femme d'un ouvrier doit savoir se contenter de

Comment on prend mesure pour un corsage.

vêtements simples. A quoi sert d'imiter les gens riches? En sommes-nous plus estimables? Restons franchement dans la position modeste où le sort nous a placés. L'habit ne fait pas le moine.

Cependant Marie avait disposé sa mousseline à bâtir et découpé méthodiquement son patron de corsage.

— Ce n'est pas difficile, vois-tu, ma Lucette. Il y faut seulement de la réflexion et du soin.

— C'est vrai, Marie, mais je crains fort de ne pas me rappeler exactement tout ce que je viens de voir.

— Eh bien, je te donnerai ce soir par écrit toutes les indications nécessaires, et tu pourras bâtir à ton tour un patron (1).

— Pour ce qui est de la jupe, dit-elle, je la ferai tout unie, mais un peu longue, puisqu'il s'agit d'une cérémonie.

Elle prit alors la largeur de la taille et la longueur du devant, de la ceinture aux pieds, qui devaient être presque cachés.

— Par derrière, ajouta-t-elle, je mettrai 15 centimètres en plus. Cela serait gênant pour un usage de tous les jours, mais n'oublions pas que nous avons à faire un vêtement de grande toilette. Plus tard, quand le bas de la jupe sera usé, je le couperai, et la robe, plus courte, n'en sera que plus commode pour aller et venir au dehors et dans la maison. En attendant, avec un nœud coquet sur le corsage, un chapeau seyant et des gants frais, vous ferez, chère madame Bernard, une très belle belle-maman.

Et, souriante, Marie embrassa la mère de Lucette avec affection.

82. — Ce que doit être la toilette d'une jeune fille.

— Je vois avec plaisir que vous avez du goût, ma chère Marie, répondit Mme Bernard, et que ce n'est pas vous qui ferez tort à la réputation de la femme française.

— A la vérité, madame, mon goût est des plus simples

(1) Voir *Appendice :* Comment on bâtit un patron de corsage.

et des plus raisonnables. Combien en vois-je, hélas! de ces jeunes filles ou jeunes femmes qui seraient cent fois plus jolies si elles mettaient plus de discrétion dans l'agencement de leurs toilettes! Quelle aberration, par exemple, de se serrer la taille au point d'étouffer! cela est laid; de plus, c'est un supplice. Et dire que l'on se résout, par coquetterie, à une pareille torture! Pourtant, la nature ne nous a pas étranglé le corps au-dessus des hanches. Rien n'est beau comme une taille libre et souple. La femme ne devrait avoir de commun avec l'abeille que son activité au travail. Quand je vois une pauvre fillette s'enorgueillir d'une taille à tenir, comme on dit, entre dix doigts, je ne puis m'empêcher d'avoir mauvaise opinion d'elle, et je pense avec tristesse aux maux qu'elle se prépare.

Cela fut dit avec une véhémence que Marie mettait rarement dans ses paroles.

— Je m'emporte, dit-elle en souriant; mais de telles pratiques peuvent causer, en effet, tant de maux! Vois-tu, ma Lucette, ne te serre jamais la taille. C'est tout à la fois une preuve de bon sens et de bon goût .. D'autre part, on reproche — et avec raison — aux jeunes filles des campagnes, — mais que d'autres sont campagnardes en ce point! — d'aimer trop les couleurs vives, qui les font immédiatement reconnaître des gens de la ville et leur attirent des sourires moqueurs.

— N'est-ce pas plutôt le mélange des couleurs qui parfois est d'un effet désastreux dans ces sortes de toilettes? reprit Mme Bernard.

— Vous avez raison, madame; il faut de l'harmonie dans les nuances; et je ne vois rien de plus disgracieux qu'un chapeau d'une teinte, une robe d'une autre, un manteau pris au hasard. Il convient d'assortir les choses. Les personnes âgées ne sont jamais mieux qu'en noir; et, quant aux jeunes filles, rien ne leur sied autant que les nuances brunes, ou les grenats et les bleus marine, pour peu que le chapeau soit ou foncé ou tout blanc. Surtout, pas de ramages : les étoffes unies sont plus disinguées que les fleurs. Aussi voyons-nous que toutes les emmes de goût ont une prédilection marquée pour le ostume tailleur, qui se fait — corsage et jupe — de la nême teinte unie et généralement foncée. Il suffit, pour tre en toilette, d'un petit nœud de dentelles blanches hiffonné par des doigts habiles, de gants frais et de haussures irréprochables.

— Ce qui importe aussi, reprit Mme Bernard, ce sont es dessous...

— Mais ils ne se voient pas, maman, interrompit Lucette.

— Cela est vrai, ma fille, mais ils doivent être néanmoins d'une très grande propreté. C'est pourquoi j'estime que les jupons ne doivent pas être longs. Il suffit qu'ils descendent jusqu'à la naissance de la bottine. De cette açon, ils ne seront ni tachés de boue, ni mouillés, et se conserveront propres plus longtemps.

— Vous n'aimez pas non plus les fleurs sur les chapeaux, Marie? demanda Lucette.

— Non, ni les fleurs ni les plumes, du moins celles que e pourrais acheter pour moi-même; car ma bourse est nodeste, et si des plumes à bon marché sont, pour l'ordinaire, très vilaines, les fleurs, d'autre part, se défraichissent très vite si l'on n'y met un bon prix. J'orne donc nes chapeaux d'un beau ruban de bonne qualité qui se ient ferme, et je m'en trouve bien.

— Vous avez raison, Marie, fit madame Bernard. Mais voulez-vous que je vous dise? Eh bien! le plus joli chapeau du monde ne vaut pas à mes yeux les gracieux bonnets garnis de valenciennes que portaient nos grand'mères. Est-il rien de plus joli à voir qu'un visage de paysanne dans un coquet bonnet blanc? Quand donc nos eunes campagnardes comprendront-elles qu'elles ont tort de dédaigner les gentils costumes de leurs pays? Normandes, Bretonnes et filles d'Arles ne sont-elles pas charmantes dans leurs atours rustiques?

— Vous parlez d'or, chère madame Bernard, et je me sens heureuse que nos goûts se rencontrent toujours et que nous nous entendions si bien sur toutes choses.

NOTIONS A RETENIR

La *mode* est chose si changeante, qu'elle ne peut être suivie que par les gens riches, et c'est courir à sa ruine que de vouloir les imiter.

Une mise modeste, en rapport avec nos moyens, n'exclut ni le goût, ni l'élégance; il y a souvent même plus de coquetterie et de grâce dans un costume simple et bien compris que dans les extravagances de la mode.

***

Il faut satisfaire à la mode comme à une servitude fâcheuse, et ne lui donner que ce qu'on ne peut lui refuser.

Une femme serait au désespoir si la nature l'avait faite telle que la mode l'arrange.

UN BEL HABIT
PEUT COUVRIR UN SOT, MAIS IL
N'ARRIVE PAS A LE CACHER

PROVERBE ANGLAIS

CHAPITRE XXXVII

88. — Danger que l'on court à se marier sans contrat.

La journée de travail était finie. Louise et Marie attendaient l'arrivée de la famille Bernard. Huit heures et demie étaient passées, et l'inquiétude commençait à les prendre toutes deux.

— Il leur est peut-être arrivé quelque accident, dit tout à coup Marie.

— Il est bien simple d'y aller voir, répondit sa mère. Partons ensemble, mon enfant.

L'instant d'après elles entraient chez leurs amis et, d'un coup d'œil, constataient avec joie que la famille était au complet. Marie respira.

Une femme âgée qu'elle ne connaissait pas était assise près de Mme Bernard, et la jeune fille comprit que la visite de l'inconnue était la seule cause du retard qui l'avait tant tourmentée. Après quelques politesses échangées, le père Bernard présenta sa future belle-fille à la vieille dame et lui dit :

— Vous pouvez parler devant elle, madame Gaulier. Elle est déjà notre fille, et prendra comme nous part à vos peines.

En quelques mots il expliqua à Marie et à Louise que Mme Gaulier était une amie de vingt ans, retirée dans un village voisin. Elle avait perdu son mari depuis quelques semaines, et comptait vivre avec ce qu'elle avait hérité de ses parents : peu de chose, il est vrai, mais, de goûts simples et modestes, elle eût ajouté à sa petite rente de

800 francs les revenus de son jardin et de sa basse-cour.

— La pauvre femme s'est bien trompée dans ses prévisions, continua le père Bernard. Mariée sans contrat, et ne possédant en propre que des valeurs mobilières, c'est-à-dire de l'argent ou des titres de rentes, elle se voit dépouillée de la moitié de ce qu'elle possédait. Son capital en effet demeure — la loi le veut ainsi — dans la communauté*, et alors, ses quatre enfants héritant la part du père, qui avait son droit à la moitié, Mme Gaulier n'a plus aujourd'hui de quoi vivre.

— Je ne veux pas critiquer la loi, si dure qu'elle me paraisse en ce moment, répondit Marie, mais enfin les enfants de Mme Gaulier sont encore sans doute dans la force de l'âge; ils travaillent, et peuvent laisser à leur mère l'argent qui est indispensable à sa vieillesse.

La vieille dame parut tout émue. — Ah! s'ils avaient votre cœur, mademoiselle, ce serait bien simple et peut-être bien facile, en effet; mais ils sont tous mariés; et mes gendres, mes brus répliquent à mes représentations, pourtant bien timides : « Nous restons dans la loi. » Je n'ai qu'à m'incliner.

— Ne pourriez-vous les contraindre tout au moins à vous servir une pension alimentaire* ?

— Si j'étais invalide, oui; mais je puis encore travailler, et je suis trop fière pour accepter d'eux quoi que ce soit : ils m'ont trop fait voir qu'ils ne m'aimaient pas.

— Ma pauvre amie, reprit le père Bernard, je vous plains de tout mon cœur, et vos enfants méritent un blâme sévère; mais, je vous l'ai toujours dit, vous avez eu tort : il fallait, en vous mariant, faire un contrat.

— Vous savez bien, monsieur Bernard, que les pauvres gens n'ont pas coutume d'en faire. Il apportent leur ménage, quelques centaines de francs et un maigre trousseau. Est-ce la peine de tant payer pour si peu ?

— Tant payer? quel préjugé! Il ne vous en eût coûté que 0 fr. 75 par centaine de francs. Et voyez quels avantages, quelle sécurité vous en retireriez aujourd'hui. Vos enfants vont hériter de leur père, comme si vraiment il eût possédé quelque chose en propre. Or, il ne possédait rien par lui-même; votre bien est à vous; et c'est dans ce bien que vous êtes lésée à l'heure qu'il est. Tout cela, pour avoir négligé cette formalité du contrat !

— C'est vrai, monsieur Bernard : quand on n'est pas savante, on devrait écouter les conseils de ceux qui ont appris dans les livres et à l'école.

— Je suis de votre avis, madame Gaulier : il serait fort à souhaiter que jamais personne ne se résolût à agir sans se renseigner sur ses droits et ses devoirs.

Et, voyant la tristesse de sa vieille amie, le père Bernard ajouta : — Ne vous désolez pas. J'ai toujours eu pour habitude de regarder le malheur en face : c'est le meilleur moyen de le surmonter. Tous, tant que nous sommes, nous allons nous mettre en quête, et nous trouverons, je vous l'assure, le moyen de sortir de ce mauvais pas. Reprenez courage, et comptez sur notre bonne et vieille affection.

La vieille dame se retira tout attendrie et le cœur pénétré de reconnaissance.

Quand elle fut partie :

— Moralité, conclut Louise en regardant M. Bernard : nous marierons nos enfants avec un contrat.

84. — Les deux acquisitions du père Bernard.

— Bien parlé, Louise. Sachez donc, mes jeunes amis, que je viens de faire une acquisition qui vous fera plaisir, je pense, autant qu'à moi-même.

Et le père Bernard, en disant ces mots, se frottait les mains d'un air malicieux et bon tout à la fois.

Tout le monde leva les yeux et dressa l'oreille, mais surtout Pierre et Marie. On attendait en silence une explication.

— Tu sais, Pierre, que je te laisse mon fonds de menuiserie, et que tu vas être ici le maître, après y avoir été mon apprenti, puis mon associé.

— Père, je...

— Va, mon fils, je devine tout ce que ton cœur veut me dire. Mais ce que vous ne savez pas encore, c'est que je quitte cette maison où je suis né...

Ce fut une protestation générale.

— Je la quitte, continua-t-il gravement, comme l'ont quittée jadis mon père et ma mère, quand ils m'y ont établi le jour de mon mariage, et comme tu la quitteras un jour, Pierre, quand, à son tour, le petit-fils que j'attends reprendra le rabot de son père. Cette maison a toujours été et sera toujours *la maison de Bernard le menuisier*. Je te passe mon établi ; je m'en vais.

— Certes, dit Pierre, s'il ne tenait qu'à moi, la maison est grande, et je voudrais voir nos deux familles abritées sous ce même toit. Mais enfin, père, qu'il soit fait comme vous le désirez. Dites-nous donc où vous avez l'intention d'aller, et quelle est cette acquisition qui doit nous faire à tous tant de plaisir.

— Nous y voilà. Je viens d'acheter la maison d'à côté.

— Quel bonheur! s'écria Marie. Nous vivrons encore tous ensemble.

— Je me suis permis également, reprit le père Bernard, d'agrandir votre jardin en achetant le lopin de terre qui se trouvait au bout. De cette façon, vous pourrez faire une part à l'utile et l'autre à l'agréable.

— Que vous êtes bon, papa Bernard! répondit Marie ; et combien nous vous sommes reconnaissants! Je n'ai qu'une crainte, malgré la bonne opinion que Pierre a de moi comme jardinière, ajouta-t-elle en souriant : je n'entends pas grand'chose à la culture du sol, et je me demande...

— J'y ai songé, Marie, interrompit le vieux menuisier. Et voici qui vous tirera d'affaire, dit-il en tirant un papier de sa poche.

— Qu'est-ce donc, monsieur Bernard?

— C'est... comment dirai-je?... un manuel* du bon jardinier, si vous voulez, une suite de conseils relatifs à l'entretien d'un jardin de produit et d'agrément. Je les crois bons, car ils m'ont été donnés par un vieil ami d'enfance, le père Fortant, — tu le connais, Pierre, et tu sais qu'il s'entend comme pas un à son métier de jardinier. Il a bien voulu m'écrire, pour vous, de sa propre main, ces précieuses instructions qui vous guideront mois par mois; et ma foi, avec votre permission, j'en profiterai, moi aussi, puisqu'il n'est pas bon de rester oisif, et que je vais avoir le temps, ayant pris ma retraite, de faire pousser les bonnes plantes et les jolies fleurs.. J'ai lu ce petit manuel : il va sans dire que vous ne serez pas tenus de vous conformer à toutes ses prescriptions, et vous ne cultiverez que ce qu'il vous plaira Du moins, serez-vous avertis du moment où il convient de semer ou de planter, comme de la manière dont vous devrez vous y prendre... Vous lirez et consulterez ces pages tout à votre aise. Mon brave ami Fortant y a joint quelques lignes concernant ce qu'il appelle l'*économie domestique.*

Et le père Bernard, chaussant ses lunettes, lut ce qui suit :

« En juin, se font les *confitures* de cerises, de groseilles, de framboises, de fraises, et de ces quatre fruits réunis; les *sirops* de cerises, de groseilles et de framboises;

« En juillet, la *marmelade* d'abricots; les *conserves* de pêches, les *pâtes* d'abricots; le vinaigre à l'estragon, les oignons blancs confits, les cornichons : en un mot, les *condiments;*

« En septembre, les *confitures* et les *compotes* de pruneaux, les *conserves* de haricots verts, de pois et d'oseille. »

— Et c'est tout. Maintenant, mes enfants, cultivez votre jardin, comme dit l'adage populaire.

85. — La signature du contrat.

Le grand jour approchait et les réunions se faisaient encore plus intimes.

— Eh bien, Marie, c'est demain soir que vient le notaire pour la signature du contrat.

Marie rougit de bonheur à ces paroles de son ami Pierre.

— Oui, dit-elle simplement, et notre mariage suivra de bien près.

— Et sous quel régime nous marierons-nous? reprit le jeune homme avec un sourire de douce malice.

— Je ne vous entends pas, Pierre. Que voulez-vous me dire?

— Je veux dire, mon amie, que nous pouvons nous marier de trois façons.

Marie le regarda d'un air légèrement incrédule.

— Pour moi, dit-elle, je n'y vois qu'une façon : ce sera de dire un *oui* bien franc à Monsieur le maire.

Pierre éclata de rire.

— A la bonne heure! fit-il. Mais écoutez-moi bien. Voulez-vous que chacun de nous conserve la propriété de tous ses biens, meubles et immeubles, les administre lui-même et en touche lui-même les revenus?

—Oh! Pierre, mais alors nous serions, l'un près de l'autre, comme deux étrangers qui n'osent rien mettre en commun.

— Soit; nous ne serons donc pas mariés sous le *régime de la séparation de biens*. Et vous avez cent fois raison. Cela est bon pour ceux qui veulent mettre leurs propres biens à l'abri des spéculations plus ou moins hasardeuses de leur conjoint*. Voulez-vous donc, tout au moins, mettre en sûreté votre dot, et établir, par-devant notaire, que ni vous ni moi n'en pourrons rien distraire ni rien vendre? Autrement dit, le *régime dotal* a-t-il vos préférences?

— Mon ami Pierre, vous ne parlez pas bien. J'ai confiance en vous. Le peu que j'apporte en dot vous appartiendra comme à moi. Vous m'avez dit que votre fortune serait mienne; la mienne sera vôtre. Tout entre nous sera commun, ce que nous possédons aujourd'hui, et, si vous le voulez bien ainsi, ce que nous acquerrons un jour.

— Et les dettes que nous ferons de part et d'autre?

— Mais, mon ami, puisque je vous sais très sage, vous ne pouvez donc faire que des dépenses nécessaires ou utiles. Quant à moi...

— Quant à vous, Marie, vous êtes la perle des ménagères, et vous dirigerez sagement notre maison, j'en suis sûr.

— Je ne sais, Pierre, si je suis ce que vous dites, mais je crois pouvoir vous assurer, en effet, que je mettrai tous mes soins à gérer de mon mieux ce que vous me confierez.

— Eh bien, donc, nous nous marierons sous le régime que vous venez de définir si gentiment, le *régime de la communauté*, où toutes choses seront communes entre nous, de même que les joies, n'est-ce pas, Marie?

— Oui, Pierre, les joies et les chagrins, répondit-elle avec gravité.

86. — La dot des fiancés.

Le soir même, après le dîner, le notaire, que l'on avait invité pour la circonstance, rédigea sur papier timbré, en bonne et due forme, le contrat de mariage entre Pierre et Marie.

Pierre apportait 5000 francs, gagnés courageusement par lui-même.

Marie mettait dans la communauté les 1000 francs que lui avaient rapportés ses travaux de couture, un bon trousseau et de bons meubles de chêne, simples, mais solides.

— On ne peut donc se marier sans faire de contrat? demanda Marie quand le notaire fut parti.

— Si fait, répondit Pierre, et dans ce cas les époux sont légalement sous le régime de la communauté.

— Mais alors il n'était pas utile que nous fissions venir le notaire.

— Avez-vous donc oublié le malheur de Mme Gaulier, Marie?

Louise intervint.

— Heureuse étourdie, qui n'as pas entendu tout ce que disait le contrat

— Oh! c'est vrai, maman. Je me sentais si heureuse,

et j'avais tant de confiance en vous tous, que je ne sais vraiment rien de ce que le notaire a lu tout haut.

— Eh bien, mon enfant, ton Pierre t'a *reconnu* par contrat tout ce qu'il possédait, une somme de 5000 francs, ses économies de garçon, qui désormais t'appartiennent en propre au même titre que si elles te venaient de moi-même.

— Oh! Pierre, s'écria Marie... Heureusement, reprit-elle en lui tendant les mains, que moi, c'est toujours lui... Mais que fait la chose à l'établissement d'un contrat?

— Précisément, dit le père Bernard, ces *reconnaissances*, déclarées par-devant notaire, sont, vois-tu bien, des dettes fictives. Elles constituent le donataire* comme un créancier* que l'on rembourserait solennellement, au moment du mariage, sans qu'on puisse jamais reprendre le don réel qu'on lui fait ainsi. C'est un genre de *donation entre vifs*, avec cette différence toutefois que la *donation*, bien que faite, elle aussi, par acte notarié, est révocable* dans certains cas prévus par la loi, tandis que la *reconnaissance par contrat* est entièrement et absolument irrévocable.

— Que vous êtes bon, Pierre, de vous être ainsi dépouillé en faveur de l'humble fille que je suis!

— De l'admirable femme que vous êtes, vous voulez dire, reprit Pierre avec vivacité.

Et vraiment ses regards disaient toute son admiration pour les qualités de sa jeune fiancée.

NOTIONS A RETENIR

Les *notaires* sont des *officiers ministériels* publics établis pour recevoir et rédiger tous les actes et contrats auxquels les particuliers doivent ou veulent donner le caractère d'*authenticité** attaché aux actes de l'autorité publique et pour en assurer la date, en conserver le dépôt, en délivrer des expéditions ou copies.

Quand un acte est rédigé par les parties contractantes, sans l'intervention du notaire, il est dit *sous seing privé*.

Les notaires sont nommés par décret du président de la République, sur la présentation du garde des sceaux. Avant d'entrer en fonctions, ils sont astreints au versement d'un cautionnement* et prêtent serment devant le tribunal* de première instance*.

Les charges des notaires sont vénales, c'est-à-dire qu'elles se cèdent à prix d'argent.

En dehors des fonctions que lui confère la loi, le notaire s'est fait le conseiller privé des particuliers, l'arbitre de leurs différends, le négociateur de leurs intérêts et, souvent, le dépositaire quotidien de leur fortune.

Un notaire qui a exercé pendant vingt années peut, sur le rapport du garde des sceaux*, obtenir du président de la République le titre de *notaire honoraire**.

L'ESPRIT DE SACRIFICE
EST LA PREMIÈRE CONDITION
DU BONHEUR EN MÉNAGE

CHAPITRE XXXVIII

87. — Épilogue.

Le *oui* solennel a été prononcé ce matin devant Monsieur le maire, et voici toutes nos vieilles connaissances réunies cette fois autour de la table nuptiale. On a invité quelques amis de choix, des amis fidèles. Il est bien juste, mes chères petites lectrices, que vous aussi vous soyez de la fête.

Le père Bernard est assis à la place d'honneur, ayant Louise à sa droite, à sa gauche sa femme, qui semble rajeunie dans la belle robe de cachemire que sa bru lui a faite. En face, nos jeunes mariés, Pierre et Marie : ils sourient à tous, et ne savent comment exprimer leur bonheur. Marie est charmante sous sa couronne d'oranger : chacun se le dit tout bas, et l'admire.

Les plats se sont succédé au milieu d'une gaieté franche et de bon aloi, puis l'on apporte le dessert : des brioches, des crêmes, des fruits. Lucette, émerveillée, bat des mains ; mais tout à coup elle fait silence, car son père vient de se lever. Le brave homme paraît émotionné, mais résolu.

— Chut ! chut !... écoutons.......

— Mes bons amis, je ne sais pas le secret des beaux discours, et je ne suis qu'un ouvrier ; mais avant les chansons, je tiens à vous dire combien je me sens heureux. D'abord, je ne vois autour de moi que de braves gens !...

— Bravo ! bravo ! s'écrient les deux familles, l'une applaudissant l'autre.

— ... Je rends hommage, pour commencer, aux deux chères femmes qui sont à mes côtés. Elles ont toujours fait leur devoir, sans jamais faiblir, donnant à leurs enants de perpétuels exemples d'activité, de sagesse, l'ordre et de propreté, prenant bien soin d'écarter d'eux es mauvaises compagnies. De moi, je n'ose rien dire : ourtant, je crois que Pierre ne me reprochera pas de lui voir montré, même une seule fois, le chemin du cabaret. lais je passe... Je m'applaudis devant tout le monde u'il m'ait été donné d'agréer pour ma bru la gentille larie, qui s'appelle désormais Mme Pierre Bernard. J'ai vu le mes yeux, je puis le dire, comment elle fut élevée. aborieuse et vigilante, elle connait le prix du travail et le l'économie; elle a, j'en suis certain, avec toutes les ualités qui font la bonne ménagère, toutes celles qui eront de notre fils un homme heureux... On dit souvent ue la vie est triste ou compliquée. Moi, je ne trouve pas ue cela soit vrai. Travaillons, et nous ne nous ennuieons pas ; ne faisons point d'excès, et nous nous porteons bien ; ne nous occupons pas des voisins pour en nédire, et ils nous donneront la paix...

— Bravo ! bravo ! crie l'assemblée.

— ... Je termine, mes bons enfants. Conduisez-vous oujours bien, et puissiez-vous conserver durant toute otre vie l'estime que vous avez aujourd'hui l'un pour 'autre..... Et maintenant, je veux vous livrer un de mes ecrets; je vous le donne en cadeau de noce. Je le donne tous, grands et petits. Ce n'est pas un secret de mince imortance, car il renferme en lui tout le bonheur de la terre...

— Vite, dites vite, monsieur Bernard.

Alors, moitié souriant, moitié grave, le vieux menuisier lève son verre et prononce lentement ces dernières paroles : *Pour être heureux, mes amis, il n'y a point, croyez-moi, d'autre secret que de faire son devoir !*

Appendice

I. — Les recettes de Mlle Cochart

indiquées pour six personnes.

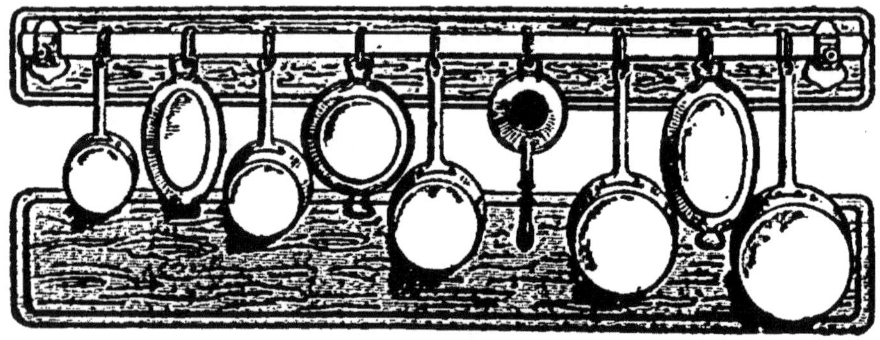

Batterie de cuisine.
Les crochets mobiles sur une tringle de fer facilitent le déplacement des ustensiles.

POT-AU-FEU.

Prenez un morceau de bœuf d'une livre et demie (750 grammes). Mettez sur le feu 2 litres d'eau, votre bœuf, deux belles carottes ou trois moyennes, un navet, deux poireaux, une branche de céleri, du sel; écumez soigneusement et laissez cuire 4 heures.

Le bouillon est excellent avec ces légumes; il est inutile d'y ajouter une quantité d'épices. On peut, si l'on est d'un grand appétit, mettre six ou huit pommes de terre dans le pot-au-feu, une demi-heure avant de servir. Quand les pommes de terre son prêtes à s'écraser, on les met achever de cuire à part dans une petite casserole contenant du bouillon.

En été, si le bouillon de la veille est devenu acide, jetez-y une cuillerée à café de bicarbonate de soude pour 2 litres de liquide.

BŒUF A LA MODE.

Prenez 1 kilogramme de bœuf; piquez-le avec des lardons de la grosseur du doigt. Mettez dans une casserole de cuivre *étamée**, ou une cocotte de fonte, un morceau de beurre de la grosseur d'une noix et une tranche de lard; laissez le lardon se dorer, posez votre bœuf et faiteslui prendre couleur. Mettez alors un verre d'eau ou de bouillon, deux cuillerées d'eau-de-vie, sel, poivre, un bouquet de persil, une branche de thym, un oignon, trois grosses carottes coupées en rouelles et une gousse d'ail.

Ajoutez un pied de veau ou de porc, couvrez hermétiquement* et laissez cuire 5 heures. Dégraissez et ôtez le thym et l'ail.

BIFTECKS ET CÔTELETTES.

Quand les biftecks et les côtelettes sont un peu fermes, battez-les avec un pilon en bois.

Mettez sur le gril, faites bien cuire des deux côtés, salez et poivrez.

Les côtelettes sont délicieuses avec une sauce Soubise. (Voir p. 247.)

RÔTI DE VEAU.

Prenez 1 kilogramme de veau.

Le morceau du rognon est très délicat, mais un peu gras. La rouelle est plus maigre, mais plus ferme.

Mettez dans une cocotte un morceau de beurre gros comme une noix, une tranche de lard et laissez roussir. Posez le morceau de veau et faites-lui prendre couleur de tous côtés. Quand il est bien doré, ajoutez sel, poivre, une gousse d'ail, si vous voulez. Couvrez bien la casserole et laissez cuire de 1 h. et demie à 2 heures.

Le même morceau couvert d'une bande de lard et mis au four serait plus délicat.

Les restes sont excellents froids.

CÔTELETTES DE PORC.

Les côtelettes de porc posées sur le gril et bien dorées sont excellentes.

Côtelettes à la sauce. — Mettez un morceau de beurre gros comme un petit œuf dans une poêle.

Quand il fume, posez les côtelettes et faites-les roussir des deux côtés. Salez, poivrez.

Dans une assiette, on met une cuillerée d'eau, une cuillerée de vinaigre, une cuillerée de moutarde, une échalote hachée; on mélange le tout, on met dans la poêle, on fait jeter un bouillon, on verse la sauce sur les côtelettes et l'on sert.

TRIPES A LA MODE DE CAEN.

Prenez 1 livre et demie de tripes, lavez-les soigneusement, essuyez-les.

Mettez un morceau de beurre gros comme une noix et une tranche de lard dans une casserole. Quand ils sont bien fondus et que la graisse fume, mettez une bonne cuillerée de farine et faites un roux; ne mettez un verre d'eau ou de bouillon que lorsque la farine a pris la couleur café au lait foncé.

Mettez les tripes découpées en petits morceaux, un pied de veau ou de porc, deux oignons, une gousse d'ail, un bouquet de persil, du thym, du laurier, une carotte découpée en rouelles, deux clous de girofle, deux échalotes, une tranche de lard de poitrine maigre, sel, poivre, et arrosez avec un bon verre de vin blanc.

Quand le tout bout bien, reculez la casserole et laissez mijoter 6 ou 8 heures.

C'est un mets qu'il est bon de faire surtout l'hiver, parce qu'il plait davantage et qu'on a généralement du feu dans la cuisine. En été, où

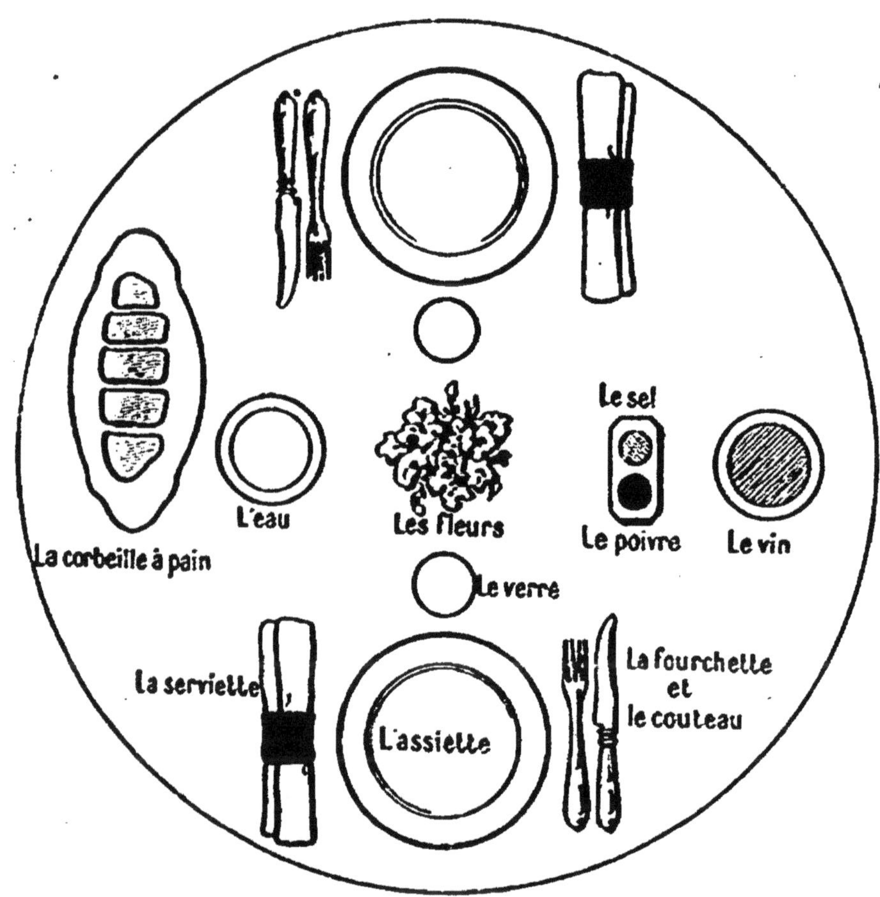

Une table de deux couverts.

l'on peut se passer de feu, il serait peu économique de brûler du charbon pendant 8 heures.

Certaines personnes préparent les tripes dans une terrine en terre qu'elles ferment avec un peu de pâte et la donnent au boulanger, qui la met au four.

LAPIN SAUTÉ OU LAPIN EN GIBELOTTE.

Prenez un peu plus de la moitié d'un lapin, environ 1 kilogramme; découpez-la en morceaux.

Mettez dans une cocotte du beurre et un quart de lard gras.

Quand le lard est bien rissolé, mettez vos morceaux de lapin et faites-leur prendre couleur. Puis saupoudrez d'une cuillerée de farine et remuez vos morceaux. Quand la farine s'est dorée, mettez un verre d'eau ou de bouillon, sel, poivre, un bouquet de persil, thym, échalote, oignons, une gousse d'ail. Laissez mijoter* 1 h. 30, ou 2 heures, si le lapin est vieux.

On peut, pour la sauce, mettre ou un verre de vin blanc, ou du vin rouge, ou même du cidre.

Quelques champignons rendraient ce mets plus délicat.

JAMBON.

On peut acheter du jambon cuit; on le mange froid : c'est un mets agréable et de digestion extrêmement facile.

Si l'on achète un jambon entier cru, on le lave et on le dessale 1 heure ou 2 dans l'eau froide. Puis on le met dans une grande casserole pleine d'eau froide, on la pose sur le feu, et lorsque l'eau va bouillir, on recule la casserole loin du feu ardent; l'eau doit frémir, c'est-à-dire être toujours prête à bouillir, mais sans jeter de bouillons. En 5 heures le jambon est à point.

On en pose des tranches sur une purée de pois cassés, de pommes de terre ou d'épinards. Le reste se mange froid et peut être conservé l'hiver plus de huit jours.

OMELETTES.

Si l'on veut faire une omelette au jambon, on met les tranches très minces dans du beurre chaud, mais non brûlant, on les laisse 2 à 3 minutes, on les retire et l'on verse les œufs, bien battus et très peu salés, dans le beurre où a cuit le jambon. Quand l'omelette est faite, posez dessus vos tranches de jambon et servez.

Une omelette aux petits lardons est très délicate. On découpe du lard gras en petits morceaux gros comme des dés à jouer, on les fait rissoler. Quand ils sont bien croustillants, on verse les œufs dans la poêle, en remuant, pour mélanger le tout.

Voulez-vous faire une omelette exquise? prenez le dessus d'un pot de lait, la *fleurette*, qui a un goût de noisette; mettez-le dans les œufs battus, salés et poivrés : trois cuillerées à soupe environ pour cinq œufs. Mettez un morceau de beurre dans la poêle : quand il est chaud, versez les œufs; soulevez l'omelette, qui se forme, avec la pointe d'une fourchette; laissez-la un peu *baveuse*, c'est-à-dire pas trop prise. Avant de la replier en deux, mettez dessus quatre petits morceaux de beurre frais gros comme des noisettes : c'est absolument exquis.

POMMES DE TERRE AU FROMAGE.

Mettez cuire un certain nombre de pommes de terre. L'on varie suivant l'appétit des convives : trois par personne, si elles sont de grosseur moyenne, paraissent suffisantes.

Mettez-les cuire à l'eau avec du sel. Quand elles sont cuites, écrasez-les en purée, et mettez un bon morceau de beurre, gros comme un œuf à peu près; mettez un peu de beurre dans le fond d'un plat qui va au feu, une couche de purée, un lit de fromage de gruyère râpé, puis un lit de purée; enfin, terminez par du fromage et quelques morceaux de beurre posés çà et là; mettez au four.

Quand le dessus est bien doré, en 20 minutes à peu près si le four est bien chaud, vous pouvez servir.

CHOUX-FLEURS.

Le chou-fleur au gratin* s'accommode de la même manière.

Utiliser l'eau pour une panade.

Le chou-fleur froid est excellent en salade, avec un peu de cerfeuil haché.

On peut faire cuire le chou-fleur à l'eau et verser dessus du beurre fondu dans la poêle et une cuillerée de vinaigre chaud.

Le chou-fleur coûtant assez cher, on peut y ajouter quelques pommes de terre, dont le prix est bien moins élevé.

Le chou-fleur peut encore être servi avec une sauce blanche, que l'on fait ainsi : Mettez sur le feu, dans une casserole émaillée ou une casserole de cuivre, un morceau de beurre. Quand il est tiède, à peine fondu, ajoutez une bonne cuillerée de farine, tournez bien; quand il n'y a plus trace de farine et qu'elle est bien délayée, mettez de l'eau, tournez avec une cuiller et salez. Au bout de quelques minutes, la sauce bout et peut être servie.

SOUPE RAFRAICHISSANTE.

Achetez une livre et demie de jarret de veau; versez 1 litre d'eau dans une casserole, mettez-y le jarret de veau. deux carottes, deux poireaux, un navet, du sel, et laissez cuire 2 h. 30. Dans votre soupière vous avez mis des tranches de pain et une poignée de cerfeuil haché : versez votre bouillon dessus.

Le jarret de veau se mange avec une sauce vinaigrette, comme la tête de veau; les légumes sont bons à manger également.

SOUPES AU LAIT.

Faites bouillir 1 litre et demi de lait pour six personnes; mettez deux pincées de sel et quelques tranches de pain. — Vous pouvez mettre du vermicelle : une petite poignée par personne; remuez le mélange pour éviter que le vermicelle reste aggloméré. — Si vous mettez du tapioca, attendez que le lait bouille et versez-le en pluie, tandis que vous remuez avec une cuiller.

Si vous voulez ajouter une purée faite d'une belle tranche de potiron cuit avec quelques cuillerées d'eau, sucrez et mettez gros comme une noix de beurre.

Une soupe au lait très appréciée des gourmets, mais qui n'est pas jolie à voir, c'est la soupe frite. Mettez un morceau de beurre dans une poêle, jetez-y quelques tranches de pain très minces ; quand elles sont bien dorées, faites bouillir votre lait et ajoutez ces croûtons frits au moment de servir.

SOUPE AUX POIREAUX.

Épluchez trois beaux poireaux, davantage s'ils sont petits ; lavez-les soigneusement, car la terre pénètre facilement entre les feuilles. Coupez-les menu.

Mettez dans une casserole gros comme un œuf de beurre : quand il est chaud, sans être roux, mettez vos poireaux hachés, faites revenir* 5 à 6 minutes, mettez 1 litre et demi d'eau et quatre pommes de terre, du sel ; laissez cuire environ 1 heure, passez à la passoire, versez sur des tranches de pain et servez. Si l'on veut, on peut ajouter un peu de lait, ou mieux de fleurette.

SOUPE A L'OSEILLE.

Se fait exactement comme la soupe aux poireaux, mais l'oseille doit être en purée avant que l'on y mette l'eau.

Un jaune d'œuf au moment de servir la rend plus délicate.

Mettez le jaune dans une assiette et ajoutez une cuillerée de bouillon ; mélangez bien ; mettez une deuxième cuillerée et continuez le mélange ; répétez cette opération cinq ou six fois, et ne mettez ce mélange dans la soupe qu'au moment de servir, autrement le jaune cuirait et formerait de petits grumeaux* peu agréables à l'œil et donnant à la soupe l'aspect d'une soupe tournée.

SOUPE A L'OIGNON.

On doit mettre un oignon moyen par personne ; on les coupe assez fin. Mettez du beurre dans la casserole, gros comme un œuf ; laissez-le bien chauffer avant d'y joindre les oignons découpés ; laissez-leur prendre une couleur brune ; ajoutez l'eau, du sel et laissez bouillir 20 minutes. Versez sur des tranches de pain. Le vermicelle convient également dans ce potage.

JULIENNE.

Mettez dans une casserole 1 litre et demi d'eau, deux carottes, deux poireaux, un navet, deux pommes de terre ou une poignée de haricots, une bonne poignée d'oseille, du sel ; laissez bouillir 3 heures environ ; passez à la passoire, en écrasant bien les légumes, qui devront être mélangés au bouillon ; ajoutez du pain, et servez après avoir additionné d'un bon morceau de beurre.

SOUPE AUX HARICOTS.

Se fait absolument comme la julienne : au lieu de divers légumes, on met deux verres de haricots; on laisse cuire, et l'on passe, en mêlant au bouillon la purée obtenue.

SOUPE AUX POIS CASSÉS.

Se fait comme la soupe aux haricots; il est bon d'y ajouter un oignon frit au beurre dans la poêle.

SOUPE AUX CHOUX.

Cette soupe peut se faire au beurre; on fait cuire un demi-chou et des pommes de terre dans 1 litre et demi d'eau; on passe les légumes et l'on ajoute au mélange un bon morceau de beurre.

SOUPE AU PORC SALÉ.

Mettez dans une casserole un demi-chou, une carotte, un poireau, 2 litres d'eau; laissez bouillir. Une heure plus tard, mettez un morceau de porc salé; le charcutier désigne souvent le morceau qui doit être employé sous le nom de « petit salé ».

Mettez-en une livre et un cervelas. Écumez soigneusement et ajoutez six pommes de terre une demi-heure avant de servir. Versez le bouillon sur du pain et servez le morceau de porc et le cervelas entourés des légumes. Cette soupe est cuite en 3 heures.

SOUPE PANADE A L'EAU DE CHOUX-FLEURS.

Lorsque vous faites cuire un chou-fleur, ne jetez pas l'eau.

Mettez-y du pain que vous laissez bouillir une demi-heure; ajoutez du beurre bien frais, un jaune d'œuf, et servez.

SALADE ARDENNAISE.

Tous les paysans ardennais raffolent d'un plat simple et peu coûteux connu sous le nom de « salade au lard »; les personnes de la ville ne la dédaignent pas non plus. Voici comment elle se confectionne :

Pour six personnes, épluchez des pissenlits de quoi emplir un saladier moyen. Posez dessus une douzaine de pommes de terre cuites en robe de chambre, et que vous avez découpées en rouelles; salez, poivrez. Puis vous mettez dans la poêle de petits lardons de lard gras salés (125 grammes suffisent), vous les laissez bien rissoler, vous versez sur la salade; dans la poêle vous mettez une bonne cuillerée de vinaigre; quand il est bien chaud, vous l'ajoutez à la salade et vous remuez le tout. Mangez bien chaud.

SAUCE MAITRE D'HOTEL.

Rien n'est plus simple à faire.

Maniez du persil haché très fin et du beurre frais. Étendez au fond du plat qui doit vous servir; saupoudrez de sel et de poivre et faites fondre à feu doux, servez aussitôt fondu, car si le plat restait trop longtemps sur le feu le beurre tournerait en huile.

Souvent la chaleur du mets que l'on sert sur le beurre suffit à le faire fondre (pommes de terre cuites à l'eau, haricots de Soissons, etc.).

SAUCE DITE BEURRE NOIR.

Mettez dans une poêle un morceau de beurre assez gros. Faites roussir. Vous remuerez de temps à autre la poêle pour que le beurre roussisse également. Lorsque le beurre sera bien coloré, presque noir, sans être brûlé cependant, mettez dedans quelques branches de persil, et quand le persil sera frit, versez le tout sur le mets que vous voulez servir. Mettez dans la poêle deux cuillerées de vinaigre; aussitôt chaud, ajoutez-le à la sauce.

Cette sauce convient à la raie, à la morue, au poisson en général.

SAUCE PIQUANTE.

Mettez dans une casserole gros comme un œuf de beurre. Lorsqu'il est fondu, ajoutez-y plein une cuillère à bouche de farine. Faites roussir sur feu vif, en remuant avec une mouvette* de bois jusqu'à ce que beurre et farine soient d'une belle couleur marron foncé; éteignez avec un verre d'eau ou de bouillon.

(Vous avez fait ce qu'on appelle un *roux*.) Ajoutez-y trois échalotes hachées fin ou un oignon, sel, poivre, deux cuillerées de vinaigre. Faites cuire pendant un quart d'heure. Au moment de servir, ajoutez quelques cornichons coupés en rouelles et une cuillerée à café de moutarde bien délayée. Gardez-vous de remettre la sauce sur le feu : elle tournerait. Elle est très bonne avec la langue de bœuf cuite avec le pot-au-feu, ou les côtelettes et grillades de porc frais.

SAUCE BLANCHE.

Mettez dans une casserole gros comme un œuf de beurre et plein une cuiller à bouche de farine, remuez bien avec la mouvette; délayez peu à peu avec un verre d'eau chaude, salez. Tournez jusqu'à ce que le mélange commence à bouillir; après quelques bouillons, ajoutez des petits morceaux de beurre frais, retirez du feu et acidulez* avec un peu de vinaigre.

Cette sauce peut se faire avec du lait et prend le nom de « sauce à la Béchamel ». Elle est très bonne pour le poisson. On y ajoute alors des câpres.

Sans câpres et avec 100 grammes de fromage de gruyère râpé, que l'on ajoute en tournant au moment de servir, cette sauce convient au macaroni ou aux nouilles cuites à l'eau.

Quand la sauce paraît trop épaisse, on l'étend avec un peu d'eau ou de lait tiède.

SAUCE MAYONNAISE.

Mettez dans un bol un jaune d'œuf cru, poivre et sel, une demi-cuillerée de vinaigre; tournez pour bien mêler le tout. Laissez tomber goutte à goutte, en remuant toujours dans le même sens, de la bonne huile d'olives.

Quand la sauce est bien prise, elle se détache du bol; on met de l'huile suivant la quantité de sauce que l'on désire; on ajoute, pour terminer, un peu de vinaigre, suivant le goût des convives.

Il faut opérer dans un endroit frais.

Elle est excellente avec les viandes ou les poissons froids ou sur une salade de haricots, de pommes de terre, de fonds d'artichauts mélangés.

SAUCE TOMATE.

Coupez en morceaux huit tomates, mettez cuire sur feu pas trop vif; passez-les à la passoire fine. Faites blondir gros comme la moitié d'un œuf de beurre; ajoutez votre purée de tomates, sel, poivre; remuez, et laissez mijoter 5 minutes. Si la sauce est trop claire, mettez un peu de fécule dans une assiette, maniez-la avec un peu de beurre, ajoutez à la sauce les boulettes obtenues.

Cette sauce aide à manger les restes de bouilli; elle convient au rôti de veau, au macaroni, à une foule de mets.

SAUCE SOUBISE.

C'est jour de fête et vous désirez pour votre gigot ou pour vos côtelettes de mouton une sauce qui soit un peu recherchée.

Prenez douze oignons blancs, coupez-les en deux et jetez-les dans l'eau bouillante. Quand ils sont amollis, passez-les à la passoire. Vous avez mis sur le feu un morceau de beurre, vous y ajoutez une cuillerée de farine, vous tournez et y versez un verre de lait; joignez-y la purée d'oignons que vous venez de faire, un peu de sel, un peu de sucre, de la crème, si vous en avez (mais on peut s'en passer), et votre sauce est parfaite. Cette sauce ne doit pas être faite longtemps avant de servir, car elle noircit vite.

SAUCE BÉARNAISE.

Mettez dans une casserole quatre jaunes d'œufs, quatre cuillerées d'huile, quatre cuillerées d'eau, une cuillerée de vinaigre, une cuillerée d'estragon haché fin, sel, poivre; mêlez bien le tout ensemble, faites prendre sur la cendre chaude en tournant avec une mouvette jusqu'à consistance convenable.

Cette sauce, très prompte à faire et excellente avec les côtelettes de mouton, le rosbif, les biftecks, doit être faite avec précaution. Elle n'a qu'un défaut, c'est de coûter environ 60 centimes, ce qui est peut-être exagéré pour un petit ménage.

OSEILLE.

Dans tous les ménages on fait un emploi fréquent de l'oseille; l'hiver elle devient très chère. Voici un procédé très simple pour en conserver une provision.

Épluchez l'oseille, lavez à grande eau, égouttez, mettez-la fondre sur un feu doux en remuant sans cesse pour éviter qu'elle brûle au fond, laissez mijoter jusqu'à ce que l'eau du lavage qui aurait pu rester dans les plis des feuilles soit bien évaporée. Mettez alors cette purée dans des bouteilles ordinaires que vous bouchez soigneusement et que vous portez à la cave. Il est bon de mettre la bouteille le goulot en b.

CONFITURES DE CASSIS.

Faites crever des cassis avec un peu d'eau, puis mettez-les égoutter sur un tamis. Prenez ensuite 1/2 kilogramme de sucre par 1/2 kilogramme de jus. Faites un sirop avec un verre d'eau par 1/2 kilogramme de sucre; quand le sirop fait la perle, ajoutez-y le jus. Tournez sans laisser bouillir et mettez dans les pots.

CONFITURES DE GROSEILLES.

Faites crever des groseilles dans une bassine, avec un peu d'eau, puis faites-les égoutter sur un tamis.

Prenez ensuite 1/2 kilogramme de sucre par 1/2 kilogramme de jus et faites un sirop avec un verre d'eau par 1/2 kilogramme de sucre. Quand le sirop fait la perle, ajoutez-y le jus de groseilles, tournez sans laisser bouillir et mettez en pots. On peut ajouter quelques framboises, qui donnent un parfum exquis aux confitures.

CONFITURES DE MIRABELLES.

Partagez les mirabelles en deux, enlevez les noyaux; mettez-les macérer pendant 12 heures dans un endroit frais. Pesez 3/4 de sucre par livre de fruits. Égouttez les mirabelles, mettez le jus dans la bassine (il faut 20 minutes avant l'ébullition); laissez bouillir pendant un quart d'heure. Jetez les mirabelles dans le sirop et laissez bouillir encore un quart d'heure. Retirez et mettez en pots.

II. — Les Conseils du père Fortant.

Calendrier du bon jardinier.

Légumes.	Fruits.	Fleurs.
JANVIER		
En cas de beau temps et pendant les heures les plus douces, donner de l'air aux artichauts, aux salades repiquées sous cloche. Dans la deuxième moitié du mois, semer en *ados* (terre relevée en talus le long d'un mur), ou mieux sur couche et sous châssis, laitues, radis, pois et choux hâtifs.	Débarrasser l'écorce des vieux arbres des mousses et des lichens, les badigeonner à l'eau de chaux. Détruire les œufs de papillons déposés en anneaux autour des jeunes rameaux des poiriers et des pommiers. Commencer la taille de ceux de ces arbres qui sont peu vigoureux.	
FÉVRIER		
Mêmes soins qu'en janvier. Semer aussi persil, cerfeuil, ciboule, poireau. Planter l'ail et l'échalote. A la fin du mois, repiquer, sur ados bien exposés, les romaines élevées sous cloche. Faire des bordures de thym et de lavande.	Nettoyer avec soin les branches des arbres fruitiers. Provigner, bouturer, tailler la vigne. Planter les griffes (racines).	A la fin du mois, commencer les semis de plantes annuelles : pieds-d'alouette, phlox. Mettre en bordures ou en massifs les pensées semées en août, les silènes. Planter les griffes (racines) de renoncules et d'anémones.

Légumes.	Fruits.	Fleurs.
	MARS	
Semer toutes les graines potagères, sauf les haricots, qui redoutent la moindre gelée. Abriter par des paillassons les jeunes semis et arroser si la saison l'exige, mais de préférence le matin. Débutter les artichauts; les recouvrir si le froid revient.	Continuer le provignage, le bouturage et la taille de la vigne. Tailler les pêchers et les abricotiers, les abriter contre les gelées tardives et les giboulées.	Tailler les rosiers à haute tige. Semer en bordures : pieds-d'alouette, réséda, pavots. Semer sur couche, pour être repiqués avant d'être mis en place : reines-marguerites, giroflées, balsamines, zinnias, pétunias...
	AVRIL	
Semer tous les dix ou quinze jours : pois, laitues, romaines, radis. Semer épinards d'été, cornichons, choux-fleurs, oignons, poireaux. Œilletonner les artichauts (l'œilleton est le rejeton qui pousse au collet de certaines plantes et qui sert à les multiplier); les fumer et les arroser. Semer sur couche les tomates.	Terminer la taille des pêchers et des abricotiers. Écheniller avec soin. Échalasser* la vigne. Vers la fin du mois, répandre pour la première fois, sur les vignes menacées du mildew, la dissolution suivante : 1 kil. sulfate de cuivre. 1 kil. carbonate de soude, dissous à froid dans 100 litres d'eau. N. B. On reconnaît le mildew aux taches de rouille.	Exposer à la lumière et à une température douce les tubercules de dahlias pour en hâter le bourgeonnement. Détruire, à l'aide de fumigations de tabac, les pucerons qui infestent les jeunes tiges des rosiers
	MAI	
	Arroser abondamment, mais le soir si la journée a été chaude.	
Semer haricots, choux de Bruxelles, navets. Transplanter les romaines et les lier pour les faire blanchir. Mettre en place les tomates élevées sur couche.	Palisser* les pêchers (attacher les branches contre le mur). Si on craint l'oïdium, appliquer à la vigne un premier soufrage. N. B. L'oïdium est un petit champignon qui se développe sur le raisin.	

Légumes.	Fruits.	Fleurs.

JUIN

Légumes.	Fruits.	Fleurs.
Continuer les semis de haricots, pois. Semer scarole, radis gris d'été, choux pour l'automne. Butter les pommes de terre.	Enlever les coulants* des fraisiers en ne réservant que les plus beaux pour la multiplication. Continuer le palissage des arbres fruitiers et de la vigne. Opérer le deuxième soufrage de la vigne dans les huit jours qui précèdent la floraison. Après la floraison, soigner les ceps* atteints du mildew.	Relever les oignons de jacinthes, de tulipes, les griffes d'anémones et de renoncules, et les rentrer en lieu sec et aéré. Marcotter* les œillets, mettre en place les plantes annuelles élevées en pépinière*.

JUILLET

Arroser abondamment toutes les plantes.

Légumes.	Fruits.	Fleurs.
Semer les plantes potagères que l'on pourra récolter avant l'hiver : haricots et pois à manger en vert. Abattre les tiges d'oignons avec le dos du râteau. Récolter l'ail, l'échalote. Semer l'oignon blanc pour le repiquer à l'automne. Butter* le céleri et le faire blanchir à mesure des besoins. Soigner les porte-graines de toutes les plantes potagères.	Éclaircir, avec des ciseaux, les grappes de raisin. Enlever quelques feuilles autour des pêches pour qu'elles prennent de la couleur. Arroser au pied les vieux arbres en espalier. Bassiner* souvent le feuillage.	Remplacer les plantes qui ont fleuri par celles qui ont été élevées en pépinière précédemment. Marcotter les œillets. Mettre des tuteurs aux glaïeuls et aux dahlias.

Légumes.	Fruits.	Fleurs.
	AOUT *Arroser abondamment.*	
A la fin du mois, semer les choux verts. Semer épinards, cerfeuil, navets. Semer encore oignons blancs pour être repiqués en automne. Récolter les oignons et les rentrer après les avoir laissés sur le sol, à l'air et à la lumière.	Nouvelle plantation de fraisiers. Effeuiller avec modération les treilles trop touffues. Découvrir les fruits des espaliers* pour qu'ils prennent de la couleur et du goût. Pailler* au pied les pêchers pour que les fruits qui tombent ne soient pas endommagés. Soufrage de la vigne. Traitement contre le mildew.	Semer, pour l'année suivante : pois de senteur, pieds-d'alouette, thlaspi, coquelicot, centaurée, pensée, girollée bisannuelle, muflier. Bouturer* la verveine et le géranium, qu'on hivernera* sous châssis.
	SEPTEMBRE	
Mêmes semis qu'en août jusqu'au 8. Couper aussi bas que possible les pieds d'artichauts qui ont fructifié. Récolter les graines de plantes potagères. Quand elles sont sèches, on les met dans de petits sacs, que l'on étiquette. Fumer et bêcher les carrés devenus libres.	Mettre en sacs le raisin à conserver.	Mettre en place les jacinthes et les tulipes.
	OCTOBRE	
Terminer les semis de cerfeuil. Planter l'ail, plutôt qu'après l'hiver. Semer de la romaine verte en pépinière. Butter les artichauts.	Cueillir les fruits par un temps sec, sans attendre qu'ils tombent.	Séparer les marcottes d'œillets. Relever les glaïeuls.

Légumes.	Fruits.	Fleurs.
NOVEMBRE		
Amender* avec de l'argile ou de la marne. Couvrir les artichauts buttés en octobre. Mettre en cave ou en *silos* (fosses souterraines) les pommes de terre et les carottes. Repiquer sous cloche (20 à 30 pieds par cloche) la romaine verte semée en octobre.	Entourer d'un cordon d'ouate de 4 à 6 centimètres de large les tiges des arbres atteints du puceron lanigère*, et fixer les bandelettes avec une ficelle bien serrée : le puceron ne pourra se réfugier sur les racines et périra aux premiers froids.	Planter les jacinthes, les tulipes, les crocus.
DÉCEMBRE		
Enlever le gui* sur les pommiers et les poiriers.		Planter des perce-neige, des hépatiques, des crocus, qui fleurissent aux premiers beaux jours. Couper au pied les chrysanthèmes défleuris.

III. — Un patron de corsage.

Pour bâtir un patron de corsage :
1° Se munir, autant que possible, d'une mousseline à 20 ou 25 centimes le mètre. Si l'on commet une erreur en taillant son patron, la perte ne sera pas grande ; 2° Opérer sur une personne de même corpulence à peu près que soi-même ; 3° Avoir soin, quand on coupera la mousseline, de ménager toujours une petite largeur en plus pour les coutures.

DEVANT

Poser la mousseline droit fil et bien tendue sur la poitrine et sur l'épaule, de façon que la lisière descende au milieu de la taille, et

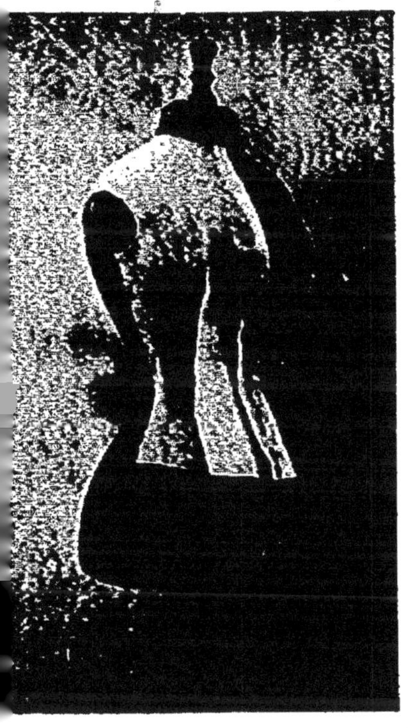

Patron du devant.

Patron des petits côtés.

épingler au bas de l'encolure d'abord, puis à la taille, puis, — sur l'épaule, — à l'encolure et à l'entournure. — La découper en suivant le bas de l'encolure et la ligne supérieure de l'épaule. — Découper la courbe antérieure de l'emmanchure jusqu'au creux de l'aisselle, y fixer la mousseline, la laisser tomber naturellement sur la hanche et la fixer encore à la taille. — Il y aura, entre les deux points fixés à la taille, une partie flottante dans le bas, et qui servira à faire soit une soit deux pinces, suivant la personne. — Pour finir, couper la mousseline depuis le creux de l'aisselle jusqu'à la taille.

On aura soin de laisser, au-dessous de la taille, assez de mousseline pour la rentrer sous la jupe, qui doit maintenir le corsage.

Patron du dos.

PETITS COTÉS

1° du devant :

Appliquer la mousseline sous l'aisselle, et toujours droit fil, de façon qu'elle s'ajuste au patron précédent : épingler en haut et à la taille. Puis, au jugé, selon l'épaisseur de la personne, faire un *petit côté*, c'est-à-dire une *bande* plus ou moins large, s'élargissant dans le bas au-dessous de la taille pour dessiner la saillie de la hanche, et allant rejoindre dans le haut l'emmanchure dont on découpe la courbure.

Si la personne était très grosse, on mettrait deux de ces petits côtés.

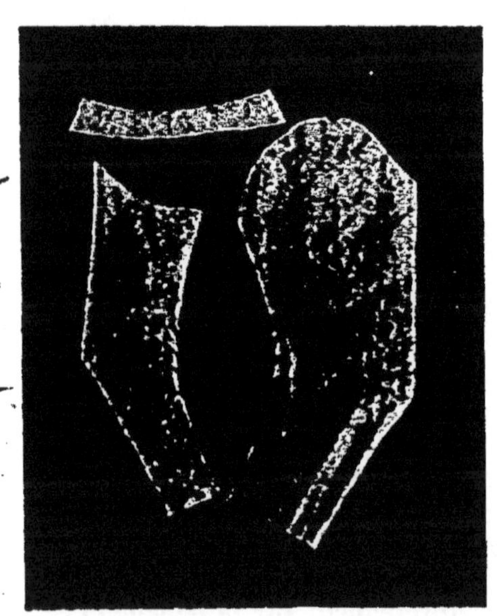

Patron de la manche et du col.

2° du dos :

Autre bande juxtaposée à la précédente. Seulement, on prend soin que le bord qui touche au dos soit un peu arrondi vers le haut, avant d'aller rejoindre l'entcurnure, à une certaine distance du sommet de l'épaule : cela donne plus de grâce au vêtement.

DOS

Poser la mousseline droit fil et bien tendue sur le dos et sur l'épaule ; l'épingler au bas et au milieu de l'encolure, et découper suivant l'encolure en allant rejoindre le devant déjà bâti. — Épingler sur le sommet de l'épaule, à l'encolure et à l'entournure, c'est-à-dire aux deux points extrêmes où la mousseline rejoint le devant, et découper suivant cette ligne. — Découper suivant l'entournure jusqu'au petit côté du dos. — Fixer la mousseline, toujours bien tendue, à la taille, près du petit côté, puis au milieu du dos. — Découper enfin suivant le petit côté et suivant la ligne médiane du dos, mais en ayant soin que le rempli de cette ligne soit, à cause du creux de la taille, plus large en bas qu'en haut, près de l'encolure. — Ce patron doit avoir comme largeur de taille : 3 centimètres pour une taille mince, 3 centimètres et demi pour une taille moyenne, 4 et 5 centimètres pour une taille forte.

Patron entier.

MANCHE

On ne peut guère découper un patron de manche sur une personne ou sur un vêtement. Le plus simple est de découdre une manche d'un vieux corsage, de l'ouvrir et d'appliquer chaque partie sur la mousseline.

Ces cinq parties une fois découpées, on en fait le double pour avoir le corsage complet.

COL

Le col s'ajuste après coup.

Remarques. — Les deux petits côtés sont généralement recouverts par le devant du corsage, qui ne se compose donc que de deux parties dans chacune des moitiés du buste.

Un tel patron peut servir pour toutes les tailles et toutes les corpulences. On le modifie au jugé et on rectifie à l'essayage.

On *essaye* toujours avec la doublure, avant de découper le corsage dans l'étoffe même. De cette façon, les rectifications qui restent à faire sont minimes et n'occasionnent aucune perte d'étoffe.

IV. — Mutualité maternelle.

On ne saurait parler trop tôt aux futures mères de famille d'une des formes les plus intéressantes de la mutualité. Elle existe dans un grand nombre de villes sous le nom de *Mutualité maternelle*.

Moyennant 3 francs par an, — cinq sous par mois! — toute ouvrière ayant un bébé nouveau-né est assurée de recevoir 10 francs par semaine pendant les quatre semaines qui suivent la naissance de l'enfant. La jeune mère peut donc, durant un mois, renoncer à son travail et s'occuper exclusivement de son bébé. Pendant ce temps, elle **doit** essayer de nourrir elle-même, **coûte que coûte**, le nouveau-né; car, de l'avis des docteurs spécialistes, l'estomac de l'enfant ne peut supporter que le lait de la femme. Le lait de vache étant trop riche en beurre ne peut convenir à l'enfant, du moins jusqu'à trois mois; le lait de chèvre, malgré le préjugé populaire, est plus indigeste encore.

Suivant le docteur Richardière, la mère ne doit pas se décourager si elle est mauvaise nourrice, mais elle doit au contraire persévérer courageusement, dût-elle recourir, pour compléter l'alimentation du bébé, à des biberons de lait de vache coupé par un égal volume d'eau *bouillie*.

Des dames inspectrices visitent les jeunes mères et les bébés; s'occupent de faire assainir leur logement, s'il en est besoin; cherchent un local plus confortable, s'il est possible; collaborent à la confection de la layette; donnent à l'inexpérience de la mère des conseils précieux et absolument sûrs concernant les soins que réclame la première enfance. La femme n'est pas isolée, ni abandonnée à ses propres forces.

Dans les villes où fonctionne la *Mutualité maternelle*, la mortalité a diminué dans des proportions extraordinaires. Le chiffre des enfants décédés est tombé de 33 à 8 pour 100. Quelle mère pourrait se refuser à user d'un moyen qui lui assure d'une façon presque certaine la vie de son enfant?

Index-Lexique

Les définitions des mots et expressions qui suivent ne portent que sur le sens qu'ils ont expressément dans le cours de l'ouvrage. Les mots non définis ici sont expliqués dans le texte. Les numéros renvoient aux pages du livre.

A

Ab intestat, 262.

Accaparer (33), amasser une denrée en grande quantité pour en produire la rareté sur les autres points et pour la revendre fort cher.

Aciduler (246), rendre légèrement acide, piquant.

Administrateur des funérailles (216), personne qui, dans les villes, se charge, moyennant un prix fixé, de tout ce qui est relatif aux funérailles : faire part, service funèbre, bière, convoi, etc.

Ados, 219.

Amender (233), améliorer la terre, la rendre plus fertile.

Ammoniaque (77), dissolution du gaz ammoniac dans l'eau. On l'appelle plus communément *alcali volatil* ou, plus brièvement encore, *alcali*. Elle dégage une odeur âcre.

Ampoule (171), petite tumeur, emplie de liquide, sur une partie du corps.

Anémier [s'] (190), devenir moins fort par suite d'un appauvrissement du sang.

Angine (165), inflammation de la gorge, assez forte pour donner une sensation d'étouffement.

Apprêt, 83.

Arnica, 155.

Aromatique (265), de la nature des aromes. — *Arome*, principe odorant de certaines substances.

Aseptique, 157.

Asphyxie (161), suspension subite de la respiration. Elle a lieu par *submersion*, par *strangulation* ou par *absorption de gaz délétère*.

Assurance, 55.

Atmosphère d'une chambre (155), masse d'air qui emplit cette chambre.

Au 1/1000 [solution] (155), qui contient 1 gramme de matière soluble pour 1 000 grammes d'eau.

Ausculter (168), appliquer l'oreille à même sur le dos ou sur la poitrine pour reconnaître, d'après les sons perçus, l'état du poumon ou du cœur.

Authenticité (256), exactitude incontestable.

Automobile (226), voiture mue par la vapeur ou l'électricité et qui, n'étant pas tirée par une bête de trait, semble se mouvoir d'elle-même.

B

Bacille (77), nom donné à certains microbes. Vo[illegible] microbes.

Bandage silicaté (219). Quand on trempe dans un liquide contenant du silicate des bandes de toile dont on entoure un membre déboîté qu'on veut remettre à sa place, les bandes peu à peu se durcissent et forment une sorte de fourreau rigide qui maintient le membre et qu'on appelle *bandage silicaté*.

Bassiner (251), humecter avec un liquide; ici, avec de l'eau.

Baveuse, 212.

Bénéfice d'inventaire (sous), 212.

Bonneterie (115), commerce de bonnetier. — *Bonnetier*, fabricant de bonnets, de bas, etc., en tricot ordinairement.

Boriquée [eau] (156-157), qui contient en dissolution de l'acide borique.

Bouturer (232), reproduire au moyen de *boutures*, c'est-à-dire de pousses, qui, détachées et mises en terre, prennent racine.

Bronchite (169), inflammation des bronches. — *Bronches*, conduits ramifiés par où l'air s'introduit dans les poumons.

Buanderie (16), lieu où se fait la lessive.

Budget (121), liste des dépenses établie par une ménagère, en rapport avec ses recettes.

Butter (231), entourer de terre, sous forme de monticule, de butte.

C

Caillou d'Orléans, 32.

Caisse des dépôts et consignations (56), établissement financier, placé sous la garantie de l'État, qui reçoit des fonds en dépôt et les fait valoir.

Cambouis (116), huile ou graisse épaissie et noircie par le frottement du moyeu contre l'essieu d'une voiture.

Caniveau (41), pierre creusée pour faire couler l'eau. Ici, ruisseau qui borde le trottoir.

Carbonate de soude (47), substance blanche transparente à l'état frais composée d'acide carbonique et de soude. On s'en sert pour le blanchissage du linge et en teinture.

Cataplasme, 161.

Cautionnement (250), dépôt d'argent qui sert de garantie contre un acte possible d'improbité.

Ceps (231), pieds de vigne.

Chaîne (159), voir TRAME.

Charge vénale, 255.

Chiffre (lingerie), 183.

Clair (lingerie), 188.

Code Napoléon (218), recueil des lois rédigées par l'ordre et sous la surveillance de Napoléon Ier.

Communauté (229), possession en commun des biens de deux époux. (On veut dire ici que Mme Gaubert ne rentre pas en possession de toute sa fortune, mais qu'elle n'en possède encore, comme du vivant de son mari, que la moitié.)

Comptes [rendre ses] (216), exposer et justifier la façon dont on a géré la fortune que l'on avait en dépôt pour le compte de son pupille.

Conjoint (255), chacun des époux par rapport à l'autre.

Contamination (31), la souillure, le germe du mal.

Contrat (228), acte passé par-devant notaire, réglant les rapports d'intérêts entre deux époux et déterminant les conditions pécuniaires du futur mariage.

Contributions, 52.

Cote mobilière, 112.

Coulants (231), rejetons qui partent du pied même des fraisiers, et qui, piqués en terre, donnent naissance à un nouveau pied.

Coupe (15), représentation d'un objet que l'on suppose coupé pour qu'on en voie la disposition intérieure.

Créances (211), les sommes qui sont dues à une personne constituent les *créances* de cette personne.

Créancier (211), celui à qui l'on doit.

Crèches (161), asiles où l'on reçoit pendant le jour les enfants pauvres âgés de moins de deux ans, trop jeunes encore pour aller à l'école maternelle.

Crever [faire] (248), terme de cuisine. *Faire crever du riz*, le faire gonfler et ramollir à l'eau bouillante ou à la vapeur jusqu'à ce que les grains s'ouvrent.

Cristallisé (157), en forme de petits cristaux.

D

Décoction, 205.

Démarier (un drap), 21.

Dérivatif (158), se dit d'un remède qui détourne le principe d'une maladie, en le faisant passer d'un organe important dans un autre moins important.

Diable, 51.

Dilater [se] (71), augmenter de volume par l'effet de la chaleur.

Dissoudre [se] (211), cesser d'exister.

Dommages-intérêts (219), indemnité due à quelqu'un pour le dommage qu'on lui a causé.

Donataire (235), celui à qui l'on fait une donation.

Donation entre vifs, 235.

Droits civils (213), droits dont la jouissance et l'exercice sont garantis par le Code à tous les citoyens : le *droit de tester* (faire un testament), le *droit d'aliéner* (céder une propriété), le *droit de transmettre par donation entre vifs* ou *testamentaire*, le *droit de puissance paternelle*, le *droit d'acheter*, *de vendre* sont des droits civils.

On appelle *Code* le recueil des lois.

E

Eau boriquée, 157.

Eau de Javel (110), solution contenant certains principes de la potasse et dont on se sert pour détacher le linge. Ce nom vient d'un ancien village (Javel) de la banlieue de Paris, faisant actuellement partie du XVe arrondissement, où l'on fabriquait cette eau.

Eau phéniquée, 157.

Eau stérilisée, 151.

Échalasser (250), garnir une vigne d'échalas, c'est-à-dire de pieux plantés en terre et destinés à la soutenir verticalement.

Effiloché (tissu) (143), défait fil à fil.

Émail (52), enduit vitrifié (c'est-à-dire qui a l'apparence du verre), que l'on applique par la fusion sur la faïence et les métaux.

Émollient (169), médicament externe qui détend et amollit la peau.

Empois, 83.

Encaustique (30), préparation faite avec de la cire et de l'essence de térébenthine, pour faire briller les meubles, les parquets.

Entrepreneur (219), industriel qui se charge de l'exécution d'un certain travail moyennant un prix convenu d'avance entre lui et l'employeur.

Épidémie (51), maladie qui, dans une localité, atteint un grand nombre d'individus à la fois, comme la grippe, le choléra, la fièvre typhoïde, etc.

Espaliers (252), voir PALISSER.

Essanger, 68.

Essence de pétrole (30), liquide incolore et très volatil provenant de la distillation de l'huile de pétrole.

Étamer (239). Quand un métal peut se rouiller, on le recouvre d'une mince couche d'étain ou d'un autre métal qui ne peut se rouiller lui-même : c'est ce que l'on appelle *étamer*.

Éther (157), liquide incolore, très volatil et inflammable et provenant de la combinaison d'un acide avec l'alcool.

Expectorations (77), même sens que crachats.

F

Feutrer, 73.

Filtrer (71), passer à travers le linge comme à travers un filtre.

Financière (Société) (58), société qui manie de grosses sommes d'argent, qui trafique avec de l'argent comme d'autres commerçants avec des marchandises.

Fleurette, 242.

Fruiterie (48), boutique de marchand fruitier. — *Marchand fruitier*, marchand de fruits, de légumes frais, etc.

G

Galerie (32), pièce de métal, cylindrique et généralement à créneaux ouvragés, dans laquelle s'engage le verre de la lampe.

Galvanisée (tôle) (71). Pour préserver la tôle de l'oxydation (de la rouille), on la recouvre d'une couche de zinc en la plongeant dans un bain de ce métal en fusion. Cela s'appelle *galvaniser* la tôle.

Garde des sceaux (236), le ministre de la Justice, qui a la garde des sceaux, c'est-à-dire des cachets apposés sur les actes émanant du pouvoir.

Gargariser (se) (168), se rincer la bouche et l'arrière-bouche avec un liquide quelconque. L'opération consiste à renverser la tête et à secouer le liquide au fond de la gorge par le moyen de l'expiration.

Gratin (mets au) (243), celui qui, au four, s'est coloré et est devenu croquant.

Greffier (214), employé de la mairie, chargé du *greffe*, c'est-à-dire de la rédaction des actes de l'état civil.

Griffes d'asperges, 249.

Grumeaux (241), parties de l'œuf coagulées en forme de petites boulettes.

Gui (253), plante parasite qui naît sur les branches de certains arbres, et se développe en se nourrissant de leur substance.

H

Hermétiquement (239). Couvrir ou fermer une casserole *hermétiquement* signifie la couvrir *d'une façon parfaite*, sans que l'air puisse entrer par la moindre fente.

Hiverner (252), passer l'hiver.

Honoraire (notaire) (236), celui qui, après avoir longtemps exercé sa charge, en conserve, par une faveur que lui fait l'État, le titre et les privilèges.

Hydrophile (62-154), qui absorbe l'eau.

Hypothèques (Conservateur des), 218.

I

Immeuble (218), bien qu'on ne peut déplacer, comme terres, maisons, etc.

Impôt foncier, 192.

Indemnité (221), dédommagement d'un préjudice.

Infusion, 205.

Intérêt, 56.

Inventaire (207), état, dénombrement par écrit et par articles des biens, meubles, titres, papiers que possède une personne.

Iode (teinture d'), 168.

J, K

Juristes (202), ceux qui s'occupent des questions de droit, qui examinent tous les cas pouvant donner lieu à des procès, et donnent la marche à suivre pour sortir d'affaire.

Justifiable (217), qui peut être justifié, prouvé.

Koch (77), célèbre médecin allemand contemporain.

L

Lai (131), largeur d'une étoffe.

Langue (traction de la), 162.

Laryngite (169), inflammation du larynx. — *Larynx*, partie de la trachée-artère où se produit la voix. — La *trachée-artère* est le canal qui conduit l'air aux poumons.

Laudanum (157), médicament liquide et brun, contenant principalement de l'opium. — L'*opium* est un suc tiré spécialement du pavot blanc; il jouit de propriétés calmantes.

Lanigère (253), puceron qui produit une espèce de coque laineuse et suce la sève des pommiers.

Legs (208), don fait par testament.

Lèpre (51), hideuse maladie qui couvrait la peau de pustules et d'écailles. — Les *pustules* sont des tumeurs ou grosseurs remplies de pus. Cette maladie a presque disparu.

Lessiveuse, 71.

Liniment oléo-calcaire (62), médicament gras, composé d'huile et de chaux, et destiné à être étendu comme un enduit sur une partie du corps.

M

Maison de travail, 98.

Majeur, 210.

Manuel (231), livre qui présente sous un format maniable la substance d'ouvrages étendus.

Marcotter (251), coucher en terre des branches ou rejetons pour leur faire prendre racine.

Mariage civil (213), se dit, par opposition au mariage religieux, qui se contracte à l'église, de la déclaration devant témoins, au maire ou à son adjoint, du mariage que l'on entend contracter avec telle personne. Le mariage civil est le seul que la loi reconnaisse.

Microbe (28-151), être vivant microscopique habitant l'air ou l'eau. La plupart des maladies nous sont communiquées par des microbes. Il y a d'ailleurs des microbes utiles à la santé, comme il en existe de nuisibles.

Mildew, 250.

Mineur, 210.

Minons, 28.

Mouvette (246), cuiller de bois à long manche.

Mutualité maternelle, 237

Mutualité scolaire, 96.

O

Œilleton d'artichaut, 250.

Oïdium, 250.

P

Pailler (252), envelopper de paille.

Paillettes [en] (157), en petites lames, très courtes et très minces.

Palisser (250), attacher les branches d'un arbre contre un mur ou un treillage : les branches sont dites alors en *espalier*.

Parasite (198), microbe qui s'étend sur une plante et se nourrit de sa substance.

Parenté (degré de), 201.

Parenté nécessaire, 201.

Patente, 193.

Pâtes d'Italie (91). On appelle ainsi le vermicelle, le macaroni et plus spécialement les autres pâtes analogues dont on se sert pour rendre les [illegible]es plus nourrissants et plus onc[illegible]eux. Le macaroni étant le mets favori des Italiens, on a désigné les pâtes analogues sous le nom général de *pâtes d'Italie*.

Patron (224), modèle généralement en papier ou en mousseline sur lequel on taille l'étoffe d'un corsage, d'une jupe, etc.

Pellicules (176), petites peaux très minces.

Pension alimentaire (229), somme que la justice oblige à payer annuellement pour la nourriture et l'entretien d'une personne.

Perspective (103), représentation des objets tels que l'œil les aperçoit dans l'espace.

Peste (51), maladie épidémique due à la malpropreté, à la mauvaise nourriture et aux privations de toute sorte. Cette maladie, aujourd'hui disparue, causait jadis une grande mortalité.

Pépinière (251), plant de jeunes pousses destinées à être transplantées au moment favorable.

Petit côté (corsage), 235.

Petit salé (213), chair de porc nouvellement salée.

Petrole (32), huile minérale dont les sources gisent à l'état de bitume liquide en Asie et en Amérique, même en Italie et en France. Le pétrole ne peut être employé brut : il a besoin d'être purifié.

Phéniquée [eau] (63), qui contient de l'acide phénique. — *Acide phénique*, acide produit par la distillation de la houille.

Phtisie (79), maladie de poitrine caractérisée par la décomposition des poumons. On l'appelle aussi *tuberculose pulmonaire*.

Phylloxera, 198.

Pilon, 31.

Plats (d'un livre) [102], parties planes de la couverture d'un livre, par opposition au dos.

Pores (50), petits conduits invisibles qui séparent les molécules dont se compose la peau du corps.

Porte-brosses, 106.

Portes et fenêtres, 192.

Potasse (70), substance très caustique (mordante), que l'on extrait des cendres de bois. La potasse est un alcali.

Poussier, 17.

Prestations, 193.

Prime, 93.

Privilège légal, 216.

Privilégiée (créance) [217], créance qui se paye avant d'autres et à leur exclusion.

Proportionnel (57), qui grandit ou diminue, suivant que la valeur de la propriété est plus grande ou moins grande.

Protège-livre, 103.

Purulent (158), de la nature du *pus*.

Q

Quinquina (93), vin dans lequel on a fait *macérer* l'écorce amère d'une espèce d'arbre originaire du Pérou.

Quittance, 191.

Quotité disponible (202).

R

Rachitique (38), atteint de rachitisme. Le rachitisme est une maladie causée par le ramollissement et la déformation des os, principalement de l'épine dorsale.

Ragoût (43), mets composé de viande en morceaux avec une sauce.

Reconnaissance par contrat, 235.

Régime de la communauté, 231.

Régime dotal, 233.

Régime de la séparation de biens, 233.

Remmailler, 139.

Réserve légale, 202.

Revenir [faire] (211), faire subir à un morceau de viande un commencement de cuisson.

Révocable (235), qui peut être révoqué, annulé.

S

Sanatorium (77), station hygiénique où l'on envoie les malades et les convalescents.

Silos, 233.

Sinapisme, 158.

Société d'assurances, 93.

Société de secours mutuels, 93.

Solidarité (97), lien moral qui unit plus étroitement entre eux les divers membres de la même famille, de la même profession, de la même patrie, et qui rend communs à tout le groupe les intérêts de chaque individu.

Sous-seing privé, 216.

Spéculations (233), entreprises de banque, de commerce, où l'on espère gagner beaucoup d'argent.

Sublimé (153-158), liquide incolore contenant du mercure : poison violent.

Subrogé (210), mis en place de quelqu'un. — *Subrogé-tuteur,* celui qui peut, au besoin, remplacer le tuteur ou du moins surveiller sa gestion.

Sulfate de fer (199), combinaison d'acide sulfurique et de fer (*vitriol vert,* par opposition au *vitriol bleu* qui est du sulfate de cuivre).

Sulfate de potasse (199), combinaison d'acide sulfurique et de potasse.

Superphosphate de chaux (199), combinaison naturelle d'acide phosphorique et de chaux servant d'engrais.

T

Tamis (218), sorte de vase dont les parois sont formées d'un cerceau de bois, dont le fond est un tissu de crin, de soie ou de fil de fer, et qui sert à passer des liquides ou des bouillies.

Ténia (78), ver plat et annelé, appelé vulgairement *ver solitaire,* qui passe une partie de son existence dans le corps de l'homme.

Térébenthine (30), résine provenant d'un arbre toujours vert qui croît sur les bords de la Méditerranée, et qu'on appelle le *térébinthe.*

Terreau (196), fumier pourri et réduit en terre. Le terreau est un engrais fort riche dont les jardiniers font des couches dans les jardins potagers

Testament (202-208), écrit rédigé dans de certaines formes déterminées par la loi et par lequel un vivant déclare ses dernières volontés.

Thermomètre (181), instrument qui sert à constater le degré de chaleur ou de froid de la température.

Timbre de quittance, 195.

Timbre mobile, 195.

Tôle (71), fer battu et réduit en feuille.

Tonique (207), remède qui fortifie l'action des organes.

Tour Eiffel (164), célèbre tour d'une hauteur de 300 mètres, complètement en fer, édifiée sur le Champ-de-Mars, à Paris, à l'occasion de l'Exposition universelle de 1889. C'est le plus haut édifice qui existe sur la surface du globe.

Traction rythmée (162), opération qui consiste à tirer (*traction*) un membre ou un organe avec des mouvements très réguliers (*rythmée*).

Trame (133-139). Les fils d'un tissu forment une sorte de quadrillé très serré : ceux qui vont d'un bout à l'autre de la longueur sont les fils de *chaîne ;* ceux qui s'étendent dans le sens de la largeur sont les fils de *trame :* ils passent alternativement par-dessus et par-dessous les fils de chaîne.

Tramway (220), voiture qui roule sur des rails. Il n'y a plus guère de tramways à traction animale; ils sont presque tous automobiles.

Tribunal de première instance (236), celui qui juge les contestations entre citoyens à partir d'une certaine somme, les autres ne relevant que de la justice de paix.

Tripoli (88), substance minérale, jaune ou rouge, qui sert à polir, et que l'on tirait autrefois de la ville de Tripoli, en Syrie.

Trotteuse, 32.

Tuberculose (31), maladie consistant dans la formation de tubercules ou petits champignons qui se produisent sur les poumons et qui constituent la phtisie pulmonaire, appelée vulgairement maladie de poitrine.

Tuteur, 209.

U

Usufruit (203), jouissance du revenu d'un héritage ou d'un bien dont la propriété appartient à un autre.

V

Valeurs mobilières, 229.

Vaseline, 158.

Vert-de-gris (161), rouille verdâtre qui se forme sur le cuivre.

Vésicatoire (171), médicament externe qui fait venir à la surface de la peau une vésicule, sorte de vessie pleine d'eau.

Vide-poches, 101.

Volatil (30), qui peut se réduire en vapeur ou en gaz.

Table des Matières

INTRODUCTION. 5
AVANT-PROPOS. 6

PREMIÈRE PARTIE

Pages.

CHAPITRE PREMIER

1. L'héritage. 7
2. Louise. — Arrivée à Charleville. 8
3. Louise inspecte la maison. 11
Notions à retenir 12

CHAPITRE II

4. Une armoire en désordre. . 14
5. Une place pour chaque chose et chaque chose à sa place. 15
6. Le dîner. 17
Notions à retenir 18

CHAPITRE III

7. La toilette du matin. 19
8. « Comme on fait son lit on se couche ». 20
9. Des chaussures bien cirées. 22
10. Un lit bien fait. 23
Notions à retenir 25

CHAPITRE IV

11. Comment on doit balayer une chambre. 26
12. Entretien des meubles . . . 29
Notions à retenir 31

CHAPITRE V

13. Soins à donner aux lampes. 32
14. Deux meubles à bon marché. 35
Notions à retenir 36

CHAPITRE VI

15. Les ravages de l'alcoolisme dans un ménage. 37
16. Propreté et hygiène. 40
Notions à retenir 42

CHAPITRE VII

17. Un bon ragoût 43
18. L'art de dresser la table . 44
19. Marie apprend à laver la vaisselle 46

Pages.

20. Comment on économise le combustible 47
Notions à retenir 48

CHAPITRE VIII

21. Les soins du corps. 49
Notions à retenir 51

CHAPITRE IX

22. Du choix de la batterie de cuisine 52
23. Une soupe à l'oseille 54
Notions à retenir 55

CHAPITRE X

24. Le budget de Louise 56
25. Louise se crée des revenus. 58
Notions à retenir 60

CHAPITRE XI

26. Les dangers du pétrole. . . 61
27. Un biberon de malade. . . . 63
28. Un métier pour une femme infirme 65
Notions à retenir 66

CHAPITRE XII

29. Marie apprend à faire la lessive. 67
Notions à retenir 75

CHAPITRE XIII

30. Des moyens d'éviter la tuberculose. 76
Notions à retenir 79

CHAPITRE XIV

31. Le repassage. 80
Notions à retenir 83

CHAPITRE XV

32. Une salade de pommes de terre. Le pot-au-feu. . . . 84

Pages.

33. Louise colle du papier aux murs de sa chambre 89
Notions à retenir 91

CHAPITRE XVI

34. Un incendie : causes ordinaires du fléau. 92
35. Des assurances contre l'incendie. 93
36. Des assurances sur la vie. 94
Notions à retenir 97

CHAPITRE XVII

37. Les « maisons de travail ». 98
38. L'art de décorer une chambre à peu de frais. 101
Notions à retenir 107

CHAPITRE XVIII

39. Comment on détache ses vêtements 108
40. Nettoyage de la cuisinière. 111
41. Manière d'allumer du feu. . 111
Notions à retenir 114

CHAPITRE XIX

42. La semaine de Louise. . . . 115
43. Louise augmente ses revenus 116
44. Les avantages de l'ordre. . 117
45. Une femme infirme préservée de la misère. 119
Notions à retenir 121

CHAPITRE XX

46. Quelques menus. 122
47. Une tarte de campagne. . . 124
48. Une ménagère accomplie. . 126
Notions à retenir 127

DEUXIÈME PARTIE

Pages.

CHAPITRE XXI

49. Dix ans plus tard 129
50. Les fiançailles 131
Notions à retenir 132

CHAPITRE XXII

51. Comment on fait un ourlet. 133
52. Les draps et le point de surjet. 134
53. Le point de marque. 134
54. Confection d'un tablier. Les fronces 136

CHAPITRE XXIII

55. Confection de rideaux de mousseline. Le point devant. 137
56. Le reprisage des serviettes : reprise simple, reprise ouvragée 138
57. Le point arrière et le point de piqûre. Couture rabattue. Boutonnière. 140
58. La couture double. Les points de chausson, d'épine, de chaînette. 142

CHAPITRE XXIV

59. Le tricot. Le crochet. La tapisserie. La dentelle . . 144

CHAPITRE XXV

60. Les premiers soins à prendre en cas de blessure. . 150
61. Pansement d'une blessure : pansement sec, pansement humide. 152
Notions à retenir 154

CHAPITRE XXVI

62. Utilité d'une pharmacie ménagère 155
63. Propriétés et emploi des médicaments. 157
Notions à retenir 160

CHAPITRE XXVII

64. Soins à donner à un noyé. . 161
65. Une consultation. 163
Notions à retenir 166

CHAPITRE XXVIII

66. Les maux de gorge et les refroidissements. 168

Pages.

67. Application d'un vésicatoire. 170
Notions à retenir 172

CHAPITRE XXIX

68. L'éducation des bébés. Premiers conseils 173
69. Les soins à donner aux nouveau-nés 174
Notions à retenir 185

CHAPITRE XXX

70. La surveillance des enfants en nourrice. 187
Notions à retenir 190

CHAPITRE XXXI

71. Les contributions directes. 191
72. Les contributions indirectes 194
Notions à retenir 195

CHAPITRE XXXII

73. Le jardin d'agrément 196
Notions à retenir 200

CHAPITRE XXXIII

74. Les degrés de parenté. L'héritage. 201
75. Comment se préparent les tisanes 205
Notions à retenir 207

Pages.

CHAPITRE XXXIV

76. Le conseil de famille 209
77. Précautions à prendre dans la conclusion des affaires. 211
Notions à retenir 213

CHAPITRE XXXV

78. Les actes de l'état civil. . . 214
79. Les hypothèques. 215
80. De la responsabilité civile en cas d'accident 218
Notions à retenir 221

CHAPITRE XXXVI

81. Jupe et corsage pour une femme d'âge moyen . . . 222
82. Ce que doit être la toilette d'une jeune fille. 224
Notions à retenir 226

CHAPITRE XXXVII

83. Danger que l'on court à se marier sans contrat. . . . 228
84. Les deux acquisitions du père Bernard 230
85. La signature du contrat . . 232
86. La dot des fiancés. 234
Notions à retenir 235

CHAPITRE XXXVIII

87. Épilogue. 236

APPENDICE

Pages.

1. Les recettes de Mlle Cochart. 239
2. Les conseils du père Fortant. 249
3. Un patron de corsage. . . . 254
4. Mutualité maternelle 257

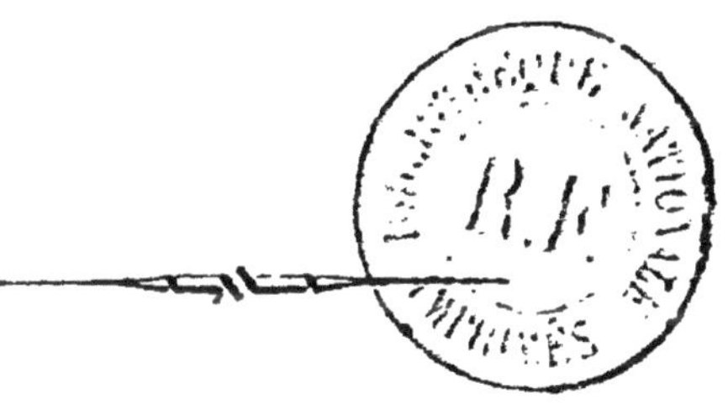

Paris. — Imprimerie Larousse. 17, rue Montparnasse.

www.ingramcontent.com/pod-product-compliance
Ingram Content Group UK Ltd.
Pitfield, Milton Keynes, MK11 3LW, UK
UKHW020442200726
13857UKWH00002B/537